高齢社会における信託制度の理論と実務

金融・信託業から医療・福祉・看護までの役割と機能

編集代表　新井 誠

日本加除出版株式会社

は　し　が　き

本書は，「高齢社会における信託制度の役割と機能」をテーマとした研究会の成果をまとめたものである。

高齢社会においては，信託制度はこれまでとは異なる役割と機能を担っていくように思われる。信託制度が財産管理の手法であることに変わりはないものの，医療・福祉・看護等との連携なくして信託制度が高齢社会において実効的であることは出来ないのではないか。上記の研究会においては，そのような視点から各分野の専門家が結集して，意見交換会，合宿，研究発表会を経て，一定の成果をまとめるに至った。本書はその成果をまとめたものである。本書の編集代表としては，本書の成果が高齢社会における信託制度の役割と機能に曲がりなりにも新機軸を打ち出すことが出来たとすれば望外の幸いである。

本研究を2014年度研究助成案件として採択して頂いた公益財団法人トラスト未来フォーラム，出版事情の厳しい時節柄にもかかわらず本書を出版して頂いた日本加除出版の関係者に深謝する次第である。

2017年 2 月11日

台湾松山空港にて

編集代表　新　井　　誠

執筆者一覧（50音順）

新井　誠（中央大学法学部教授・大学院法学研究科委員長）

安藤　朝規（弁護士）

五十嵐禎人（千葉大学社会精神保健教育研究センターシステム研究部門教授）

伊東　大祐（弁護士）

伊庭　潔（弁護士）

大貫　正男（司法書士）

小此木　清（弁護士）

河西　俊文（社会福祉士）

金井憲一郎（中央大学商学部兼任講師）

金森　健一（ほがらか信託株式会社／弁護士）

小林　徹（家族法制基礎研究所所長／亜細亜大学法学部非常勤講師）

澁谷　彰久（山梨県立大学国際政策学部総合政策学科教授）

高橋　弘（司法書士）

福井　修（富山大学経済学部経営法学科教授）

吉野　誠（三井住友信託銀行株式会社吉祥寺支店次長）

吉原　毅（城南信用金庫相談役／城南総合研究所所長／一般社団法人しんきん成年後見サポート理事長）

依田　純子（山梨県立大学看護学部准教授）

目　次

第1編　理論編

第2編　金融・信託業編

第3編　実務編

第1編

理論編

第1章

高齢社会における
個人信託制度の必要性

新井　誠

はじめに

本稿は，個人信託制度の必要性について述べようとするものであるが，同時に本書の冒頭論稿として現代社会における信託制度や後見制度一般の現状と課題についても概括的に述べようとするものでもある。本稿において「個人信託」というのは，従来の信託業務における商事信託とは異なり，個々の顧客の個別のニーズに対応して設定される信託制度のことであり，パーソナルトラストと同義である。

第1　ニーズ・活用例

1　ニーズ・活用例

(1)　東京都杉並区老女失踪事件

個人信託の必要性を示す例として東京都杉並区老女失踪事件を挙げることができる。[1]　この事件は次のようなものである。

杉並区在住の高齢女性は資産家であり価値のある不動産と多額の預貯金を保有していた。家族構成は，この女性と重度の知的障害のある40代の子１人

1）当事者のプライバシー保護のため若干事例を修正してある。

であった。この高齢女性は3つの希望を有していた。第一は，不動産を死ぬまで売却したくないとの希望である。悪徳業者等による不動産処分の強制から免れ，死ぬまできちんと保持したいと考えていたのである。第二は，この女性の死亡後，当該不動産を娘に承継させたいとの希望である。第三は，娘の死亡後，お世話になった杉並区の福祉施設に当該不動産を承継させたいとの希望である。結局この高齢女性は悪徳業者に当該不動産を騙し取られ殺害されてしまった。

本事例における3つの希望は信託を用いることにより実現可能であった。

第一の希望は，信託を用い不動産の名義変更をし，信託目的として高齢女性が死亡するまで当該不動産を売却しないと定めることで実現可能であった。

第二の希望は，信託を用いて第三者に不動産を管理させたうえで，利益を娘に享受させることで実現可能であった。娘への財産承継は民法上は簡単であるが，娘が財産管理能力を有しないため，たとえ不動産を承継させたとしても，娘の所有する当該不動産が悪徳業者により収奪される危険性がある。そこで信託を用いる必要がある。

第三の希望は，いわゆる後継ぎ遺贈であるが，信託を用いれば実現可能であると解することができる。

2004年12月に可決成立した信託業法改正の際に付された衆参両院の附帯決議には，福祉型信託の活用を検討すべきであるとされているが，この福祉型信託の原点というのがまさに本事件にあり，高齢者，障害者のための財産管理の手法として信託を活用すべきであることを示している。しかし現実には，福祉型信託に対するニーズがあるにもかかわらず，福祉型信託の活用は未だに実現していない。

⑵　横浜市社会福祉協議会横浜生活あんしんセンター報告書

横浜生活あんしんセンターは，高齢者，障害者の財産管理および保全等を行う社会福祉協議会の中にある独立したセンターであり，成年後見法施行後は，法人後見人として法定後見および任意後見等の業務を行っている。当センターにおいて実際に信託に対するニーズが存在するかどうかを検討し，まとめたのが本報告書[2)]である。これから紹介する３つの事例は全て実際に存在したものである。

【ケース１】金銭を受託する場合

金銭を受託する場合，信託銀行は信託された金銭を原資として通常の生活費・療養費等を定期金として支払い，さらに諸事情の変化により臨時に出費の必要性が生じた場合は，センターとの相談・協議等に基づき臨時の費用を支払う。

利用者は脳梗塞のため外出が困難であり，また，妻も認知症であるため自分自身では金銭管理が困難な状況にある。夫婦は現在バリアフリー化した戸建住宅に居住している。子供は長女のみで他の都市に居住している。自宅を有しており，年金は夫婦合わせて年額910万円である。預貯金は総額4,000万円有している。利用者は，今後も夫婦揃って自宅で暮らすことを強く希望している。利用者はこれまで蓄えた資産を有効活用し，自分や妻の生活費や療養費に充て安定した暮らしを維持したいと思っている。また，自分や妻の病状が変化した場合等における臨時の出費にも対応できるようにするとともに，自分の死後も妻が安定した在宅生活を送れるよう手配しておきたいと考えている。

スキームの構成は次の通りである。はじめに，利用者はセンターと任意代理契約および任意後見契約を締結する。これにより，センターは利用者の任意代理人および任意後見受任者になる。また，妻の意思能力の状況により，センターは妻の法定後見人にもなる。

利用者は信託銀行と信託契約を締結し，金銭を信託銀行に信託する。第一受益者を本人，夫の死亡を停止条件として妻を第二受益者とする。受託者は夫の生存中は夫に対して，夫の死亡後は妻に対して信託収益を支払う。定期

2）社会福祉法人横浜市社会福祉協議会横浜生活あんしんセンター「横浜生活あんしんセンター成年後見信託研究会報告書」(2000) 25～39頁

金は夫婦の通常の生活支援や療養費等に充てられる。重要な事項が発生し，定期金では賄えない出費の必要が生じた場合には，受託者はセンターとの相談・協議等により臨時費用を定期金とは別に支払う。

以上により，任意後見人と信託銀行による高度かつ安全性を有した資産管理および円滑な資産承継を実現することができる。

【ケース２】自宅不動産を受託する場合

親の死後，障害のある子供の生活をいかに確保していくか，いわゆる「親亡き後」の問題対策の１つとして，自宅を信託することが考えられる。

75歳の利用者と70歳の妻は，長男とともに戸建住宅に住んでいる。長男は精神障害者で，地域作業所を利用している。夫婦には他に次男がいるが既に独立している。利用者は入退院を繰り返しており体調に自信がなく，世帯全体の今後について不安を抱いている。

資産状況は，自宅を有しており，年金は３人合わせて年額300万円である。預貯金・株券等3,000万円を保有している。利用者は，自分や妻の死後，長男に確実に資産を承継させ，自宅で安定した生活を送ってほしいと考えている。

スキームの構成は次の通りである。信託契約の締結に際してセンターは任意代理契約あるいは任意後見契約を締結する。委託者は受託者に自宅を信託すると同時に，将来の修理・改築に備えて一定の金銭を信託する。信託目的の１つとして，委託者の生存中は自宅を委託者に使用貸借させること，委託者の死後は障害者である子に使用貸借させることを明記する。任意後見開始後，センターは本人の生活維持の一環として自宅の状況，同居人の有無等を随時調査し，必要に応じて受託者に報告する。また，センターは自宅に修繕等の必要が生じた場合には受託者に連絡・相談する。受託者はセンターと相談・協議等の上，修繕費等を支払う。在宅生活ができなくなり，自宅の確保が不要と判断された場合は，受託者は信託事務の１つとして自宅を処分する。

スキームのメリットとして，自宅を信託することにより自宅の所有権は受託者に移転するため，親亡き後においても詐欺等による自宅の処分，賃借権の発生による不動産価値の下落を防止できる。また，自宅の現金化が必要になった段階での処分も容易になる。

【ケース３】グループホームの信託

センター利用者の中には，自宅をグループホーム化し，子には自分の死後もそのグループホームで生活させたいと考える者がいる。グループホーム化した自宅に子を居住させることについては，横浜市が設置を推進しているグループホーム制度の中で不動産管理処分信託を活用することが考えられる。それにより，障害者本人の自立を支援し，地域での自主的な援助活動を尊重するという事業趣旨を活かすことができる。

利用者は知的障害者のある子と自宅で生活している。子は他に姉が１人いるが既に結婚しており，利用者の死後，子の面倒を見るのは困難な状況にある。資産状況は，自宅を有しており，年金は２人合わせて年額200万円，預貯金は2,000万円である。

利用者は，自分の死後，自宅をグループホーム化し，障害のある子をそこで生活させたいと考えている。子が自分自身で自宅をグループホーム化するための一連の手続を実施するのは困難であるため，利用者は自分の生存中にその手続を完了させておきたいと考えている。利用者は，自宅のグループホーム化が規格等の関係で困難であれば，子を既存のグループホームで生活させる一方，自宅を活用して子の生活費を確保したいと考えている。

スキームのメリットとして，信託を利用しグループホームの所有権を受託者に移転することにより，利用者の死後，詐欺等によるグループホームの処分を防止できる。またグループホーム制度を通じて自宅資産を有効活用し，子の生活費を捻出することができる。

⑶　信託銀行

信託銀行は遺言信託ビジネスを既に始めているが，実際は遺言執行であることが多い。その中で注目されるのが，パーソナルトラストと安心サポート信託であり，信託銀行の一部は既にこのようなビジネスを展開している。

パーソナルトラストについては，パーソナルトラストを活用した相続対策の事例がある。例えば，障害のある孫のために信託を活用して財産承継を図るとの事例である。

パーソナルトラストは，合同運用指定金銭信託という商品に特約を付けるものであるが，その特徴は，同意権者を置いている点および成年後見制度との連携を考慮している点である。成年後見制度については，リーガルサポートとの連携を図っている点が注目される（リーガルサポートについては，「⑸司法書士業界」参照）。

安心サポート信託は，配偶者が要介護状態にあり片時も目を離せない状況で，万が一自分に何かあった場合，その後の財産管理に対処するというニーズ，あるいは子供に障害があるため財産管理が難しい場合に，親の死亡後も財産管理が適正になされることに対するニーズ，いわゆる親亡き後の問題に対処するものとして紹介されている。

安心サポート信託も，合同運用指定金銭信託という商品に特約を付けるものである。このスキームは，同意権者ではなく指図権者という制度を使っているが，基本的にはパーソナルトラストと同一のスキームである。ただし，不動産は含まれない。

⑷　弁護士業界

関西方面のある弁護士法人が信託業法の改正を契機に株式会社を設立し，信託業法上の免許を取得し，個人信託を行いたいとの動きがある。弁護士が受託者となり，業として個人信託業務を開始しており，それに追随する弁護士法人もある。

東京弁護士会の高齢者・障害者の委員会である「オアシス」も，親亡き後対策に関する信託に多大の関心を有している。日本弁護士連合会でも「信託センター」を設置しようとの動きがあり，注目される。

個々の弁護士も，幾つか信託契約を締結して，個人信託を既に受託しているようである。ただし，これについては弁護士が信託業務を行うことを信託業法上どのように位置付けるかという問題が残されている。

(5)　司法書士業界

司法書士業界では不動産の個人信託に対するニーズが非常に大きいといわれている。司法書士業界全体もこの分野に大きな関心を寄せている。

成年後見センター・リーガルサポートは全国の司法書士約6,000名で組織する公益社団法人であるが，このリーガルサポート自体が不動産の個人信託業務を行いたいとの意向を有している。しかし信託業法上，受託者は株式会社に限定されており，社団法人が免許を取得する可能性は現時点ではないことから，不動産の個人信託業務に参入できない状況にある。免許取得という障害がなくなれば，リーガルサポートも不動産の個人信託を行いたいと考えている。

司法書士業界には「民事信託士」という資格を創設して，個人信託分野に参入しようとする意欲があり，日本司法書士会連合会としても信託会社設立に関心を示している。

(6)　不動産業界

不動産業界も建物に福祉的な価値を付け加えるための検討を始めている。福祉的な付加価値とは，建物の構造を福祉的にすることだけではなく，入居時に介護サービスや医療サービスを付け加えるというものも含まれる。このような信託の利用方法の検討も一部では始まっている。

(7)　小　括

以上のように，個人信託に対するニーズは大きく，各分野における活用例も豊富であり，個人信託をより普及させるよう何らかの措置を講ずる必要がある。

2　ニーズ・活用例を生み出す社会的背景

⑴　高齢社会の進展

ニーズ・活用例を生み出す社会的背景は高齢社会の進展に尽きる。65歳以上の高齢者が人口に占める割合が7％を超えたのが1970年，わずか24年後の1994年には14％，2025年には高齢者人口は3,675万人になるといわれており，このような状況は世界の高齢化の中でも類を見ないものである。

それに伴い認知症および虚弱高齢者の数はどんどん増加している。2002年には150万人，2012年には462万人，そして2025年には700万人が認知症あるいは虚弱高齢者等になるといわれている。そのほかに，知的障害者が現在でも約60万人，精神障害者は200万人いるといわれている。このような日本の21世紀の状況を考えた場合，前述の衆参両議院の附帯決議にあるように，福祉型信託の重要性は何人も否定できないのではないか。

⑵　財産管理ニーズの変化

経済の高度成長，所得の平準化，資産価格の高騰等に伴い，日本における財産管理のバックグラウンドが大きく変化している。

第一に，フローの面において高齢者の社会保障等が国際的に見て高い数字に達しており，高齢者の大半は一応の暮らしに心配がなくなった。第二に，高齢者の持つ資産の価格が高騰し，高齢者の中には相当の資産家が誕生した。第三に，高齢者の身辺から資産・生計を管理する家族等が減少し，地縁・血縁に頼らない，第三者による財産管理に対するニーズが高まっている。この様な背景の変化から生じた財産管理に対するニーズに応える制度の1つが信託である。

第2　比較法

1　イギリス

デイヴィッド・ブラウンビル（David Brownbill）の論文[3)]では，無能力というものが広く捉えられている。物理的理由に起因する本人不在も広く捉えて無能力と定義し，さらに障害のある子の将来の扶養・介護も無能力の中に含めて理解している。日本では，意思無能力に関しこのような見方は存在しない。

私的家族信託の導入の意義についても３点にまとめられている。第一に，代々の家族のために財産を適法に設定された信託財産として信託化しておけば，信託化された財産は信託設定者本人の固有財産から切り離され，本人に制定法上の無能力者制度が適用されることになったとしても，その影響を受けることがなくなる。

第二に，財産を信託財産化しておけば，本人不在の場合や本人が法的無能力者となった場合も，信託財産はこれにかかわらず，引き続き安定した管理運用が確保される。

第三に，家族信託を利用すれば，信託設定者の意向や事情を十分反映させて信託を設定することが可能である。法律上の後見人制度や財産保全管理人制度やEPAを利用した場合と比較して，より大きな状況対応力や柔軟性が確保できるとされている。EPAとは持続的代理権授与制度のことであり，日本の任意後見に相当する。

イギリスでは高齢者・障害者の無能力に備えるための信託制度が存在し，実務家が既にこのような論文をまとめていることに注目したい。

3）デイヴィッド・ブラウンビル（新井誠訳）「信託を用いた無能力への備え」信託218号（2004）110～132頁，新井誠編訳『信託制度のグローバルな展開（公益信託　甘粕記念信託研究助成基金　講演録）』（日本評論社，2014）455～483頁にも所収

2　アメリカ

エドワード・ホールバック（Edward C. Halbach, Jr.）の論文[4)]によると，信託が利用される理由として4つ挙げられている。財産の管理運用，遺言検認手続の回避，財産権への制約付与，そして節税目的である。これらは全て個人信託の類型に属する。

財産の管理運用のために信託が利用されるのは次のような場合である。すなわち，財産を有している人が，財産の承継先として考えている第一順位の受益者や不確定な受益者のために，適切な財産管理の遂行をしてもらえるよう予め取り決めておく必要性があると考えた場合である。例えば，財産承継者の中に未成年者や法律上の無能力者が存在したり，高齢者や事業経験を有しない者が含まれている場合である。財産を受け継ぐ者に不確定な要素が存在する場合も，遺言中に未確定信託の設定に関する条項がよく盛り込まれる。

検認手続回避のためにも信託が用いられる。すなわち，遺言の検認手続には非常に時間がかかり，かつ高額の費用を要するが，信託を用いれば検認手続を回避することができると同時に遺言による財産処分と同様な方法で財産処分を行うことができる。

また信託を利用すれば，設定者の意向次第で，様々な制限を付した財産権を設定することができる。そのことにより，現存する受益者だけでなく何代も後に生まれてくる多様な受益者に対して，優劣関係を設け，様々な種類の受益権を付与し，代々承継させたりする等，非常に弾力的な方法で財産権付与を行うことができる。

さらに，大資産家にとっては節税対策が大きな意味を持ってくるが，信託を利用して慎重に財産分与をするようになれば，財産を分与された受益者の存命中はもちろんのこと，これらの受益者が死亡して相続が開始された場合

4）エドワードC.ホールバック・ジュニア（新井誠訳）「米国における信託の利用状況と信託の利用目的」信託179号（1994）72〜96頁，新井誠編訳『信託制度のグローバルな展開（公益信託　甘粕記念信託研究助成基金　講演録）』（日本評論社，2014）73〜103頁にも所収

でも，大幅な節税が可能であったり，不必要に多額な課税を受けずに済むことができる。

3　ドイツ

藤原正則の論文「ドイツにおける遺産承継」では，先位・後位相続の紹介がなされている。[5] 被相続人はしばしば，自己の死亡後も自己の遺産の経済的な統一性を維持し，その状態を保ち続けたいと考える。そのためには，単に相続人を指定したり，特定財産を遺贈したのでは不十分である。なぜならば，相続人は相続後，財産を自由に処分したり被相続人とは別の独自の選好に従って相続人指定することができるからである。このような局面で，相続人の相続遺産に対する処分権を制限し，次の相続人に遺産を承継させる制度が，先位・後位相続である。この制度を利用することによって，家族から家産が遺失するのを防止することができる。例えば，妻を相続人として，妻の死亡後は息子を相続人とすると遺言しておけば，妻の生前における処分権は制限されることから，妻の生存中は遺産への収益を保障しつつ，夫は家産を息子に承継させることができる。

ドイツには，成文制定法として信託法は存在しないが，民法に規定されている先位・後位相続という制度があり，これは信託的性質を持つものであると理解されている。

4　フランス

山口俊夫の著書『概説フランス法（上)』の中には継伝処分の紹介がある。[6] 継伝処分は原則として禁止されているが，例外的に，恵与者の子または兄弟姉妹が継伝義務者とされ，かつ，これらの継伝義務者の現在または将来生まれる子が継伝指定者とされる場合には許容される。その場合，継伝指

5）藤原正則「ドイツにおける遺産承継──「信託的」譲渡を中心に」新井誠編『高齢社会とエステイト・プランニング』(日本評論社，2000) 196～200頁

6）山口俊夫『概説フランス法（上)』(東京大学出版会，1978) 539～542頁

定者は継伝義務者の子で一等親の者に限られ，かつ，男女長幼を問わず全ての子が受益者とならなければならないと解されている。フランスにも成文制定法としての信託法は存在しないが，この継伝処分は信託的性質があると考えられている。

5　比較法のまとめ

以上の比較法により，意思能力喪失者の財産管理制度として信託が用いられていることが分かる。また高齢者の老後生活の保障も信託という財産管理制度の大きな利用目的となっており，高齢社会の財産管理制度として既に海外では利用されている。さらに後継ぎ遺贈を実現する手段として信託および信託類似の制度が存在していることが分かる。しかし，我が国ではこれらの視点が欠落しているように思われる。

法技術上の問題の一例として，受益者連続の問題がある。コモンローの国であるイギリスやアメリカでは受益者連続を信託の技術を用いて実現している。

大陸法国で信託法を有しないドイツでは先位・後位相続，フランスでは継伝処分という形で受益者連続が行われる。受益者連続に関する理論と実務の進展が我々の課題である。

第3　分類および法的基礎

1　分　類

⑴　不動産管理信託，信託利用不動産担保年金式融資，老人ホームの信託[7)]

最初の分類は私自身のものである。

不動産管理信託とは不動産の管理を目的とする信託である。典型例では，

7）新井誠『信託法（第4版）』（有斐閣，2014）492～502頁

まず信託の開始に当たり信託財産となる土地及び建物の所有権移転登記が行われ，次いで信託の登記がなされたうえで，受託者である信託銀行が信託財産である土地および建物の地代，家賃の取立て，その保全・補修等を行う。近時の活用例としては，テナントビルの管理目的の信託が多いようである。これらの類型は原則的には自益信託である。

高齢社会の到来により，自己所有の土地建物を自ら管理することが困難な高齢者が増えているものと思われ，信託を用いた独居高齢者家屋の管理に対する社会的ニーズは確実に増加傾向にあると考えられる。そこで不動産管理信託の活用に大きな期待が寄せられる。

しかし，日本ではまだ不動産管理信託は普及していない。また法的な問題も存在し，不動産管理信託が受動信託に当たらないかどうかが問題とされている。

信託利用不動産担保年金式融資とは，いわゆるリバースモーゲージのことである。リバースモーゲージとは，高齢者が年金式に資金を獲得して，その資金で本来よりも少し高レベルの福祉サービスを受けようとする際に利用される。不動産に根抵当権を設定するのではなく，信託を設定して，その受益権に質権を設定して融資を受けるという利用方法も可能である。

根抵当権方式と信託方式を比較すると，信託方式の方が優れている。信託方式を用いた場合，信託は財産管理制度であるので，受託者は融資だけではなく高齢者が住んでいる不動産の管理も行えることから，利用者には安心感がある。また，高齢者が亡くなったときに清算，場合によっては不動産を処分することになるが，根抵当権方式であると，民事執行法の手続に基づいて不動産を処分しなければならない。信託方式であれば市場での不動産の売却が可能である。

老人ホームの信託とは，老人ホーム自体を設備信託を用いて建設する，入居者が老人ホームに入居するときに信託を用いて自己の財産とホームに預ける財産を分別する，入居保証金を信託して現実に利用した分だけ信託の中から支払う等の活用方法が考えられる信託である。

⑵　扶養型信託，遺産分割型信託，生前・死亡後連続型信託，事業承継型信託[8)]

次の分類は，第1・1⑷で紹介したある弁護士法人が受託する個人信託の類型である。

扶養型信託とは，委託者が本人，親族その他の関係者の扶養のために財産を信託し，その収益を要扶養者が受け取るものである。信託財産から発生する収益を委託者の指定する受益者に配分する契約であるため，委託者に認知症が発生したり，意思能力を喪失したり，浪費癖等があったとしても，信託契約期間中は受益者の利益が確実に保護される。

遺産分割型信託とは，委託者の相続発生後，指定された受益者が信託期間中，信託財産からの収益を受け取るものである。信託財産から発生する収益を相続発生後，信託期間中は委託者の指定した受益者に配分することができる。遺産分割を遺言，法定相続人による遺産分割，信託会社の裁量による分割の3つの種類から選択することができ，信託契約終了後は遺産分割に従った財産の帰属が実現する。また，遺産分割を随時行う，または一定期間凍結する信託も選択できる。さらに配偶者の生存中は配偶者を受益権者とし，配偶者死亡後，子供に信託財産を相続させるという信託もある。

生前・死亡後連続型信託とは，生前の扶養型信託と死亡後の遺産分割型信託を連続して受託する信託であり，両者を組み合わせたスキームである。信託財産から発生する収益を委託者の指定する受益者に生前から死亡後信託契約終了まで配分する契約であるため，委託者は安心して自己の意思を信託会社に委ねることができる。

事業承継型信託とは，会社の事業承継者がまだ十分に育っていない場合や事業承継者がまだ決まっていない場合に，信託会社が会社オーナーの所有する株式を受託し，信託会社が株主として議決権行使を行うことにより会社の運営を監督し，信託期間終了後は，オーナーの事業承継者に株式を戻すこと

8）株式会社朝日信託説明資料

により，事業承継をスムーズに行うというものである。

(3)　自己の行為能力減退に備える信託，「伴侶亡き後問題」に備える信託，「親亡き後問題」に備える信託[9)]

三番目の分類はある信託実務家によるものであり，実現に向け検討されたものでる。

自己の行為能力減退に備える信託とは，これまで自分で財産管理を行ってきた一人暮らしの高齢者が，行為能力の減退に備えて，自己のために金銭信託を契約し，存命中の生活費や療養・看護費用等の授受を確保しながら，財産の保全を図るという信託である。

「伴侶亡き後問題」に備える信託とは，認知症が進行し行為能力を喪失した妻のために夫が遺言で信託を設定し，自分の死亡後も妻の存命中に必要な生活費，療養・介護費用，その他費用の支払いに不自由しないよう配慮して，妻の一身専属型受益権を構成したうえ，妻の死亡による信託終了の際に残余財産の帰属権者を指定するという信託である。

「親亡き問題」に備える信託とは，長年にわたり障害のある子の世話をしてきた年老いた親が，自分の死亡後も，子の生活が維持され，かつ財産の散逸を防止し，自己存命中の自益型受益権を死亡と同時に子に承継させて，子存命中に必要な諸経費を全て信託財産から給付するようにし，子死亡による信託終了時の残余財産を，子が長年世話になった関係者に帰属させるよう指定するという信託である。

(4)　未成年者の保護，財産上の無能力からの保護，不慮の死からの家族の保護，投資管理，税金支払いの最小化，死亡時における富の分配調整，公益的贈与[10)]

四番目の分類はアメリカン・バンカーズ・アソシエーションの「THE TRUST BUSINESS」からとったものである。個人信託サービスとは安全，

9）加藤浩「個人信託――始まる本格的活用」永田俊一編『信託改革――金融ビジネスはこう変わる』（日本経済新聞社，2005）238～242頁

10）アメリカ銀行協会（財団法人トラスト60訳）『トラスト・ビジネス』（1993）35～42頁

心の平和，支配というものを売る商品であり，個人信託はいろいろなライフステージのさまざまなニーズに応じた信託を提供できることから，未成年者の保護から帳簿管理・資産管理に至るまでさまざまなニーズが個人信託によって満たされると説明されている。

2　法的基礎

(1)　信託の転換機能[11)]

個人信託により意思無能力への対応，あるいは相続後の自己の意思の実現を図ることができるのは，信託に転換機能が備わっているからである。信託は，委託者が有する財産権を委託者の支配から離脱させることにより委託者の属性を消し去る。委託者が能力を喪失した場合，成年後見制度が発動されるが，委託者の支配から財産を離脱させることにより，成年後見制度が発動されないようにする，あるいは信託設定により相続問題を回避することができるのは，全て転換機能に由来する。

(2)　財産の長期的管理機能[12)]

転換機能の1つとして，財産の長期的管理機能がある。財産の長期的管理機能はさらに4つの機能に分類することができる。すなわち，意思凍結機能，受益者連続機能，受託者裁量機能，利益分配機能である。

意思凍結機能とは，信託設定当時における委託者の意思を，委託者の意思能力喪失や死亡という個別的事情の変化に抗して，長期間にわたって維持するという機能である。

受益者連続機能とは，委託者によって設定された信託目的を長期間固定しつつ，その信託目的に則って，信託受益権を複数の受益者に連続して帰属させるという機能である。

受託者裁量機能とは，受託者が幅広い裁量権を行使して，信託事務の処理を行うという機能である。

11）新井・前掲注7）85頁
12）新井・前掲注7）85～88頁

利益分配機能とは，信託の元本ならびに収益を受益者に対して帰属させるという機能である。

信託の転換機能は個人信託を活用するうえで非常に重要な視点であり，個人信託が大いに用いられるべき根拠である。

第４　立法上の課題

1　意思凍結機能の承認――任意後見制度とのバランス

意思凍結機能は，既に海外の信託の文献中にも書かれているのであり，日本でも，意思凍結機能を信託の機能として認めるべきである。

個人信託の重要性から，信託の有する意思凍結機能については十分留意する必要がある。信託のビークルとしての色彩を強調するだけでは，信託の意思凍結機能は生じてこない。意思凍結機能について明文規定を置くべきかどうかの議論が必要であると思われるが，信託の機能として意思凍結機能があるということを何らかの形で議論し，信託法上どこかに明文規定を置くべきである。

ただし，理論的な課題もある。信託の意思凍結機能をもって受益者保護は十分かという問題である。特に2000年４月に任意後見制度がスタートし，任意後見制度と信託とのバランスをどう考えるかという問題がある。

任意後見制度では本人と任意後見受任者が，本人の意思能力があるときに任意後見契約を締結するが，そこで締結した代理権が発効するためには，家庭裁判所が選任する任意後見監督人が選定されなければならない。つまり，公的機関の関与する監督人の選任が，意思能力なき後の代理権存続の前提となっている。

信託は，信託財産を委託者の支配権から切り離し，受託者は非常に厳しい忠実義務を始めとする様々な義務を負って信託財産を管理する。それにより，受益者保護も信託設定によって十分に図られると従来から考えられてきた。任意後見監督人選任に公的機関が関与するという制度がスタートしたこととのバランスを信託の議論としても考える必要がある。

民法学界の議論は，この点につき無関心である。民法学界の通説は，未だに民法111条に依拠し，本人が能力を有するときに代理人に代理権を授与すれば，代理権は当然に持続すると考えている。それは民法111条が代理権の消滅事由として，本人の死亡のみを規定しているからである。したがって，本人の意思能力喪失は代理権の消滅事由ではないとの説明が依然としてなされており，ほとんどの教科書でもそのように記述されている。そのことが大きな混乱の原因となっている。

通常，任意後見が発効する前に任意代理契約が締結される。任意代埋契約は，任意後見の関与なしに，本人の能力喪失後も効力が持続すると考えると，任意後見監督人を選任する必要はない。一部の業者は，任意後見監督人を選任する必要がないことを濫用し，任意後見契約は非常に有用な制度であると言葉巧みに契約させながら，任意後見監督人の選任なしに，すなわち，公的な監督なしに任意代理の範囲内で好き勝手なことをしているという事態が既に生じている。

よって民法学界における通説が有する社会的な機能を明確に認識したうえでの立論と，意思凍結機能を発揮させるための前提として受益者保護を任意後見制度とのバランスでどう考えるか検討する必要がある。具体的には，任意後見監督人とのバランス上，受託者を監督する機関が必要である。場合によっては裁判所の後見的関与を付け加え受益者保護を図ることが妥当である。そして，信託の意思凍結機能を明定すべきである。

2　受益者連続機能の承認

現行法では既に受益者連続機能は承認されているのであるが，実務上の対応としても，正面から受益者連続機能を認めるべきである。受益者連続機能に対するニーズが我が国にもあり，それに対する研究もなされている。

しかしながら，受益者連続を阻む要因も存在する。第一に，民法学説において後継ぎ遺贈が必ずしも承認されていない。第二に，判例においても後継ぎ遺贈の法的効果につき統一した見解が存在しない。最高裁昭和58年3月11日判決は，後継ぎ遺贈に関して幾つかの解釈の可能性を認めたものの，確定的な結論には至っていない。さらに，一部の学説が，ある類型の受益者連続を明確に否定している。

米倉明教授は，特殊ケースにおいて受益者連続は無効との見解を示している。[13] 米倉教授は，民法上の後継ぎ遺贈が無効ならば，信託の受益者連続も無効となるが，自らは民法上の後継ぎ遺贈は有効と解した上で，[14] 信託の受益者連続も特殊ケース以外は有効と解している。米倉教授が無効とする特殊ケースとは，生前信託において，自己の死亡を原因として相続人を二次あるいはそれ以降の受益者として連続させるケースである。

米倉説による無効理由は，生前信託により相続人を対象として死因処分をすることが相続分の指定や遺産分割方法の指定に該当し，これらの指定を遺言によらないで実質上実現することは許されないというものである。この米倉説に対しては反対意見があり，私も次の2つの理由から反対である。

第一に，民法上の後継ぎ遺贈と信託の受益者連続とは同質のものではなく，民法上の後継ぎ遺贈の有効，無効にかかわらず，信託の受益者連続の有効性は信託法により維持されると解される。すなわち，民法上の後継ぎ遺贈は財産の所有権を遺贈者の意思で連続させるものであるが，信託の受益者連続は受益権という財産交付請求権を委託者の意思で転換するものであり，問題となる権利の質が異なる。

第二に，生前信託による死因処分は，相続分の指定や遺産分割方法の指定には該当せず，死因贈与に相当する行為と解される。自己の死亡を原因として特定の財産を特定の相続人に与える行為は，それが遺言によるものであれば遺贈，契約によるものであれば死因贈与であると解することができる。

---

13) 米倉明「信託による後継ぎ遺贈の可能性――受益者連続の解釈論的根拠づけ」ジュリ1162号（1999）96～97頁

14) 米倉明「後継ぎ遺贈の効力について」米倉『家族法の研究』（新青出版，1999）323～364頁比較法的にも，受益者連続を認めない先進国は存在しない。信託法上の受益者連続機能を積極的に位置づけたうえで，その有効な活用が期待される。

3　永久拘束禁止則（rule against perpetuities）の導入[15)]

信託期間の限定に関して，目的信託等の例外を除けば，我が国信託法上に明文規定は存在しない。しかし信託期間の限定は他益信託一般に必要な原則である。特に受益者連続機能を認めると，信託財産が家族世襲財産となるとの不安が生じることから，永久拘束禁止則（rule against perpetuities）を導入する必要がある。

我が国の実務では，パーソナルトラストでは原則上限20年，安心サポート信託では上限25年と信託契約期間が限定されている。民法上の時効期間，賃貸借の存続期間等を参考に20年または25年にするのが妥当であり，実務上もそれで支障は生じないと思われる。

アメリカのUTC（Uniform Trust Code）にはrule against perpetuitiesに関する明示規定は存在しないこととの関係で，アメリカのダイナスティトラストについて少し言及する必要がある。

信託の永続性を否定する従来のコモンローでは，信託設定時に，指定された者の死亡後21年を超えない時点で信託が移転されるか，あるいは消滅することが確実である場合に限り当該信託は有効であるとされている。統一州法委員全国会議が採択した統一法上の永続性に関するルールは，信託設定時に生存している個人の死亡時から21年を超えない時点で移転されるか消滅することが確実でない場合，または信託設定から90年以内に移転あるいは消滅しない場合は，当該財産権は無効であるとしている。

しかしながら，1990年代の初めに，この信託の永続性に関する従来のルールが注目を集めることになった。統一州法委員全国会議が信託をより使い易くするよう努力しているにもかかわらず，幾つかの州は別方向に進み始めた。

15）新井・前掲注7）92～94頁

世代飛越資産移転税および100万ドルの税控除を採用した結果，サウスダコタ州は，信託の永続性禁止を放棄し，サウスダコタ州への信託の誘致活動を始めた。連邦免許銀行は，サウスダコタ州に支店を開設し，サウスダコタ州に100万ドルの税控除を使った信託を設定すれば，後に発生する遺産税を永久にゼロにできると宣伝を始めた。これがダイナスティトラストといわれるものの始まりである。

100万ドルを10％の複利で運用した場合，４％の税金を想定すると実質金利は６％となるが，サウスダコタ州のダイナスティトラストは150年後には62億5000万ドルに膨れ上がる。すると，直ちにこの収益性の高い信託業務に参入するため，サウスダコタ州に続き信託の永続性放棄をデラウェア，イリノイ，アラスカおよび幾つかの州が決定した。しかしながら，ダイナスティトラストが出現したことに関して統一州法委員全国会議は次のように非常に懐疑的な意見表明を行っている。すなわち，「長期間を考えると，このような信託の管理は大変難しく費用がかかる。政府の統計によると，結婚した夫婦は平均して2.1人の子供を産む。この仮定によると，信託設定から150年後には信託の受益者となる子孫の数は100人以上となり，250年後には2,500人，350年後には４万5,000人となる。500年後に生存する受益者は，驚いたことに340万人に達する」との根拠を挙げ，ダイナスティトラストについては必ずしも賛成していないのである。

アラバマ州，アラスカ州は非永続性を放棄した。デラウェア州は不動産の110年を除き放棄，イリノイ州は信託が永続するとの書類が必要であり，ユタ州とワイオミング州は，信託期間は1000年との規定を設けているようである。

アメリカではダイナスティトラストがブームになっているが，アメリカに追随する必要は全くない。アメリカでも統一州法委員全国会議およびアメリカ法律家委員会は否定的な立場を採っている。しかも我が国はダイナスティトラストを認めるインセンティブはないように思われる。そこでrule against perpetuitiesに関する明文規定を設けても現状の実務に支障はないと考える。

4　個人信託における受託者の義務

個人信託における受託者の義務は任意法規化すべきではない。高齢者取引における適合性原則あるいは受益者保護を考慮してのことである。

受託者が業法上の免許を取得した業者あるいは弁護士である場合，受益者の同意があれば，信託財産，例えば不動産の賃借が可能であるとの解釈を採用したときに生ずる問題を考えてみる。

例えば，弁護士が信託スキームの中で受益者の同意を得て信託財産に賃借権を取得することは忠実義務を任意法規化すれば可能であるが，たとえ信託法上それが可能であったとしても，そのような行為により弁護士は懲戒を受ける。今までの懲戒事例をひもといてみると，それは弁護士の懲戒事由に該当すると考えられる。そうすると，信託法上は許容されていたとしても，弁護士倫理としては許されないこととなる。したがって，少なくとも個人信託の分野については忠実義務の任意法規化に反対である。

我が国において忠実義務がどれ程遵守されてきたか。受託者の忠実義務に関連して常に思い出されるのは，JASRAC事件である。[16] JASRAC，すなわち日本音楽著作権協会は，音楽著作権者の音楽使用料を受託者として徴収管理しており，年間1,000億円くらいの信託財産になる。本事件は信託財産である音楽使用料のうち77億円をある受益者に貸し付け，受益者がその金銭で建物を建築し，JASRACがその建物に入居したというものである。本事例は典型的な忠実義務違反の問題であるが，この事件が係争した裁判において，裁判官は本件が忠実義務の問題であることを最初から最後まで一貫して認めなかった。裁判所は，本件は単なる融資の条件に関する問題であり，当事者が同意すれば，いかなる形でも融資を行えると判示して事件処理を行った。

日本においては，裁判所を始めほとんど忠実義務が遵守されていないのが

16）新井・前掲注7）263～265頁

実態ではないか。そのような中で，個人信託の分野での忠実義務の任意法規化は問題であり「忠実義務の死」に繋がる。

信託銀行は，銀行勘定と固有財産の双方を有しており，忠実義務を任意法規化して欲しいとの要請は理解できる。しかし，それは基本的には信託銀行を規制対象とした兼営法の問題である。信託法が規制する個人信託の分野における受託者の忠実義務は，やはり強行規定とすべきではないか。

5　法定後見と信託との連携

法定後見とは被保護者が被保護状態における自らの財産管理・身上監護の在り方について自己の意思を明示しないままで当該状態に陥ったときに，被保護者の意思に基づかずに，パターナリスッティックに保護者が行動するものであり，いわば事後的手当て制度である。被保護者の自己決定権を尊重する観点から任意後見が優先され（任意後見優先の原則），法定後見は補充的に付されるものである。法定後見は裁判所の公的監督の下に置かれるものであるが，それでも法定後見人の能力を補うために信託を活用することができる。

6　任意後見と信託との連携[17)]

任意後見と信託を連携させることにより相乗効果が生まれ利用者がより多くのメリットを享受できる。

任意後見とは被保護者が被保護状態に陥る前に，当該状態における自らの財産管理・身上監護の在り方について自己の意思を明示し，それに基づいて保護者が行動するように指図するものであり，いわば事前的措置制度である。任意後見人は身上監護および福祉に関する専門能力を発揮して指図権の行使を行うことにより被保護者の利益を図ることができる。

受託者である信託銀行は，被保護者の身上監護事項に関しては任意後見人の指示を仰ぐことができ，自らの得意分野である財産管理・運用に専念する

17）新井誠『成年後見法と信託法』（有斐閣，2005）141～147頁

ことができる。

このように任意後見人は本人の意思決定代行，信託受託者は信託財産の管理処分と，それぞれの分野の専門家が職務分担を行いながら連携を図ることにより，委託者の意思の尊重および受益者の利益実現を図ることができる。また，両者の連携により結果として裁量信託の機能を実現することができる。

7　後見と信託の相互補完と受託者の義務

個人信託における受託者の重要な資質として2点挙げられる。

第一は，長期にわたり信託行為の定めに従って適切な財産管理と信託事務を遂行し得る能力を備えた受託者としての財産管理能力である。第二は，受益者の生活状況，健康状況等をきめ細かく見守れる身上監護者としての保護能力である。

個人信託においては，受託者の財産管理能力と身上監護者の保護能力との連携が必須であり，受託者と身上監護者とが綿密な連携をとることにより財産の保全ならびに受益者の実需に即した適切な財産給付が可能になる。ここに後見と信託との連携が必要となる。

ある信託実務家は次のように述べている。

「高齢者あるいは障害者の生活支援等のために信託が独立して利用されることがあるかもしれないが，しかし，信託が独立して利用されるよりも，本人の生活支援等に関係の深い任意後見制度等と併用される方が効率的に生活支援等がなされるものと思われる。この意味で，信託は任意後見制度とのバックアップシステムであると考えるほうが理解しやすいと思われる」。[18)]
このことはとりわけ信託銀行に当てはまり，極めて的確な指摘である。

後見と信託との連携には3つの形態がある。

第一は，財産管理を信託で担い，身上監護を成年後見人等が担当するとの形態である。それぞれの機能と得意分野を活かしながら，互いの不得意分野

18）澤重信「信託と成年後見——任意後見を中心として」新井誠編『成年後見——法律の解説と活用の方法』（有斐閣，2000）376頁

を補完し合うことができる。

第二は，財産管理の分担，連携である。大きな財産を信託財産として管理運用し，信託財産から給付された，いわば財布代わりの金銭の管理と，そこからの日常的な支払いを後見人等が担当するとの連携である。これにより，財産管理に関する後見人等の負担を大幅に軽減できる。

第三は，信託財産の給付面における連携である。受託者が管理している信託財産からの給付内容について，受益者の後見人等が信託行為で指定された指図権者あるいは同意権者として受託者と協議しつつ，給付の指図や同意を行うとの連携である。日頃から受益者の生活面の見守りを行う後見人等が信託財産の給付指図等に関わることにより，実需に沿った適切な財産給付確保が可能となる。

個人信託分野での信託の活用・普及を図るため，親族である後見人だけではなく弁護士，司法書士，社会福祉関係者など後見業務を担う専門家，実務家との連携，相互補完の事例を数多く積み上げ，被後見人等の身上監護面や生活に適合したきめ細かい財産管理や財産給付が可能となるよう連携モデルを作っていく必要がある。

実務上の課題としては，第一に，同意権者，指図権者の明確な位置付けが重要である。

同意権者，指図権者は，信託行為によって指定された受益者の後見人等に限定するか，それとも同意権者によって同意権の行使，指図権者による指図権の行使を信託管理人の職務と考えるか，あるいは受託者監督人の監督に含むと考えるか，それとも同意権者を独立した機関と規定するか問題となる。

既に実務で用いられている同意権者，指図権の位置付けを明確にしていくことが実務のより効果的な運用に資すると考える。

第二に，法定後見，任意後見，信託の優劣の問題がある。

法定後見と任意後見との関係であるが，これは任意後見契約法10条に規定があり，任意後見優先の原則が謳われている。本人の利益のため特に必要があると認めるときは法定後見が発動されるが，それ以外は任意後見が優先する。

法定後見と信託との関係について，任意後見契約法10条が類推適用されるか検討する必要がある。

任意後見と信託との関係について，両者の内容が抵触する場合の優劣に関する規定は必要か。また，受託者が個人信託を受託する際に，任意後見登記を調査する義務を課し，抵触の事前回避を行うのは賢明な手段か。これらの問題も検討する必要がある。

既に実務上，親族後見人が親族等からの要望を受け法定代理人として信託設定を行っている。親族後見人が自己の遂行している後見事務の透明性を確保するためである。親族後見人が信託を設定する場合，法定代理権と信託との調整が必要になる。信託受託者は，法定代理人と複数後見的な関係になるのか，あるいは履行補助者となるのか，整理が必要となる。

法定代理人が信託を設定するケースはこれから増加するものと思われ，それをスムーズに行えるよう法規定の整備が必要である。

任意後見人がその代理権の範囲内で信託を設定する場合にも同様の問題が生じることから，この点についても検討する必要がある。

8　生前信託と死因贈与・遺贈

米倉教授は，生前信託において，自己の死亡を原因として相続人を二次受益者として連続させるケースを無効とする。[19] 米倉説による無効の理由は，生前信託により相続人を対象として死因処分をすることが，相続分の指定や遺産分割方法の指定に当たり，これらの指定を遺言によらないで実質上実現することは許されないというものである。

先ほど受益者連続機能の承認のところで述べたように，この米倉説に対しては反対意見があり，私も反対である。もう一度反対理由を述べる。

第一に，民法上の後継ぎ遺贈と信託の受益者連続とは同質のものではなく，

19）米倉・前掲注13）96～97頁

民法上の後継ぎ遺贈の有効，無効に関係なく，信託の受益者連続の有効性は信託法１条により維持されると解される。民法上の後継ぎ遺贈は財産の所有権を遺贈者の意思で連続させるものであるが，信託の受益者連続は受益権という財産交付請求権を委託者の意思で転換・連続させるものであり，問題となる権利の質が異なる。

第二に，生前信託による死因処分は，相続分の指定や遺産分割方法の指定には該当せず，死因贈与に相当する行為と解される。自己の死亡を原因として特定の財産を特定の相続人に与える行為は，それが遺言によるものであれば遺贈であり，契約によるものであれば死因贈与である。

死因処分行為の対象となった財産以外の遺産の分割を考える場合，その死因処分行為の対象財産と受益者の相続人について，相続分の指定や遺産分割方法の指定があったものとみなして，それ以外の遺産の分割方法を決めることは理解できる。しかしながら，遺産処分行為そのものを相続分の指定や遺産分割方法の指定と解するのは妥当でないように思われる。その死因処分行為自体はあくまでも遺贈もしくは死因処分である。民法は，生前行為による死因処分として，死因贈与を容認しており，これに準ずるものとして相続人を対象とした生前信託による死因処分としての受益者連続および残余財産帰属者指定を有効と解している。この場合も，相続人の遺留分減殺請求権に服すべきことは死因贈与の場合と同様である。

生前信託と死因贈与・遺贈に関して，以上のように明確化することは課税上の関係あるいは民法を援用する際にも必要である。

第５　まとめ

１　信託の実質の尊重──どのような信託類型を普及させるのか

信託の本質は，財産権の名義を委託者から受託者に移転し，転換機能を生じさせる点にある。一部の有力説が目指すところは信託のビークル性であるが，信託本来の機能である転換機能を生かすような場面も検討すべきである。

その観点から見ると，当事者の合意だけで信託の効力が生ずるというのは，名義の移転によって信託が効力を生ずるという従来の信託の理解からは相当隔たっている。

信託宣言を許容するかどうかについても，委託者から受託者への財産権の移転が本当に行われているかどうか考えるべきである。目的信託についても同様である（信託宣言による目的信託の設定が認められないのは当然のことである）。事業の信託についても同様な視点から，なぜ信託とするのか検討する必要がある。

不動産の流動化，証券化のスキームで行われている信託は，まず信託を設定して，その信託受益権を直ちにSPCに譲渡するというものである。なぜ信託を設定するかといえば，それは転換機能とは全く関係ない目的のためである。第一は，不動産流通税を回避するためである。第二は，不動産特定共同事業法の適用を回避するためである。信託をしたことによって倒産隔離が生ずるのではなく，SPCに譲渡することにより倒産隔離が実現すると私は理解している。

不動産の流動化，証券化で行われているような信託，つまり非常にフレキシブルな信託が実務上既に行われている。これ以上さらに信託を柔軟化する必要があるのだろうか。信託をより柔軟な形にして，さまざまな信託の普及を図っているわけであるが，例えば今述べた類型の信託について，果たしてこれが本当に信託と言えるのかどうか整理する必要がある。このような整理がなされないならば，ますます信託の本質から離れた信託が生じ，信託の本質が非常に希薄化する危険性がある。

2　商事信託への偏りの是正

商事信託という類型の信託もあるべきであり，このような信託を認める必要性も存在する。私もこのような類型の信託を認めることに賛成である。しかしながら，現在の信託法の議論は余りにも商事信託に偏り過ぎており，ビークル性を取り入れただけの信託法になるのではないかとの危惧がある。

商事信託をさらに効率的に普及できるようにすると同時に，それのみならず，個人信託や公益信託という，あらゆる類型の信託がバランスよく発展できるような形でさらなる法改正を行うべきである。

3　濫用への対応

現在，一部の信託関係者が信託を濫用し社会問題になっている。議論の前提として既にその実態は把握されているものと思われる。不動産登記中，信託を設定している案件が濫用のケースではないのかを慎重に検討してみる必要もあるのではないか。

信託の濫用という観点から見ると，信託宣言，目的信託，限定責任信託，受託者の忠実義務の任意法規化は，信託を濫用しようとする者にとって極めて好ましい制度だといえる。しかも，これらは1つの信託の中でほとんどを実現できる。信託宣言で目的信託を設定することはできないが，限定責任にし，忠実義務を任意法規化する，このような信託が信託の実質からして果たして可能なのかどうか，濫用の歯止めとのバランスを考え検討する必要がある。

任意後見制度が2000年4月にスタートした。任意後見制度は本人が意思能力を喪失したとき，民法の原則と違い，任意後見監督人が選任されなければ発効しない。一部の弁護士は，私的自治の原則から任意後見制度は余りにも重いとの批判を行った。

任意後見制度制定から17年後の現在，その重いと批判された任意後見制度にすら既に濫用の兆しが見られる。一部の悪質な業者が任意後見契約を濫用し高齢者を食い物にするという実態も見られる。この濫用の問題は真摯に考えなければならないものである。個人信託の分野，とりわけ高齢者・障害者が関与するような信託においては，受託者の忠実義務は強行規定として維持されるべきである。

4　比較法とのバランスの顧慮

比較法の検討はUTCのみに限定されており，偏っている。他の制度も参照すべきである。例えば，今OECDが信託に注目し作業を行っている。信託の悪用事例への対応，オフショアにおける信託の濫用事例への対処等の作業も行っている。このような作業も参考にすべきである。また，スイスはハーグの信託条約を批准するために信託法を制定した。日本も大陸法国であるので，大陸法国でまさにできたての信託法を持っているスイスの事例を参考にするのも有益である。

信託の基本法としては，やはりビークル性だけを強調した信託法というのはやや異例であり，比較法的にももう少し妥当な落としどころを見つけるべきではないか。日本の信託法は世界的にも注目されている。日本の信託法が有するグローバルな影響も考慮して，より多くの比較法の検討がなされるべきである。

5　信託業法とのバランスの顧慮

信託業法29条1項では，信託財産に損害を与えるおそれがない場合を除いて，自己と信託財産との取引，信託財産と他の信託財産との取引を禁止し，同法29条3項は，そのような取引をした場合，書面の作成と受益者への交付を義務付けている。

信託業法29条と受託者の忠実義務の任意法規化とは著しくバランスを欠く。両者の関係につき検討すべきである。検討の際には，信託業法と兼営法との差異にも注目すべきである。信託業法に基づく信託会社は専業義務を負っており，信託銀行は，銀行業務と信託業務を兼営している。免許業者であって兼営業者である信託銀行について忠実義務を任意法規化したいとの気持ちあるいは理屈，実態はよく分かる。しかしながら，専業義務を負う信託会社についてまで忠実義務を任意法規化する必要があるか検討する必要がある。そして，一般の民事信託，とりわけ個人信託の受託者を規制する信託法にとっては，やはり忠実義務の問題は厳格に考えるべきである。

6　自益信託と他益信託の区別の軽視

我が国の通説は自益信託と他益信託の区別については頑なに拒絶している。なぜ，他益と自益の区別を頑なに拒絶するのか。他益信託と自益信託という区別も，絶対的なものではないが，1つの有力な考え方である。例えば，受益者の補償請求権の問題なり受益権の放棄を考える際に，1つのヒントになり得る。私は頑なに拒絶された自益と他益の分類になお固執して今後も議論を展開し続けていきたいと考えている。

（あらいまこと　中央大学法学部教授・大学院法学研究科委員長）

第 2 章

後見制度支援信託と専用口座について
―預金口座の法的機能からの考察―

澁谷　彰久

はじめに

後見制度支援信託（以下「支援信託」という。）が導入され５年が経つ。後見制度自体の取り扱い件数の増加とともに，支援信託の利用も拡大してきており，本制度に対する期待が高まっている。[1] そもそも，支援信託導入の背景は，親族後見人による本人預金への横領等の不正行為を裁判所の関与により制度的に防止するものであった。一方で，専門職後見人の増加とともに不祥事・横領事件も発生している。さらに，構造上の問題や実務上の課題に対する指摘も出てきている。個人の財産管理，特に高齢者や意思能力が減退した成人の日常的な資金管理である預金取引の法的安定性が求められている。

本章では資金管理を行うための預金口座の特質を預金契約の性質と実務面から考察し，現状の支援信託の課題と利用促進のための専用口座を後見制度へ導入することを検討する。

1）最高裁判所事務総局家庭局「後見制度支援信託の利用状況等について―平成27年１月～12月―」（2016）統計によれば，平成27年12月までに後見制度支援信託の利用者数は累計で9,965人，信託財産額の累計は約3,363億円を超えている。

第1　預金口座の法的構成

1　預金契約の性質

銀行取引における預金の意味は預金者が金銭を預け入れる行為（預金行為）を指す。「預金商品」（例えば普通預金や定期預金）を顧客が利用する場合は「預金約款（例えば普通預金規定）」により「預金口座」を開設することになる。この預金約款による，金融機関と預金者の間で締結される，口座勘定設定契約が「預金契約」と呼ばれる。[2)] この預金契約の法的性質については，従来からは金銭消費寄託契約＝金銭その他の物を消費し，後日それと同種，同等，同量の物を返還する（民法587条）とし，消費貸借規定の準用（民法666条1項），当事者の合意と金銭の授受が行われて成立する要物契約であるとされてきた。[3)] 民法債権法改正案によれば，消費寄託契約は，「寄託者の利益のためにされる契約である点で，消費貸借との違いがある（消費貸借は借主の利益のための契約である。）ので，民法第663条第2項を適用することが相当である」のに対して，預貯金契約は，「受寄者が預かった金銭を運用することを前提とする契約類型であり，受寄者にとっても利益がある契約である点で，他の消費寄託契約とは違いがある」として特則を設けることの必要性を示した。[4)] 改正法案によれば，「受寄者が契約により寄託物を消費することができる場合には，受寄者は，寄託された物と種類，品質及び数量の同じ物をもって返還しなければならない（改正民法案666条1項）」との規定を消費寄託として設けている。従来は，消費寄託契約は要物契約であり，預金契約においても当事者の合意と金銭の授受が成立要件となっていた。一方で，銀行実務上はゼロ円口座（資金入金をうけないまま締結された預金口座）など，

2）澁谷彰久『預金口座と信託法理』（日本評論社，2009）25頁

3）我妻栄『債権各論中巻二』（民法講義Ⅴ3）（岩波書店，1962）729頁，前田庸『銀行取引』（弘文堂，1979）17頁

4）法制審議会民法（債権関係）部会第93回（26.7.8）部会資料81-3「民法（債権関係）の改正に関する要綱仮案の原案（その3）補充説明」26頁

要物性を伴わない取引慣行が行われていた。今回の改正法案では，寄託は「当事者の一方がある物を保管することを相手方に委託し，相手方がこれを承諾することによって，その効力を生ずる（改正民法案657条）」とし，諾成契約化を図った。[5] もちろん，実務上，預金行為者（顧客）の「預ける」という意思表示と銀行の「預かる」という意思表示の合致と金銭の授受が必要となる。預金契約上は金銭以外に同一の経済効果を生じる手形・小切手の取立代り金，振込金，貸付代り金等の預金口座への入金によっても要物性の要件は満たすことになる。[6] 但し，いつの時点で預金が成立したかは実務上，学説上議論のあったところではある。[7] 銀行実務における預金の成立時期は金銭の受入れ方法により異なることになり，預金口座の開設時点と異なり，その後の預け入れ時点における，預金者と銀行との間の諾成的な意思の合致は，個別の問題となる。

預金の本質的な機能は消費寄託としての性格を持つが，金融商品としての預金口座には様々なサービスが付加されている。付随的な機能の法的性質を考慮すると，顧客に対するサービス（役務提供，事務管理）は委任事務と構成でき，委任契約と消費寄託の複合（混合）契約と位置づけることができる。[8] 具体的には証券類の取立て，振込金の受入れ，公共料金等の自動支払やインターネットバンクなどによる決済，ポイント付加など様々な金融サービスのメイン口座としての役割，機能が盛り込まれることが多い。銀行取引には預金型の商品以外にも多くのサービス提供型の取引があり，委任契約を基本として規律され，新たな金融取引形態が生み出されるともに，委任規定を適用する取引も拡大している。委任は，預金取引の中で極めて重要な位置を占めているといえる。委任に関する規定（民法643条以下）を預金取引の中

5）「民法（債権関係）の改正に関する中間試案の補足説明」（2013年４月）510頁
6）松本貞夫『改訂　銀行取引法概論』（経済法令研究会，2007）41頁
7）近藤弘二「預金契約の成立」鈴木禄也＝竹内昭夫編『金融取引法大系第２巻・預金取引』（有斐閣，1983）39頁
8）堀内仁『新銀行実務講座⑴預金・付随業務』（有斐閣，1987）12頁

でどのように解釈するかとういう問題は，第三者に「委ねる」という「為す債務」であるという抽象性，他の役務型契約（雇用，請負，寄託）や近接する他の制度（代理・信託等）との関係において重要な論点が含まれている。[9)]

また，預金取引における委任契約上の受任者義務の問題は「善管注意義務」をどのように捉えるかということと大きく関わる。受任者の義務として，「受任者は，委任の本旨に従い，善良な管理者の注意をもって，委任事務を処理する義務を負う（民法644条）。」とされているが，この受任者の善管注意義務の内容は受任者のような職業・地位のある者に対して一般に期待される水準の注意義務であり，委任契約は当事者間の信頼関係を基礎とし，善管注意義務の内容は当事者間の知識・才能・手腕の格差，委任者の受任者への信頼の程度に応じて判断される。[10)] 近年の銀行取引を含む金融機関の側に求められる注意義務は専門家責任や顧客保護に対する義務の高度化などにより，従来よりもその内容は変質化している。窓口の銀行員一人の個人責任というよりも，組織，制度，システムそのものへの信頼が問われている中で，預金取引における受任者責任はどのように考えられるか検討すべきである。

2　預金約款

銀行は顧客との取引開始時にあらかじめ作成された所定の預金規定を交付している。このような約款契約は銀行取引約定書を含め多数あり，他の金融機関による保険や証券取引においても一般化され，利用されている。この預金約款には契約面から二つの機能がある。第1に，不特定多数の顧客との大量取引を迅速・安全に行うための取引定型化の必要性から，当事者間の契約合意を補完する機能である。これが附合契約である普通取引約款として当事者に拘束力を求めるものとなる。第2に，上記1で触れた銀行の顧客に対する各種サービス内容の明確化の必要性による，契約内容を補完する機能であ

9）銀行取引における委任契約の問題につき全国銀行協会編「銀行取引に係る債権法に関する研究会　報告書」(2007) 51頁以下参照。

10）内田貴『民法Ⅱ［第3版］債権各論』(東京大学出版会，2007) 291 頁

る。この約款契約には消費者保護の視点から事業者（金融機関）側には制約条件があるとされる。約款法理における制限的な解釈準則の具体例としては，契約内容が不明な場合は作成者側に不利に解釈（約款作成者不利の原則）し，事業者側に有利な条項はその合理性の認められる範囲で有効（制限的解釈の原則・合理的解釈の原則）とする場合などがある。[11] 重要なのは，このような従来からの約款理論による利用者（顧客）保護の枠組みが，現在の金融取引においても有効に機能しているかどうか検証することにある。[12] 民法債権法改正案では，「定型約款」を次のように定義する（改正民法案548条の２第１項）。

「定型取引（ある特定の者が不特定多数の者を相手方として行う取引であって，その内容の全部又は一部が画一的であることがその双方にとって合理的なものをいう。以下同じ。）を行うことの合意（次条において「定型取引合意」という。）をした者は，次に掲げる場合には，定型約款（定型取引において，契約の内容とすることを目的としてその特定の者により準備された条項の総体をいう。以下同じ。）の個別の条項についても合意をしたものとみなす。

一　定型約款を契約の内容とする旨の合意をしたとき。

二　定型約款を準備した者（以下「定型約款準備者」という。）があらかじめその定型約款を契約の内容とする旨を相手方に表示していたとき。」

金融機関は，相手方（顧客）の請求に応じて預金契約等の定型約款の内容を表示する義務があり（改正民法案548条の３），一定の場合には，定型約款を相手方（顧客）と合意することなしに契約内容を変更することは可能となる（改正民法案548条の４）。

3　枠契約理論

伝統的な預金契約の解釈は民法上の典型契約を預金取引の要素に当てはめ，

11）河上正二『約款規制の法理』（有斐閣，1988）261頁

12）金融法務研究会「金融取引における約款等をめぐる法的諸問題」（2015）において銀行取引を中心とした近時の約款法理の課題について詳しく論じられている。

複合契約として組み合わせ，上記約款による特約条項を補う方法が採られてきた。これらの伝統的な見解に対し，預金の法的性質は個別取引によって金銭消費寄託その他の役務の提供がなされることを保障する枠組みを設定する，期間の定めのない継続的契約であるとする有力な見解がある。[13] フランス，ドイツにおいて発達している「枠契約（contrat-cadre, Rahmenvertrag）」の概念は普通預金口座を「枠組み」として捉える。[14] 継続的な取引関係の中で発生する金融機関と預金債権者間の債権債務の受け皿として，口座単位で捉えることになる。わが国の伝統的な学説の中にも普通預金契約を一個の包括的な契約と捉えられるものもある。普通預金は「取引開始の際には，銀行との間に約定書を作成し払込払戻の方法などについて契約を締結し，預入された金額は常に既存の残高と合計された一個の債権として取り扱われるのであるから，一個の包括的な契約が成立する」[15] とみるのが妥当とされる。一方で，普通預金（流動性預金口座）における「預金者」を預金債権の帰属主体（債権者）としての「預金者」と預金契約の当事者として口座の利用権限を有する「預金者」（預金契約上の地位）と明確に区別すべきとし，[16] 普通預金口座とは比喩的に表現すれば「内容の変動する1個の箱であるのに対し，当該口座の残高債権は，ある時点におけるこの箱の中身に相当する」[17] とされる。取引の枠組みを一次的には約款で定め，その後に発生する取引を個別契約として捉える，この「枠契約」概念は預金契約の法的性質を考える上で多くの示唆を与えてくれる。

実務面から預金契約を「枠契約」として捉えることによるメリットとして

13）中田裕康「銀行による普通預金の取引停止・口座解約」金融法務研究会『最近の預金口座取引をめぐる諸問題』（2005）25頁

14）中田裕康『継続的取引の研究』（有斐閣，2000）32頁

15）我妻・前掲注3）742頁。あくまで消費寄託の同一契約の中で反復継続する面に重きを置き，委任事務まで含めたものではない。

16）森田宏樹「普通預金の担保化・再論」道垣内＝大村＝滝沢編『信託取引と民法法理』（有斐閣，2003）327頁（注釈52）

17）森田宏樹「判批」ジュリ1269号平成15年度重要判例解説（2004）84頁

は，①預金約款を基本契約とし，その後の個別の債権債務関係がその基本契約の「枠内」で発生することになり，当事者間の基本的権利関係が明確になる。②「口座」に複数の預金債権が記帳された資金残高としてコミングルすることは一般的な金融取引の中で生じる。口座管理上，入出金の都度行われる場合，決済性預金口座は「枠契約」的な法的構成をとることの方が親和性がある。③「口座」の法的位置付けを明確にするための，一つの有効な考え方となる。例えば，預金口座名義とは異なる他人の資金，または実質的な利益を保護すべき者の資金を受け入れた時，権利帰属の管理機能を与えられる。個々の契約関係が継続的な当事者間において，財産管理制度として機能する包括的な契約を「枠契約」と定義することも可能ではないか。

4　預金口座の名義と機能

預金取引を行う上で，取引当事者や口座を管理する金融機関にとって預金口座の法的安定性は重要である。資金の受入れ，支払い，残高管理，口座所有者への通知，債権者関係，第三取得者，資金のコミングル，誤った記帳や入金などによる回復手段などにつき，その法的な確実性と救済が求められる。[18] 口座名義と実際の預金取引から預金口座を機能的に考察する。

(1)　口座名義

ア　口座開設者

一般に預金口座の開設時には記名式預金では預金者名義人が定められる。預金口座の開設時には，当該口座名義人が，銀行窓口にて本人確認手続きを経て，口座開設者となる。これは，非対面のインターネット取引においても同様の手続きであり，口座開設者＝口座名義人本人であることを確認するためのものである。従来から，各金融機関においては，仮名口座や借名口座は禁じられていたが，金融機関等による顧客等の本人確認により，その調査義務はより厳格になったといえる。しかし，実際には口座の開設状況には名義

18）澁谷・前掲注２）42頁

人以外の資金管理を目的とする場合が生じている。例えば，弁護士の個人名義口座に依頼者の預かり金が入金されるケース，夫婦間で共有して利用する単独名義口座に双方の給与を振込むケースなどである。口座名義上は明示的には銀行にはわからず，口座開設する側でしか，本来の利用目的は認識できないことになる。銀行の義務として，どこまで口座開設目的を顧客側から説明を受けるかは，個別の問題である。普通預金の開設時に，口座名義人が正当な取引の相手方であることを確認する義務は銀行側に求められるが，口座の利用目的や，受入れ資金の出所までをすべての取引にわたり確認することは，現在の実務では把握できないのが実情である 。

イ　口座取引の契約代理人

口座名義上に代理人が表示される場合がある。「本人○○○○　代理人△△△△」という口座名義は正式な代理人届けを提出することにより，銀行に受け付けられる。もちろん，本人，代理人の本人確認は個人，法人を問わず行われることになる。また，未成年者や後見人制度における代理人等においても，代理人等となる者の本人確認資料と本人との関係を証明する書類の提出が求められる。なお，成年後見制度における金融機関の手続きでは，後見の申請がなされると，本人の口座から後見人への口座へ移管を行うのが一般的である。その場合，口座名義は，成年後見人の名前「渋谷太郎」，または「渋谷花子（保護される本人名）成年後見人　渋谷太郎（成年後見人名）」という肩書付名義になるように求められるようである。一方で，本人名義のまま，従来の預金口座を利用する場合もあり，口座名義は，関係者の誰の名前か，よく確認する必要が金融機関側に求められる。本人の代理権取引の預金取引店は，当該口座を開設した支店に限定する金融機関が多いようである。

ウ　口座管理者

預金口座の名義人が，実際に資金を出捐した者のために，預金口座を管理する場合がある。この口座管理者のことを口座の利用権限者とも呼ぶが，口座名義が個人ではなく，団体名や法人名になって肩書き，代表者となっている場合もある。口座の利用権限者とは，実際の預金口座を利用する者であり，日常の出し入れや印鑑・通帳の保有者であることが想定される。具体的には，法人化していない，権利能力なき社団の資金管理口座や預かり金口として利用する，マンション管理組合の修繕積立金口座，同窓会，町内会の会費口座等のケースである。また，一時的に組織化された団体の一時管理用としての利用としての共同企業体や債権者委員会等の預金口座等もある。分配や支払い目的が決まっているが，一時的に保管するための専用口座としての利用としては，建設前受金受取口座，代金収納口座等がある。なお，この口座管理者には個人が単に本来の口座名義人から，通帳と印鑑を預かり，実質的には，名義人本人に代わって，口座の出し入れ等の管理を行う，代理人または受任者としての利用権限者の意味も含まれる。

⑵　預金口座の管理機能

これまでの預金口座の分析から，口座の管理機能に求められるものは，以下のものがあると考えられる。第１は識別管理機能，第２に分別管理機能，第３に履歴管理機能である。

ア　識別管理機能　―顧客の特定化―

銀行における顧客管理上の識別番号として預金口座ごとに口座番号が採番される。支店番号と共に顧客管理のための顧客番号が別に使用される。一般的には各金融機関ではこの普通預金口座番号を主たる決済性利用口座として，顧客管理上の番号と同一なものとして管理している。複数口座がある顧客はこの顧客管理番号にリンクされることになる。この顧客管理番号はシステム上の特定キーの役割を持ち，様々な顧客管理やデータの抽出に利用される。

イ　分別管理機能　―口座の特定化―

一般的には，普通預金口座のような流動性口座は資金が混在化した場合に，変動する預金残高に対しての特定性は入金記帳の時点でなくなるとする。[19] 口座に入金された資金そのものは金銭的には混蔵保管となる。債権残高の個別管理には専用口座（特定の普通預金口座）による残高管理が必要となる。

19）前掲注16）森田「普通預金の担保化・再論」316頁

つまり，預金口座自体には金銭の分別管理機能はないが，口座単位では金銭を分別管理したものと同じ機能を，記帳上は果たすことができる。

実務上は，さまざまな利用目的に応じて，入出金の口座を指定，専用口座化することにより，口座内の資金をひとつの枠内（箱）に閉じ込めること，つまり口座の特定化による資金の分別管理機能を創り出すことが可能となる。

ウ　履歴管理機能　―資金トレース―

口座の機能には時系列な記録，記帳が金融機関側でデータとして保管，トレース（残高管理を含む資金移動の履歴記録）することが実務上，可能である。これは，同一金融機関内における資金トレースのみならず，金融システム内であれば，可能な機能であるといえる。つまり，現金から，いったん預金口座に入金された資金は，当該金融機関支店口座から他の金融機関の支店口座へ移動した場合，金融システム内であれば，「記帳」記録により，トレースは可能な仕組みとなっている。全銀システムの制度内による資金移動記録は，時系列的な管理可能なデータとして捕捉できることになる。これが，いったんシステムの外に支払われるか，現金として払い出されてしまうと，トレースは不可能となろう。

5　預金口座と信託口座

法的な概念からすると，今まで述べてきた民法上の契約類型である預金契約により作成された「預金口座」と信託契約に基づき作成された「信託口座」は区別されなければならない。受託者が現金や他の資産と合算して信託財産を管理する場合も，厳密には「預金」としてではなく，信託財産として「信託口座」の中で記帳される。次に述べる支援信託の仕組みにおいても，信託という法的枠組みの中での「口座」としての上記のような3つの機能は，「預金」と同様であることには実務上からも明らかである。ある意味，金融機関が信託免許を持つか否かの違いでもある。金融商品（サービス）としての「口座」の管理機能は，「預金口座」も「信託口座」も利用者側から見た顧客ニーズには大きな差異はないと言える。口座機能からするならば，代理権限を持った受任者が「預金口座」の管理者となる場合と，受託者が信託財産として「預金口座」を管理する場合は，倒産隔離機能の部分を除けば，機能的には同様のものと言えるのではないだろうか。後に述べる，エスクロー契約による顧客と口座開設銀行との関係は，委任関係が基本となる「預金型エスクロー口座」と信託銀行が受託者とし，エスクロー口座を開設した「信託型エスクロー口座」の２つの類型が金融実務にはある。このような法的な基盤の差異は，単に業法上の問題であり，口座の機能的な面はどちらの場合でも顧客の利便性には変わらないと考えられる。

第２　支援信託の法的構成

1　財産管理制度としての信託と後見制度[20)]

信託の特徴は，目的財産を委託者名義から受託者名義へ完全移転し，管理主体である受託者と受益者を分離し，受託者に信託財産に対する排他的な管理・処分権を付与することにある。そして，信託財産は受益者のために管理・処分するという制約を受託者に課す。支援信託は，委託者兼受益者（自益信託）を被後見人（本人），受託者を信託銀行とし，信託契約の締結は後見人（親族または専門職）と信託銀行間で締結される。つまり，家庭裁判所が選任した後見人が本人の代理人としての権限を持ち，判断能力を欠く本人に代わって財産管理権を持つことになる。なお，法定後見制度の被保佐人・被補助人や，任意後見制度の本人は現状ではこの支援信託を利用することができない。

2　裁判所の監督機能

支援信託は，契約締結時から家庭裁判所が関与することになる。後見人からの申し立てにより家庭裁判所は，支援信託の利用に適していると判断した

20）小林徹「成年後見制度と信託制度の連携」実践成年後見 No.58（2015）22～28頁に両制度の比較が詳しく紹介されている。

ときにのみ，当該後見人に利用を促すことになる。信託銀行と後見人の任意契約とは言えない面がある。更に，実際に支援信託を利用する際に，家庭裁判所の指示書を後見人に対して発行し，後見人はその指示書を支援信託取扱金融機関（信託銀行）に提示して取引を行うことになる。この裁判所の指示書による指図権は，家事審判手続によるものではなく，信託商品としての機能として求められる指図権であり，その根拠は民法863条２項（「家庭裁判所は，後見監督人，被後見人若しくはその親族その他の利害関係人の請求により又は職権で，被後見人の財産の管理その他後見の事務について必要な処分を命ずることができる。」）の後見事務の監督権に基づくものとされる。[21] この指図権は，裁判所の職権によるものであり，支援信託の受託者（信託銀行）の裁量権によるものではない。[22] つまり，指図権の根拠は，受託者としての管理権や後見人の代理権とは異なる，政策的な裁判所の後見業務への監督機能として位置づけられる。

3　信託類型からみた支援信託の性質

支援信託は後見制度を補完するものであり，民事信託の範疇に入るといえる。しかし，金融商品としての支援信託は，本人のために元本補填契約の付された特約付きの指定金銭信託である。[23] さらに，信託商品ではあるが，その実質は預金と同様の機能を持ち，「預金型の商事信託」であり「受益者は実質的には預金者と同様である」[24] ともいえる。

以上の支援信託の特徴から，信託としての機能は，預金類似型金銭信託としての性質に，裁判所の指示書という指図権による実質的な管理に依拠する信託といえる。

21）小西洋「後見制度への信託の活用状況と今後の課題」信託フォーラム１号76頁

22）信託業法65条による指図権者との解釈も成り立つかもしれないが，支援信託は本来の福祉型信託とは異なると思われる。新井誠・赤沼康弘・大貫正男編『成年後見制度（第２版）』468頁〔星田寛〕（有斐閣，2014）を参照。

23）寺本恵「後見制度支援信託の取扱状況」金融法務事情 No.2007（2014）21頁

24）寺本・前掲注23）24頁

4　支援信託の課題

支援信託は，親族後見人を選任する場合に，日常生活に必要な一定の額を超える現預金を信託財産に移転し，その払戻しには家庭裁判所が発行する指示書を必要とすることにより，不正行為を未然に防止するものとして，2012年2月から信託銀行のみにおいて取引が開始された。しかしながら，本制度に対しては以下のような課題が指摘されている。[25)]

⑴　裁判所の慎重姿勢となることへの懸念

家庭裁判所の指図権行使に関して，資産規模による基準だけでなく，本人の身上変化や親族間の紛争発生の判断予測の困難さから，支援信託への移行に裁判所が慎重にならざるを得ないのではないかとの危惧がある。[26)]

⑵　利用者側の抑制的な姿勢への懸念

利用者である後見人側の手続負担から，裁判所に指示書発行を求めることに抑制力が働き，「過度に抑制的な資産保全型の財産管理に結びつくリスク」[27)] が指摘される。これには，利用者としての親族後見人自身に関する信託終了後の残余財産の帰属問題として，推定相続人との利益相反，遺言との抵触，口座特定遺贈などとの問題[28)]とも関係する。

⑶　本人の権利擁護・身上監護が不十分となる危険性

本人の預貯金，株式等の流動性金融資産の大半を解約して，特定の信託銀行1行の口座へ集中することは，身上配慮義務（民法858条）に反し，本人の意思にそぐわない結果となるのではとの懸念がある。[29)] 株式や投資信託などの金融商品は現状はで解約して，金銭信託に組み込むことになる。また，

25）制度の運営開始前には，日本弁護士連合会「最高裁判所提案「後見制度支援信託」に関する意見書」（2011年3月27日），同会「最高裁判所提案の「後見制度支援信託」導入の条件及び親族後見人の不祥事防止策についての意見書」（2011年10月18日）などがあった。

26）赤沼康弘「信託と成年後見制度」ジュリ1450号（2013）31頁

27）上山泰「後見制度支援信託をめぐる疑問点」週刊社会保障Vol.68 No.2794（2014）47頁

28）遠藤英嗣「信託法制等から「後見制度支援信託」を考える（上）・（下）」（上）実践成年後見56号（2015）73頁，（下）同57号62頁

29）赤沼・前掲注26）31頁他上記弁護士会「意見書」などにも同様の指摘がなされている。

信託財産へ移行する金融資産が現預金に限定されることから，本来の信託としての財産管理機能が限定的となることの不便さがあり，利用者の利便性向上を商品設計上検討する余地がある。

第３　後見支援のための専用口座

１　制度改善の方向性

以上のような支援信託への課題に対しては，以下の視点が求められると思われる。

(1)　誰のための制度か

本制度には，本人の身上配慮が含まれ，通常の財産管理とは異なる。契約締結者（利用者）は後見人であるが，本人の意思が求められ，推定相続人のための制度ではない。しかも，現状では法定後見の後見類型に本制度の利用対象と限定されている。今後，後見制度が補助類型に一本化された場合や死後事務に対応するには，新たな仕組みが求められることになる。

(2)　信託財産を構成する必要性

特定の金融機関（金融商品）に限定される不都合さをどのように克服するか。確かに信託代理店として，全国の金融機関が制度的には支援信託を顧客に提供できる法制度は整えられている。[30)] しかし，本来の財産管理のための信託は，不動産を含めた幅広い資産をまとめて信託化し，受益者のために設定することが利用上のメリットになる。現状の支援信託のような預金類似型の信託では，その効果を十分発揮できないといえよう。今後の利用拡大に十分対応できるか，対象となる金融資産等の範囲，本人の身上監護との関係も含め議論されるべきであろう。

(3)　不正防止のチェック機能

支援信託導入の背景には親族後見人の不正利用の防止であった。しかし，

30）寺本・前掲注23）23頁

支援信託に対する抑制的な利用者側の考えや，そもそも後見制度自体への利用抑制が問題となっている。水面下での不正利用をどのように抑止するかが喫緊の課題である。さらに，最近の専門職後見人の不正事案が頻発[31]していることも，制度そのものへの信頼を担保するための仕組みが求められる。裁判所の監督機能強化の方向性だけではなく，法人後見や複数後見にも対応するガバナンス機能を本人の財産，特に資金管理に組み込む必要性がある。そのためには，特定の金融商品に限定するのではなく，汎用的なチェック機能を持った金融商品が社会インフラとして求められよう。

⑷　後見の担い手の拡大への対応

後見の担い手は，後見制度の利用増加が想定される中で，親族・専門職・法人・市民などへ拡大してきている。現状の裁判所の発行する指示書に代わる，公正な後見の担い手が発行する指示書にも今後は対応すべきと考える。たとえば，社会福祉協議会の運営する後見センターや弁護士事務所の法人後見が，直接，金融機関へ指図権を行使することで，支援信託と同様の不正防止機能が担保される。裁判所の事務負担を軽減する観点からも，指図権限の一定の代替は今後検討すべき課題である。

2　新たな専用口座の概念

支援信託は，単独で後見人等が資金管理できないように裁判所の指示書による「カギ」をかける機能がある。資金の受け皿となる最善の金融商品は「後見制度支援信託」のみであろうか。本来であれば，同様の機能は通常の預金商品にもあることが利用者側には利便性が高いものとなろう。預金類似型の信託である支援信託に機能を限定する必要はないといえる。しかし，一般の預金取り扱い金融機関では事務負担の問題もあり，全国的な展開はすぐには対応できないことも想定される。[32]　そこで，今後の支援信託の商品性

31）渋川紀子「成年後見人による犯罪の現状と対策」せたがや自治政策研究所　都市社会研究６号（2014）83～106頁

32）成年後見制度が導入された当時，全国の銀行では法定後見のうち後見類型のみの対応

改善も含め以下のような「エスクロー口座」の活用を提案したい。

(1) エスクロー口座とは

エスクロー（escrow）とは，もともとは不動産の権利移転・設定を記載した証書のことを指し，欧米では従来から金融取引の中で行われていた。わが国でもプロジェクト・ファイナンスにおける事業会社や融資銀行が第三者に資金を管理委託し，利用者は契約に基づきエスクロー口座を開設し，口座に入金された販売代金などの収入から契約に定められた優先順位に従って経費や借入金の返済を支払っていく仕組みがある。[33)] 最近は，インターネットにおけるオークション取引などでも同様のサービスが個人でも利用されている。新規の販売先や買主の信用力が不明な場合の資金移転として簡便な手段としての利用度の高いものである。このような第三者にいったん，資金を寄託させる方法をとる理由は，銀行等が中立的な立場で取引の推移を監視し，新規販売先の資金決済の確認や所有権移転登記など，あらかじめ定めた契約条件が満たされたことを確認することが，契約者双方の決済手段を担保し，確実な取引を成立させることができるためである。

図：エスクロー口座サービスの概念

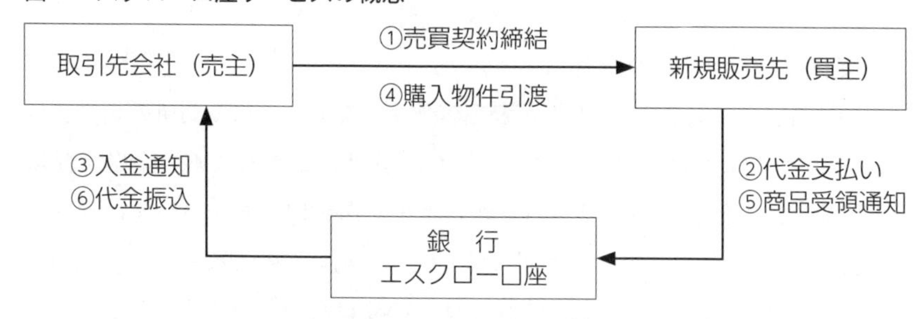

であったが，現在では一部の金融機関を除いて保佐・補助類型にも対応しているようである。多くの金融機関が関係する制度導入には時間がかかる傾向があり，個別の銀行等により対応が異なる場合がある。全国銀行協会事務システム部「新しい成年後見制度に係る銀行実務上の対応について（新しい成年後見制度と銀行取引）―(新成年後見制度の実務と理論)」銀行法務21 No.574（2000）22～29頁を参照。

33）澁谷・前掲注２）64～67頁参照。

⑵　専用口座の法的構成と仕組み

このエスクロー口座の法的性格には二種類が存在する。一つは委任契約に基づく預金型口座であり，もう一つは信託型の口座である。

①　預金型エスクロー口座[34)]

顧客と口座開設銀行との関係は振込契約に基づく委任関係が基本となり，代金支払委託契約による善管注意義務が銀行に課せられる。売上代金毎に個別に締結するエスクロー契約の性質は支払債務引受契約となり，口座（口座名義は一般的には銀行名）への資金支払人（銀行顧客の取引先）が，受取人（銀行顧客）に対して持つ売買代金支払債務を当該銀行（エスクロー口座開設銀行）が免責的に引き受け，当該銀行は受入れ資金を保管管理することになる。

②　信託型エスクロー口座[35)]

信託銀行を受託者としエスクロー口座を開設した場合は，資金の支払人を委託者，受取人を受益者とする信託関係が設定される。委託者や受託者の破産リスクから当該資金を隔離することが可能となる。信託を利用する場合はエスクロー口座に金銭信託を使うことになる。

支援信託の仕組みは，上記信託型のエスクロー口座と類似している。両者は取り扱い金融機関が一般の銀行か信託銀行かの違いだけで，機能的には同じと考えられる。預金型のエスクロー口座の場合，当該口座がペイオフの対象となるか否かという問題もあるが，現状，決済用預金口座はペイオフ対象外（全額保護）となり得る。銀行の既存預金システムにある条件設定（預金

---

34)　わが国では専用口座は預金型と信託型と２種類あるが，海外では信託口座として法的には位置づけられているのが一般である。

35)　ドイツには「特別口座（Anderkonto)」による信託口座が存在する。公証人や弁護士などの特別口座の利用者は自己の名義で複数の口座を開設することができ，払い込まれた金銭を他人のために保管，管理することができる。このような信託的な口座はわが国においては，預金規定や預金取引自体には本来想定されていない。澁谷彰久「ドイツ特別口座の法理とわが国の判例理論」(新井誠・山本敬三編『ドイツ法の継受と現代日本法―ゲルハルド・リース教授退官記念論文集―』(日本評論社，2009）559～582頁参照。

者が銀行側の確認・承認を得なければ入出金できない仕組）と決済用預金口座を併用すれば，ほぼ信託口座と同様の機能が，新たな金融商品を開発しなくとも，現在の銀行実務では可能ではないかと思われる。

⑶　指示書と口座管理への応用

裁判所の監督権のみでは家庭裁判所の事務負担が過大になる。今後，後見の取り扱いがさらに増大することを考慮するならば，今のような指図権者を限定する制度は，本来の後見人に対する監督機能を十分カバーできない恐れがある。同様に，金融機関側でも事務量の増加や本人確認などで煩雑な手続き，不正な預金債権者への支払いリスクを回避する手段を確保するコストも増大することになる。簡便な方法で，確実に本人の預金口座の入出金管理を行うためには，既存口座を維持したままで同様の効果を保持する仕組みが必要ある。現状の支援信託における本人預金口座の解約，信託口座への移管というプロセスは，裁判所のチェックを介在する本人（被後見人）の日常的な財産管理手段のためには必須のものとなっている。しかし，エスクロー口座のような金融機関に対する「通知」を裁判所の「指示書」に置き換えることは可能なスキームであると考える。既存の預金口座や他の金融商品にも適用すれば，一律に解約して資金の集約を行わない方法で，同様の効果を後見制度の支援に活用できる。また，全国の地域金融機関においても簡便な方法で預貯金の支払いに「カギ」をかけることが可能となり，資金移動の煩雑さを回避しながら不正行為の未然防止に資することになる。人口減少，少子高齢化による地域金融機関における地域コミュニティの維持，支援という課題に対しても，預金型エスクロー口座の成年後見制度における財産管理の一手法としての活用が可能ではないだろうか。

3　専用口座の利用例

このような預金型エスクロー口座に類似した，専用口座を後見制度の支援に利用する場合に，既存の支援信託と預金型専用口座の並存・連携する仕組みが求められる。

既存口座をそのまま本人名義のまま専用口座として存続できるので，解約による資金集約の煩雑さや口座特定遺贈の問題など，本人の意思を反映できる「原状維持型」の資金管理を重視する場合の選択肢となろう。専用口座への指示書は，指定口座への入金指示以外に，施設や医療機関への振込指定や「死後の事務」も含めた必要経費の支出のための支払いにも活用できる。さらに，預金口座以外にも証券口座（株式・債券・投資信託）に対しても同様の指図権付専用口座として利用し，対象金融商品を拡大することができる。これらの専用口座を個別に指図書による管理を行うと共に，まとめて既存の支援信託の信託財産の対象とすることも技術的には可能である。たとえば，既存本人名義口座は残して，処分凍結型管理信託として既存の預金口座・株式等の金融商品はそのまま口座維持できる方式が考えられる（下図参照）。[36)]

図：支援信託と専用口座の組み合わせイメージ

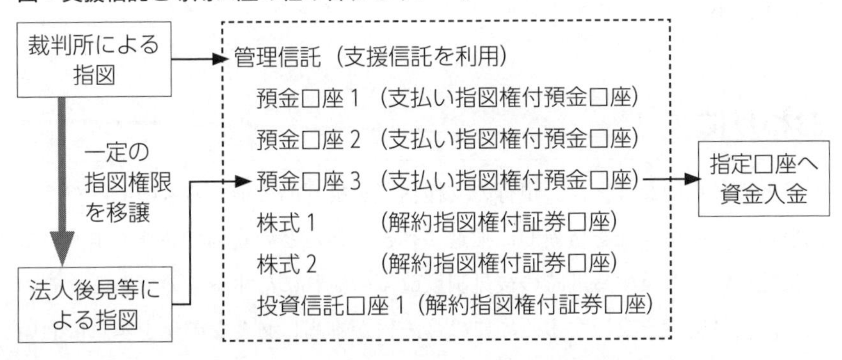

4　金融システム面での対応

本件のような新たな専用口座と裁判所や法人後見人からの指図書をうまく統合するには，簡便かつ高度なセキュリティを持った金融技術に期待すると

36）本イメージでは，複数の金融機関の預金や証券商品に対しても指図権付の口座が設定できるものとして構成してみた。また，指図権の法的性質は，裁判所の職権か委任契約か信託契約に基づくものかは，設定契約の内容，誰が指図権者になるかにより異なる構成となろう。

ころでもある。これからの銀行等の金融機能の高度化の中には，経済産業上の効率化要請のみならず，福祉や個人取引における，ITとの積極的な活用が求められる。その中で，決済業務の金融（Finance）と技術（Technology）の融合の動きは，最近「FinTech」と呼ばれ，既存の銀行業務に対して，特にリテール取引におけるサービス向上と利用者保護の確保を新たに構築する必要性を求めている。[37] このような機能は以前から企業取引における経済効率の面から技術革新が進められていたが，インターネットや様々な新しいサービスを個人や福祉的な面にも拡大して決済機能に盛り込むことが必要である。裁判所や法人後見人からの指図書をネットワーク上で電子化することは技術的には可能であろう。もちろん，セキュリティや不正利用などの利用者保護や，多様な事業者が決済に関わるようになった場合の決済の安全性をどのように確保するかという視点は，金融機関においては，顧客本位の業務運営上，不可欠なものである。

おわりに

筆者の基本的な考えは，現行の支援信託を批判的に捉えるものではなく，民事信託・福祉信託を積極的に推進すべきであるとの立場であり，本人の自己決定原則を尊重する近時の後見制度改革の流れに与するものである。その上で，後見制度を支援するためには今，何が本当に必要なのかを本章において，筆者なりの視点から述べた。

現在，既に日本が批准した国連障害者権利条約における，支援付き意思決定（supported decision-making）という考え方が，従来の成年後見制度が想定している代行意思決定（substituted decision-making）とは相いれないものではないかとの議論がなされている。[38] 筆者は，2016年9月にベルリンで開

37）金融審議会報告書「決済業務等の高度化に関するスタディ・グループ」中間整理　金融庁（2015年4月28日）3頁

38）新井誠「障害者権利条約と成年後見法―「前門の虎，後門の狼」―」」実践成年後見

催された第4回成年後見法世界会議に参加した。その中で，上記の論点が今後の後見制度の方向性を定める上で極めて重要なものとなると同時に，本人の権利擁護のための法的，社会的な仕組みがわが国においても更に必要であるとの印象を持った。特定の財産のみを管理するのではなく，あらゆる場面を想定した，全ての人々に対して支援が可能な財産管理手法がこれからの社会には求められることになろう。

個人の財産管理を考えるうえで，伝統的な財産法・取引法からのアプローチと，一方では，生活支援や身上監護のような本人のライフスタイルも含めた価値に対する福祉的な配慮を求める考え，いわゆる「財産管理の二極化」[39] が現代社会では生じている。新たな制度としての支援信託の運用は，信託の利用を検討する事件を単純に対象財産の金額で一定の基準を設けようとする。しかし，問題となるのは，財産の少ない事件においても，不正の温床は生じ，結果的には制度の信頼性を損ねることが専門職や裁判所の後見監督の問題につながる。個人資産をどのように管理するかという仕組みには，他人の財産管理の典型である信託における受託者機能と後見制度における代理機能，さらには高度で簡便な個人向け金融機能の最適な組み合わせが求められる。本人の権利擁護と金融技術が結ばれて初めて「顧客本位」の財産管理が可能になると信ずる。

（本稿は，拙稿「後見制度支援のための専用口座の必要性と法的課題」（信託フォーラム4号（2015）をもとに加筆，修正したものである。）

（しぶやあきひさ　山梨県立大学国際政策学部総合政策学科教授）

No.41（2012）13～30頁

39）小賀野晶一『民法と成年後見法―人間の尊厳を求めて―』（成文堂，2012）252頁

第 3 章

シンガポールにおける特定目的信託（Special Needs Trust）の機能
—その運用の実際と法定後見人スキーム（Panel Deputies Scheme）を中心に—

金井　憲一郎

はじめに

日本の高齢社会における信託制度の役割と機能を再考する場合，とりわけ英米法圏において運用されている，特定目的信託（Special Needs Trust）が参考になるであろう。特定目的信託とは，委託者が特定目的を有する障害者等のために設定する信託である。筆者は，2013年11月，アメリカ・ミズーリ州におけるミッドウェスト・スペシャル・ニーズトラスト，カナダ・アルバータ州における成年後見それぞれの運用事情を視察し，2015年 7 月には，アメリカ・ミズーリ州立大学のデェビィド・イングリッシュ教授による「Special Needs Trusts and ABLE Accounts in US」と題する講演を聴く機会があった。さらに，2016年 2 月にはシンガポールにおける特定目的信託の運用状況につき聴き取り調査する貴重な機会にも恵まれた。

本稿では，アメリカやカナダ[1)]につきその詳細が既に公にされ，イングリッシュ教授の講演もその概要の更なる検討を要すること等諸事情を考慮し，

1）その視察の詳細は，澁谷彰久・高橋弘・小此木清「アメリカ・カナダにおける成年後見と信託活用の最新事情」実践成年後見49号95～104頁（2014）に詳しい。

シンガポールでの取材[2)]を基礎として，その特定目的信託の運用，ならびに現在試行段階にある法定後見人スキーム（Panel Deputies Scheme）を中心に紹介することとしたい。その作業により，今後の日本における民事信託の方向性としてどうあるべきか若干の示唆を述べることとしたい。

第1　シンガポールにおける特定目的信託

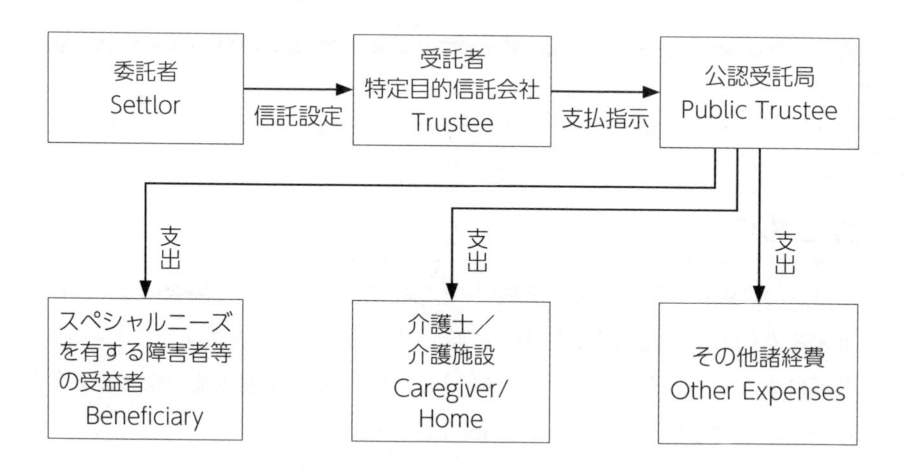

1　特定目的信託における関係者の機能

(1)　委託者

委託者は，障害のある子どもを持つ親で，民間の信託を設定できない低中

2）筆者は，2016年2月2日～同年2月5日まで公益財団法人トラスト未来フォーラムのスペシャルニーズトラストプロジェクトの団員（団長 新井誠中央大学教授）の一人としてシンガポールにおける特定目的信託運用の調査に同行した。本稿は，その視察において聴き取り調査により得られた知見に依拠し，まとめたものである。したがって，66頁第2以下で述べる，意思能力法は，2016年3月14日に改正されたが，本稿は調査時現在，改正直前のものであることをお断りしておきたい。

なお，2015年第40回信託法学会においてシンガポールにおける信託が報告された。詳細は，ハン・ウー・タン「シンガポール信託法の過去・現在・未来について」信託法研究40号40～42頁（2015）。

所得者が対象とされ，信託財産として5,000シンガポールドル（以下，ドルとする）最低必要であるとされている。[3] すなわち，遺贈できる財産は有しているが，現金を十分に有していない者を対象としている。したがって，委託者は自身が死亡した後，所有する不動産等をどうするのか，例えば受託者たる特定目的信託会社（Special Needs Trust Company）に移転するのかどうか遺言に残すことが望ましいとされている。[4][5] 5,000ドルも金銭がないという人で，不動産はあるので，自身が死亡したら子どもに遺贈したいという場合は，寄付やファンドレージングを募り，それらの集まった金銭を設定段階の最初の費用たる5,000ドルに充てることとし，当該受益者のための信託口座をオープンさせることができるとされている。最終的には，「不動産を特定目的信託会社に遺贈し，子に将来渡して欲しい」との意思を明確にしたうえで遺言書を書いてもらうようにしているとされる。

(2)　受託者たる特定目的信託会社[6]

ア　意　義

受託者は，特定目的信託会社である。同社は，2008年，非営利信託法人かつチャリティとして地域社会，特定目的を有する者に対するサービスを実現するための団体として設立した。同社は，シンガポールに一つ存在するに過ぎず，受益者一人ひとりに口座が割り振られる。2016年2月3日現在，約400口座あり（約400人の受益者が存在している），信託財産の総額は，1,320万ドルである。

3）日本円で40万円相当である。民間だと，50万ドル必要なところもあるという（特定目的信託会社担当者回答）。

4）シンガポール固有の事情として，政府の補助金で安く買え，不動産につき公団の分譲住宅を持っている人が多く，所有者本人死亡後それを売却するとかなりの高額になるものも少なくないとされている。

5）遺言書で，後で特定目的信託に金銭を入れるとするのは義務ではないが，本当に金銭がない場合はこの信託は向いていないとされている。むしろ政府からの直接の金銭的支援を求めてもらう必要がある。

6）2016年2月3日の特定目的信託会社での取材に依拠してまとめたものである。なお，以下では，特定目的信託会社を同社と略する。

イ　設立経緯

同社の設立のきっかけは，非営利の信託を最初に打ち出した知的障害者の会であった。その団体の親達が知的障害を持つ子ども達に財産を残したいが，渡すと騙し取られるのではないかということで，民間で信託を設定することを考えた。しかし，民間は手数料が高く，資産を増やすのが主目的になり，リスクの高いところに運用されてしまう可能性もある。そこで，社会・家族開発省（Ministry of Social and Family Development）に申請し，非営利の形で行うこととし，この会だけでなく，特定目的を持っている者すべてを対象にしようということになった。

その後，社会・家族開発省が省内で法務，医療，財政分野のディレクターを担当するボランティア12名を立ち上げ，同社設立に動くことになった。しかし，2008年にリーマンショックがあり，同社が預かった金銭を有していることに懸念が持たれ，同社から後に述べる債務超過庁（the Insolvency and Public Trustee's Office）（以下，Public Trustee's Officeを公認受託局とする）に金銭の運用のみを担当してもらうことにした。公認受託局は，政府に保証されることから，[7] 委託者である親は安心し信託するがリターン，つまりインフレを上回るリターンまでではなく，元本は保証されるということになったということである。

信託契約のターゲットは，特別な支援の必要な者を支援するため低中所得者に向けた適切な財産管理をするサービスで，2012年に同社から社会・家族開発省に要請して，手数料を下げるために同省からの助成金が出されることになった。

ウ　手数料

手ごろな価格の手数料で，９割から10割まで政府から補助されている。手数料は最初一回に払えばよく，ケアプラン作成，信託関係文書作成等費用に1,500ドルかかるが，９割は政府から補助されるので，150ドルの手数料を親

7）政府の保証の利益を受けるのは，法的には受益者であるとされている（調査時担当者回答）。

は支払えばよい。信託の効果が発効する前のいろいろな作業の毎年の費用は，250ドルで，ケアプランの見直し，受益者に対する進捗状況確認等にかかる。そこで，親は「今設定すると毎年250ドルとられるから」と設定を躊躇していたケースもあったが，同社から政府に要請して，政府が250ドル補助することになり，現在は親の負担はゼロとなっている。

一回目の親が亡くなったときに発効させる費用は，同社のソーシャルワーカーが子どもである受益者が今後どこに住むのか地域なのか，ホームに住むのか等後見人と相談して決めるための手数料で，9割の補助が受けられ，親の負担は40ドルである。年間事後手数料，発効後の毎月の支払い等の費用だが，9割の助成基金があるので，親の負担は40ドルで，信託財産から出されることになっている。

このように，きわめて手数料が安い。[8)]

エ　特定目的信託会社の具体的なサービス

(ア)　レター・オブ・インテント（letter of intent）に基づくケアプランの作成

同社は，特定目的の子どもがいる学校に行って，サービスの紹介をする。その後，同社のオフィスに来てもらい，ケアプランの作成の説明をすることになる。ケアプランはスタッフであるソーシャルワーカーが毎日のニーズを聞くことにより作成される。具体的には，交通費やレクリエーション等にどのくらい使っているか等を含め，今，親がどれだけ子どもに使っているかという費目リストを作ったうえで，信託を設定し，仮に明日親が死亡した場合，このリストを指針として支払いを行っていくことになるものである。例えば，医療費，教育費（子どもが小さい場合），住むところは将来どうするか，地域

8）同社の事務所経費は，政府から補助が出ているので，事務所の賃料は同社としては支払っていないという。なお，信託業法の免許取得の有無については，受託者ではあるが，信託財産自体，金銭を扱っていないから，免許はとっていないとされている。同社は，支払いの管理，事務作業しかしておらず，次に述べる金銭自体は公認受託局で取り扱っているからである。

の親戚のところに住むのか，ホームなら民間か公立か等コストを計算する。

ある受益者で，親が子どもには介護者と毎年ホリデーに行って欲しいためいくらかの休暇に使える費用が入っている場合がある。将来，介護者からホリデーに行くための金銭の申し出があれば，レター・オブ・インテントを見直し，たしかに相応の金銭が入っているということであれば支払うことになる。この事例では，毎年，固定した生活費用が必要となっていた。親は，それを元に子どものためにいくら必要か計算することになる。設定者の年齢，受益者の現在年齢，特定目的の状況，委託者たる男性の平均寿命，ダウン症の子のそれ等を考慮し，具体的な必要な金額を算定することになる。推計なので，ケアプランは設定後毎年見直す。10歳のとき設定したとしても，20年後に特定目的が変化している可能性もある。ケアプランもそれに合わせて調整していくことになるのである。

このように，サービス提供モデルは，委託者と打ち合わせし，同社のソーシャルワーカーが法律的に全体的なニーズを評価する。受益者が学校に行っているのか働いているのか考慮し，ケアプランを作る。そのうえでいくら必要か算定する。財源はどうするのか，例えば後で保険金がおりるとか，不動産を売却してこれだけ将来入る見込みである等，後の資金の出所等を話し合うことによりなされる。設定後，毎年のケアプランの見直しを行い，親が最初に書いたレター・オブ・インテントの希望も必要に応じて変更する等調整していくことになる。

⑴　委託者死亡後のサービス

親が亡くなり信託が発効した後は，同社のソーシャルワーカーが定期的に自宅を訪れて特定目的を評価する。特定目的信託は低中所得者を対象としたものなので，十分な金銭がなくなった場合，同社がそのソーシャルサービス部門と連携して，補助金を引き出して当該信託に充てることもある。

⑶　特定目的信託の財産管理者としての公認受託局[9]

ア　意義と特定目的信託会社との関係

特定目的信託会社の設立の経緯において前述したとおり，公認受託局は，債務超過庁の一部局[10]であり，特定目的信託における受託者ではなく（同社と公認受託局とは共同受託者の地位にはない），信託財産の運用を行い，同社の指示どおりに受益者に対する支払いを行う当事者であるに過ぎない。[11][12]

イ　役　割

第一に，残された遺産，[13] 譲与積立金（Common Pooled Fund）の譲り先が決まっていない場合の管理を行うとともに，未成年が成年になるまでの21歳未満の資産の管理を行う。[14] 第二に，自動車事故の示談による賠償額が適正か等につき評価を行う。第三に，公的後見人，社会・家族開発省下での役割であるが，意思能力のなくなった者の金銭的問題について最後の代理人

9）2016年2月3日の公認受託局における聴き取り調査に依拠してまとめたものである。
10）スタッフは，22人である。
11）特定目的信託会社と公認受託局との法律関係が問題となり得る。両者で合意書を交わしているが，信託財産を有しているのが公認受託局であり，当該信託財産の受益者に対する支払い指示を前者が行っていることから，日本であれば，委任（民法643条以下）や代理（民法99条以下）に近い関係に立つものと考えられる。
12）公認受託局は定額の遺産の管理，委託者の指図どおりに信託財産を管理するので，裁量信託ではなく，委託者の意思に基づいて特定目的信託会社が公認受託局にそのとおりの管理を指示するに過ぎない。ちなみに，ケアプランを同社が作り，それが適切でなくなかったときは変えることができても，確定信託であるとされ，変えることができるのは受益者に対して新たなベストインタレストを求めるからであるとされている（調査時担当者回答）。
13）遺産の5万ドル以下につき，公認受託局が取り扱えることになっている上限とされている。しかし，未成年者や特定目的を有する者に対しては，特定目的信託の上限はないとされているものの，通常は，残された家族の要請があれば，5万ドル以下の少額の管理の支援をしているのが公認受託局である。5万ドル以上の場合は，要請があっても弁護士に依頼し，裁判所に申請してレター・オブ・インテントを作成してもらうよう助言しているとされている（調査時担当者回答）。
14）受益者が未成年者の場合については，その法律関係をどのように構築するのか別途考察が必要と考えるが，ここではこれ以上立ち入らない。あくまで，特定目的がある場合に絞って述べることとしたい。

となり，[15] 代理人の不正調査を行う。第四に，チャリティ，公的信託基金としての通常の受託者の役割，そして，特定目的信託会社の信託財産の運用がある。以下では，第四を中心に述べていくこととしたい。

ウ　金銭の運用（支払い）のプロセス

公認受託局は，特定目的信託会社との合意に基づいて，信託設定者の金銭を財産管理者として保管し，投資運用する。同社からの指示で特定目的信託の親や特定目的信託の後見人から設定される信託基金について支払いを行う。ケースオフィサーが同社からの文書について，何か抜けているものがないかチェックを行う。遺漏がなければアセスメントの評価を行う。抜けている文書があれば，同社にメールを送る。

同社から申請書，関連文書が送られてくる。公認受託局内のシステムに入力し，受け入れケースとして立ち上げる。様々な書類を参照し，同社と公認受託局の取り決めのある特定目的信託のニーズのある子ども達のために親が設定した信託なのかを見極めることになる。そうでない場合は，却下し，そうであれば受理すると同社に連絡する。特定目的信託の設定者が小切手を切って，公認受託局に金銭が入る。金銭は公的受託共通ファンド（Public Trustee Common Fund）にプールされ，運用される。受け入れたら，同社から引き出し要請通知をもらい，プールされていた金銭をその公的受託共通ファンドから引き出し，同社の指定する支払先に支払う。[16] 受益者が死亡したり，信託を中止する場合は，同社からその旨通知をもらい，公的受託共通ファンドからすべて引き出すことになる。

このように，同社からどういう形で誰に払うか指示をもらい，それに基づいて払う運用をしている。

15）ちなみに，身上監護については，ソーシャルワークディレクターやメディカルディレクターが行っているので，公認受託局が代理人になることはほとんどないとされている（調査時担当者回答）。

16）特定目的信託会社の指示があれば，介護施設，病院にも払う。病院は受益者ではなく，そこに入院している者が受益者になる。なお，意思能力もない者，未成年者に対しても直接支払うことはしない。

エ　運営管理とその手数料

扱うケースの運営管理費は，預かる財産の額に応じてスライドしてかかることになる。[17] 一回だけの支払いである。

オ　投資とその手数料

アの役割でも述べたとおり，公認受託局が受け取るのは特定目的信託会社からの金銭だけでなく，親が死亡した場合に残した未成年者の財産，譲与積立金や遺産等を当該未成年が成年になるまで預かり，管理している。公認受託局は，それらの財産と同社からの金銭とを一緒にコモンファンドとして運用している。運用先の商品は，リスクの低い定期預金や国債等である。運用の金利，利率は，2015年以前は年１回，コモンファンドの翌年の利率を前年の毎年12月に決めており，翌年これだけの利率でなされるだろうという推定の元に利率が決められていたということになる。

しかし，2015年にフロースルーモデル，すなわち，実際の金利を元に決めることに変更した。変更理由は，翌年の金利収入と実際の金利との食い違いがあったためである。したがって，新しいシステムにおいては，2016年からは，実際の比率を元に金利を支払うことにすることとなり，例えば，2016年１月から６月は，７月に実際の利率を適用することとした。

投資委員会の任務は，共通ファンドに入っている金銭の投資の運用方針を最終的に決めることであるが，そのメンバーは，法務省の事務次官，公認受託者，大臣が指名する３名である。この運用委員会が，半年に一回利率を決定し，発表することになっている。そして，公認受託局は運用収益の一定割合を手数料としている。利率は元本にはかからず，最初の運用収益1,000ドルに対して5.5%によって得られる金額が手数料になる。[18]

17）筆者が入手した資料によれば，5,000ドルまでが6.5%，次に7,000ドルまでが6.00%，10,000ドルまでが4.25%，20,000ドルまでが2.75%，50,000ドルまでが2.25%，250,000ドルまでが1.7%，500,000ドルまでが1.4%，750,000ドルまでが1.15%，750,000ドルを超えると0.85%とされている。

18）なお，運用収益2,000ドルに対して4.5%，同3,000ドルに対して3.5%，同3,000ドルを超える場合に2.25%とされている。

⑷　受益者

受益者たるサービス提供の相手，支援の対象者は身体ないし知的障害者で，シンガポールの国籍ないし永住権を持ち，居住地はシンガポールである必要があるとされている。特定目的信託会社のソーシャルワーカーが実際に訪問して特定目的の存否をチェックする必要があるからである。受益者の多くは，自閉症，ダウン症，知的障害，認知症（夫が妻のために設定したり，子どもが親のために設定したりする場合がある），その他の精神疾患を持った人であるとされている。政府の審査もなく，医者が特定目的ありと診断書で判断すればよく，医者の診断書による割り振りがなされているものといえる。[19)]

なお，既述のとおり，受益者一人ひとりに信託口座[20)]ができ，さらに信託財産の金額を増やしたいときはいつでもできる。ただし，この信託を撤回することはできない。勝手に解約もできないものとされている。信託の金銭は受益者のものであり，設定者たる委託者の債権者から守られている。

2　小括―シンガポールにおける特定目的信託の特徴

１で述べた各関係当事者の役割等概要を踏まえると，シンガポールにおける特定目的信託における注目すべき特徴は，以下のとおりである。

⑴　委託者によるレター・オブ・インテントの作成

委託者が受益者に対してどうしたいか希望を明確にするためになされるの

19）医師の診断結果が，税控除に関連することからも，日本における特別障害者扶養信託に近いものといえよう。特別障害者扶養信託については，新井誠『信託法［第４版］』（有斐閣，2014）70頁，453頁，502～504頁，532～533頁，能見善久『現代信託法』（有斐閣，2004）２～３頁等参照。

20）受益者の口座は公認受託局にあり，特定目的信託会社にも受益者の口座がある。しかし，金銭の流れについては，親からの金銭の小切手のあて先に公認受託局とあり，その裏に受益者が誰かと信託口座の番号と身分証明書の番号を書いて，金銭は共通ファンドにおける受益者の信託口座に入る。同社は，一人ひとりの受益者の口座番号を管理しているに過ぎず，前述のとおり支払いの指示を出すのみである。このように，口座番号は，公認受託局にある受益者の番号と同社のそれとは同一であるが，物理的な入出金は公認受託局のそれにてなされている。

であり，当該特定目的信託の端緒となる書面であると評価することができる。

⑵　特定目的信託会社によるケアプランの作成

ソーシャルワーカー[21)]が受益者と面談する等して現実的なケアプランを作成するのである。しかし，受益者が生きている間に後発的な事情等により見直しもなされるとされている。[22)] このケアプランに依拠して信託財産のうちいくらを払うのか個別に決めていくのである。ケアプランは今後の信託財産活用のための方針になるものといえよう。[23)]

⑶　公認受託局による信託財産の運用

前述のごとく，特定目的信託会社の指示を受けて，運用している信託財産から受益者のために払い出しをしている。委託者は，公認受託局による運用管理により，安心して特定目的信託を設定できることになり，その運用の増

21）後見人がいるかいないかに関わらず，特定目的信託会社は，ソーシャルワーカーの意見を聞き，後見人とは毎年一回レビューする。加えて特定目的を有する者の家に行ってソーシャルワーカーがチェックする。それでも足りない場合には，ボランティアにも依頼してチェックに出向くこともあるとされている（調査時担当者回答）。後見人はいろいろな生活面のコーディネーターとして機能し，ソーシャルワーカーは，受益者個人自身の生活がうまくいっているかチェックする機能を有しており，それぞれ車の両輪として活動しているものと評価することができよう。

22）信託が開始してから，ソーシャルワーカーが追ってニーズを評価することができる根拠は何かが問題となる。信託は財産管理であり，ソーシャルワーカーによるニーズの評価の根拠を見出すことはできない。

この点，レター・オブ・インテントに拘束力はないが，ガイドラインとして職員が親の子どもの面倒の見方の希望を聞いてケアプランを作成するが，すべてのニーズを予測することはできない。すなわち，親が亡くなった後，指針としてレター・オブ・インテントを見て，その後後見人が便利だから車を買いたいと主張しているような場合，改めてレター・オブ・インテントを見て（親は車を買うと書いていないかどうかチェックする），それでも買いたいという場合，自分のために後見人が買いたいのか受益者である子どもに必要なのがを見極めることになるという。信託財産が十分であればともかく，そうでない場合には生活費が優先だから，足りない場合は，ケアプランにおいては，かかる希望は認められないとして，特定目的信託会社は却下するという（調査時担当者回答）。

23）能見善久は，「財産管理の目的は，今までの財産の投資・運用から，いかにそれを使うかという『財産の利用』へと重点が移動する」と指摘（能見善久「信託のフロンティア」信託266号10頁（2016））しているが，信託の本質を財産管理から財産の利用に変容せしめているのが，ケアプランということができよう。

加につながっている。

(4) 公的後見局，裁判所による監督

社会・家族開発省の一部局である公的後見局（Office of the Public Guardian）が不正のチェックを行い，裁判所に報告する。[24)]

第2 受益者を高齢者に拡大した新たな特定目的信託としての法定後見人スキーム[25)]

1 背景・目的

シンガポールの人口も高齢化が進んでいることから，認知症の者も多いとされている。そして，認知症の者が何かを決定する際に，家族の中に頼ることのできる者がいない場合が憂慮されている。2008年にシンガポールで意思能力法が施行された。これは，認知症の者に対して誰かが代理で意思決定できることを定めた法律である。二つの分野がある。

すなわち，個人的な福祉（Personal Welfare）と財産管理（Property＆Affairs matters）に分かれる。前者は，日々の生活ヘルスケアに関する意思決定の問題であり，後者には財政的な事柄に関するそれ（不動産や貯蓄管理）が含まれる。[26)] 認知症になる前に自分で代理人を決定できるが（Lasting

24) 公的後見局の役割は，三つある。第一に，提出が義務づけられている代理人からの毎年の財産報告書を見て，不正がうかがわれた場合に，公認受託局に連絡し調査したうえで，公認受託局にその結果を報告する。第二に，コーディネーターとして代理人をアレンジするだけでなく，意思能力法（Mental Capacity Act）の規制当局であり，医師や弁護士に対する同法の教育啓蒙も行っている。第三に，自分が意思能力を喪失した場合における，持続的代理権（Lasting Power of Attorney）を本人が登録したいということであればそれを登録し，チェックし承認するとともに，当該代理人が適正に仕事をしているかを確認し，チェックする。裁判所の発令の維持を行っている。

25) 2016年2月4日の公的後見局（Office of the Public Guardian ）に対する聴き取り調査に依拠してまとめたものである。なお，本スキームは，日本における後見制度支援信託に類似する制度である。同信託については，赤沼康弘「信託と成年後見制度」ジュリスト1450号28～32頁（2013）等参照。

26) 不動産資産につき代理人が処分管理をするにあたって，ガイドライン・基準はないよ

Power of Attorney），一方で，既に認知症になっている者は，正常な判断ができないということであれば，裁判所が第三者を代理人として任命することになる（Deputyship）。

しかし，自分が認知症になる前に，本人が代理人を決定したり，代理人が裁判所によって任命されなくても，高齢者に対してケアや治療について責務を負わずにしてケアすることができる者を立てることが必要とされることがある。特に高齢の親に対して必要であるとする。[27)]

このように，高齢者を対象とする目的は，自身の資産に適切にアクセスすることができずに結果として質の高いケアを受けられず，最低限のケアしか受けられないことになってしまうことを防ぐことにより，将来的に認知症になった者が十分なケアを享受できることを支援することにあるとされているといえよう。

2　法定後見人スキームの内容

(1)　概　要

以上の目的を達成するために，2016年に意思能力法を改正することにより，自分で代理人を決定できる場合（Lasting Power of Attorney），裁判所により第三者を代理人として任命する場合（Deputyship）双方に専門職を投入しようというものである。専門職とは，公的後見局から許可を受けた組織，個人

うである。考えの大本は，当該担当の認知症本人のベストインタレストを考慮して，その人にとって一番良い方法を代理人自身が自分で考えていくことになる。例えば，認知症の方が十分な資産を持っていて，十分なケアが受けられるのに，市場がよくないときに代理人がその不動産を売却してしまう場合，公的後見局に報告されれば，不適切と指摘されることになるという（調査時担当者回答）。

27）本人はホームに入っており，認知症なので，意思能力はなく，資産は持っているが，自分で銀行にどのくらいの預金があり，不動産もあるが，全体として資産をどの程度有しているのか判断できないもの等が想定される。中には，ホームに入っている91歳の女性に代理人がつき，資産換金したうえで，50万ドルの特定目的信託会社の信託を設定することができ，介護の質を上げるために8人部屋から2人の部屋に移ってもらうことにしたケースがあるという（調査時担当者回答）。

の場合も有り得る。前者は，上述の財産管理のみを担当し，後者は，個人的な福祉と財産管理を担当することができる。有償の報酬料金を得ることができるプロフェッショナルということができる。

高齢者の場合で，代理決定者あるいは意思決定者を決める際，ほとんどは家族が担う場合が多いのであるが，そうでない場合は裁判所が決める。高齢者の中において，全く家族がいなくてサポートを得られなかったり，不動産等は有するが金銭を十分有しておらず，将来の計画を全く立てていない場合に利用できるスキームが，今回策定した法定後見人スキームである。

特定目的信託会社は，障害者にサービスを提供することであるが，このサービスに加えて，金銭的に苦しく，計画も立てておらず，家族のサポートも得られない高齢者のために試験的に本法定後見人スキームを行い，展開していく中から，その変更や改善改正をしていく予定であるとされている。

⑵　担い手

専門家の手としては，弁護士，会計士，ソーシャルワーカー，医師達[28)]であるが，ボランティアで認知症の者のための代理意思決定の支援をすることになる。二名の法定後見人（法律の専門家一名を含む）が１年程度の短期間，プロボノで本人の資産の評価をし，その本人に長期的支出がどの程度か計算したうえで，特定目的信託会社で信託の設定をしていく。

本スキームは，試験期間中であり，６つの案件が試験的に実行され，その中で実際に４つの信託口座が設定されている。[29)]

⑶　法定後見人スキームの流れ

案件として，表面上あがってくるのは通常老人ホームとか，ナーシングホーム，病院等からである。[30)] その後，当該本人が本スキームの資格を有

28）法定後見人の候補者は，公的後見局に18人登録されている。2016年２月４日現在全部プロボノで行われているが，ケースが増え，ボランティアが足りなくなれば，将来的には有料になっていくかもしれないという。登録者の内訳は，弁護士10人，会計士５人，ソーシャルワーカー２人，医師１人であるという（調査時担当者回答）。

29）本視察を行った2016年２月４日現在である。

30）具体的には，AIC（Agency of Integrated Careという団体，すなわち，意思能力を

するか評価を受け，二人の候補者が本人とマッチングさせられ，これら二人が裁判所に後見人になるという申請をすることになる。裁判所に申請された後，この二人の後見人が代理意思決定者としてふさわしいものであるか判断され，あるとされると二人に特別権限が与えられることになる。その結果として，資産の流動化[31)]をすることができ，特定目的信託会社に信託を設定し，[32)33)] その信託口座の中に資金を投入することが許容される。[34)]

したがって，この二人に当該本人にとって一番良いケアは何か計画してよいとの権限が与えられることになる。

そして，意思能力法に基づき，社会・家族開発省の中にある部門の一つである公的後見局によって二人の代理人が裁判所の命令に則ったルールに従って業務を行っているか監督が行われる。

喪失した者をホームに入れる等の判断をするサービスをしている医療ソーシャルワーカー達をサポートしている）によってケース案件が表面上に浮かびあがるよう支援されている。

31）法定後見人が特定目的信託会社に信託し，本人が不動産を有している場合においては，法定後見人が不動産を売却し，売却資金すべてを同社に信託する。法定後見人が通常知っている限り，本人のすべての財産資産を現金化して信託に入れることになる。

32）ちなみに，年金についても譲与積立金で資金評価し，特定目的信託会社に信託される。本人が亡くなるまで特定目的信託会社で保持し，本人死亡後，残金があれば公認受託局に送られ，その家族等により請求されるまで公認受託局が保管することになる。

33）法定後見人であれば，一応財産管理も個人的な福祉もできるが，信託を使うのは，法定後見人の役割が1年半程度に限定されており，その期間に必要な金銭の管理の決定をしなけれはならないからである。老人ホームに入っているものであれば，それほど多くの決定をする必要もなく，誰に対してどう払うのかの金銭的決定に過ぎず，信託のスキームにふさわしいという。法定後見人はプロボノ，ボランティアでやっているので，当該本人の死亡までその役割を果たすことは期待できないからとされる。

34）本人の財産を原則処分して信託を設定するが，本人が処分を希望しない場合に本人の意思と選好を尊重するとのことだが，本人が不動産を売却したくない場合に売却するのかについては，代理人がケアしている場合，当該本人は認知症になっており家族から見放されて，誰も本人を訪問する家族がいないことが多い。その場合にケースがあがり，申請され，後見人がつく。本人は施設にいて，在宅していないことが前提になっている。仮に家にいたとしても，見放され，ケアを受けるニーズがある者を対象としているという（調査時担当者回答）。

その後，裁判所に二人の後見人は報告書を提出して，後見人としての地位から離脱することを裁判所に申請する。公的後見局は，二人の後見人がその任務を適正に遂行したのかチェックを行い，その結果を裁判所に報告して，裁判所が実際に任務遂行を認めると，離脱を決定することになる。[35] その後，その後見人達によって作られたケアプラン[36]は，特定目的信託会社によって実行されていく。そして，公認受託局が同社を支払い面で支援していくことになる。

(4) 小　括

法定後見人スキームは，家族のいない認知症高齢者等を対象に，二人の法定後見人に短期間，裁判所の命令により信託設定までの資産の流動化等の前段階を担当させる。特定目的信託会社は，本人のケアプランに関して法定後見人と協力しながら業務を行い，二人の法定後見人が離脱した後に，受託者の役割を引き継いでやっていく。公認受託局は，当該本人の信託の資金を投資ならびに運用を行うことになる。

加えて，公的後見局は，第一に，法定後見人候補者の潜在的なリクルート，採用する場合に覚書を交わし，役割を確認して署名する。ただし，その役割はケースバイケースであって，裁判所が発令し内容が決まりそれに則って決める。第二に，法定後見人から自身の任務につき定期的な報告書が提出され，そのチェックを行うことになる。

---

35) 法定後見人が選任されて信託設定後，受託者とこの二人の法定後見人の職務は競合せず，信託設定後は受託者たる特定目的信託会社がその職務を行う。プロボノの弁護士等であるから，金銭に換金し信託設定したところでその任務は終了することになる（調査時担当者回答）。

36) 法定後見人スキームにおける信託とケアプランを結びつけるポイントは，その対象が認知症高齢者であり，ケアプランをするにあたっては，ソーシャルワーカーが自宅に行って実際にメディカルケアをしているので，どういうニーズがあるのか，どういうケアをしているか彼らにインタビューして作成することであるという（調査時担当者回答）。

第3　シンガポールの特定目的信託からみた日本への示唆

第一に，特定目的信託は，本来的な信託の役割を越えている。ソーシャルワークと結びついており，身上監護までしている面があることから，信託が新しい領域に踏み出したと評価することができる。すなわち，信託はあくまでも手段であり，ケアプランの追行が目的となっている。ケアプランの実行のために信託を設定しているのである。[37] 社会福祉のための信託は，財産管理としての信託ではなく，財産利用のための信託という能見善久の指摘[38]にもつながる。信託制度の質的転換をシンガポールに看取することができよう。

第二に，特定目的信託会社がキー主体，ハブとしての機能を有している。同社は受託者でありながら，信託業法の許可が不要とされているものの，公認受託局と同社との役割分担によりチェック・アンド・バランスを図り，信託財産の確実な受益者への支払いという委託者たる親等の安心感を獲得している。現在なされている公益信託法改正議論[39]において，その受託者につ

37）特定目的信託とは異なり，民間の信託ではソーシャルワーカーのサービスがないので，特定目的信託の委託者には富裕層も多く，その半数は，民間の信託で運用し指示を出し，年間30万ドルを特定目的信託に入れるというものもいるという。ソーシャルワーカーによるこのサービスがあることが大きいとされる（調査時担当者回答）。特定目的信託は，QOL（Quality Of Life）を高める信託として機能している特別なトラストといえよう。特定目的信託は，まさに前掲注19）新井・532～533頁が強調するパーソナル・トラストそのものである。前掲注19）能見・2頁は，特別障害者扶養信託につき正義・公正さと効率性の両方が必要であると強調するが，シンガポールでは受託者を特定目的信託会社とし，支払い面を担当する公認受託局も機能している点で，特定目的信託は正義・公正さと効率性に資するものともいえよう。

なお，新井は，特定目的信託を「福祉型信託」と名づけつつ，信託を利用する自己決定を重視した制度であると評価したうえで，障害者や高齢者を権利主体とみる国連の障害者権利条約の趣旨にも合致すると述べている（新井誠「コメント（民事信託の観点)」信託法研究40号74～75頁（2015））。

38）前掲注23）

39）2015年4月より月一回ペースで行われていた，公益信託法改正研究会（座長 道垣内弘人東京大学教授）の議事報告書につき，http://www.moj.go.jp/content/001187722.pdf

き信託業法の適用除外とする可能性への指摘がなされており，それを突破口にNPO等に受託者適格を許容することで，シンガポールの試みを日本において実践することも検討に値しよう。金銭とそれ以外という役割分担をする手法は，日本の民事信託にも大いに参考になる。

日本でも，シンガポールのような公認受託局をつくることも検討の余地がありそうである。信託銀行，司法書士会，弁護士会，信託会社等の連合体を組織する方法もあろう。単なる財産管理だけでなく，ソーシャルワーカー的機能を持った受託者と公認受託局を日本の実情に合う形で導入すべきではなかろうか。

第三に，シンガポールのような低中所得者を対象にした特定目的信託を導入すれば，置かれた状況に応じたケアプランが作成されるので，JR東海事件[40]等近時問題になっているいわゆる老老介護の負担の解消にもつながるのではなかろうか。

（2017年1月10日脱稿）

（かないけんいちろう　中央大学商学部兼任講師）

［追記］脱稿後，佐藤勤「信託の利用方法の再考——商事の領域での利用から民事の領域での信託の利用へ」南山法学40巻2号51～111頁（2017年）に接した。

（2017年1月10日閲覧）参照。その後，法制審議会信託部会において2016年6月7日より，公益信託法改正の議論がなされている。その議事内容の詳細については，法務省のホームページを参照されたい。

40）最高裁2016年3月1日判決（http://www.courts.go.jp/app/files/hanrei_jp/714/085714_hanrei.pdf）（2017年1月10日閲覧）参照。

第4章

高齢者財産管理承継における「家族のための信託制度」と「成年後見制度」

小林　徹

はじめに

信託法の改正により民事信託分野の選択肢が拡大したこともあって民事信託・家族信託が脚光を浴びているが，何が商事信託で，何が民事信託・家族信託なのか，民事信託と家族信託の相違点は何かについては信託法に何らの定義がない。[1)]

本稿では，信託目的の観点から，家族や個人の財産管理・承継，生活の安定等を主たる信託目的とする信託を「民事信託」と定義し，それ以外の商取引により収益の獲得等を主たる信託目的とする信託を「商事信託」と定義する。[2)]

1）樋口範雄は「まず信託を商事と民事に分けて定義し，それぞれに全く別の法理が存在するとして，その分類によって商事信託法理を適用するというような概念的な考えは採るべきではありません。」とする（樋口範雄『入門・信託と信託法　第2版』100頁以下（弘文堂，2014））。

2）神田秀樹は商事信託とは，「営業信託において受託者が果たす役割の中心が信託財産の受動的な管理または処分をこえる場合，あるいはそれとは異なる場合」とし，民事信託とは，「受託者が果たす役割が受動的な財産の管理または処分にとどまる場合」とする（神田秀樹「商事信託法の展望」新井＝神田＝木南『信託法制の展望』504頁以下（日本評論社，2011））。神田秀樹「商事信託の法理について」（信託法研究22号49頁以下，1998）も同趣旨。また，神田＝折原『信託法講義』5頁以下（弘文堂，2014）では，「商事信託は，その原因となる経済行為は，民事信託のような財産の無償譲渡ではなく，対価の交換を伴う取引（deal），すなわち商取引」であって，「民事信託は，その原因となる経済行為は，長期の財産管理制度と組み合わされた贈与（gift）であり，主として報酬を得て信託を受託するか否かは「商事信託」,「民事信託」の直接の分類要素ではなく,「営業信託」,「非営業信託」の分類要素である。[3] この民事信託においては，信託銀行等が受託者として信託報酬を得る場合，家族が受託者として信託報酬を得る場合,[4] 家族が受託者として信託報酬を得ない場合があると考えられる。このため，当然，民事信託の中に営業信託と非営業信託が存することになる。

一方，民事信託は「家族の財産管理・承継，生活の安定等」を信託目的とする家族信託と,[5]「個人の財産管理，生活の安定等」を信託目的とする個人信託に分類され，特に福祉の側面が強い特定贈与信託や養育信託は「家族信託」や「個人信託」の分類のうちの一部をそれぞれ包含する「福祉型信託」と定義できる。[6] また，現在は「民事信託」と「家族信託」が同義語としても使用されている。

財産の管理・承継のために利用される信託である。」とする。

3）従来は「商事信託」＝「営業信託」,「民事信託」＝「非営業信託」とする考え方が根強かった（今川嘉文他編著『誰でも使える民事信託〔第2版〕』12頁以下〔今川嘉文〕（日本加除出版，2012)，佐藤勤『信託法概論』44頁（経済法令研究会，2009)，三菱UFJ信託銀行『信託の法務と実務〔5訂版〕』19頁以下（金融財政事情研究会，2008))。

4）家族が受託者となる場合にも受託者が信託報酬を得る場面が想定されるため（遠藤英嗣『新訂新しい家族信託』429頁，440頁他（日本加除出版，2016)），実務上は「営業」の区分が必ずしも明確でない。また，信託業法第2条の「営業」の境界に関する議論も進んでいない。

5）一般社団法人家族信託普及協会は,「家族信託」を「資産を持つ方が，特定の目的（例えば「自分の老後の生活・介護等に必要な資金の管理及び給付」等）に従って，その保有する不動産・預貯金等の資産を信頼できる家族に託し，その管理・処分を任せる仕組みです。」と定義する（(一社) 家族信託普及協会HP　2016.9.18現在)。

6）外見上は「委託者兼受益者の資産運用を信託目的とする個人信託」に見えても，真の信託目的が「委託者兼受益者の死亡後に帰属権利者に財産を交付すること。」である場合もあり，外見だけでの判断は難しい。

第1　高齢者財産管理・承継に係る家族の信託活用

1　高齢者の財産管理・運用ニーズと信託活用

高齢者の財産管理・運用ニーズとしては，以下のものが考えられる。

(1)　気力・体力が失われてきたり認知症になってきた際に，悪徳業者等に老後資金を横領される心配があり，これを防ぎたい。

近年，預貯金の払戻の際に本人確認が励行されるようになり，本人以外の者による払戻は困難であるが，成年後見制度の補助類型程度の人が悪徳業者の指導の下に預貯金を払い戻す事例があり，この場合は預貯金預入者である本人が必要書類を提示して払戻を請求するために防止が困難になっている。

この解決手法として，まず，預金の払戻時に同意者の同意を要することにより（払戻時の押印を複数とする等）親族が払戻を事前チェックできる仕組みを構築することが考えられる。ただし，全ての金融機関がこの手続きに応じる訳ではない。

次に，同様に特約付き金銭信託を設定し，委託者兼受益者以外に同意者の同意を要する仕組みや一定の条件以外は払戻ができない仕組みを構築することが考えられ，こちらの方が柔軟に仕組みを構築できる利点がある。既に複数の信託銀行等で実施されている。

(2)　賃貸アパート・マンションの管理・運営が煩雑になり，誰かにそれを委ねたい。

地主である高齢者の最もオーソドックスな悩みであるが，従来は委任による代理権授与が一般的であった。委任による代理は本人に所有権が存するので，交渉の当事者から見れば権限者が複数存在し，更に委任者の一方的判断で受任者の代理権が失われるリスクや委任者・受任者の死亡によって委任が突然終了するリスクのほか，受任者の義務のデフォルトルールが善管注意義務以外に見るべきものがなく，受任者の暴走リスクへの歯止めの問題も存している。

これに対し，信託の場合は受託者が唯一の所有者として管理・運用・処分するので，受託者の信託事務が効率的に行われる上に，取引の相手方にとっても唯一の所有者と交渉できるので取引の安全性が確保できるという利点がある。

更に，受託者には善管注意義務以外に忠実義務（信託法30条～32条），公平義務（信託法33条），分別管理義務（信託法34条），帳簿等の作成等義務（信託法37条）等の様々な義務が存するほか，損失てん補責任（信託法40条）や受益者からの違法行為の差止請求権に服する（信託法44条）等の様々な責任がデフォルトルール化されているという安全性がある。ただし，受任者・受託者に対する外部の監督機関が存しない点は，双方に共通する弱点である。

⑶　賃貸アパート・マンションの建築を検討したいが，「気力・体力」が衰えてくる中で，独力で決断し辛いし，新たな資金調達も心配である。建築交渉～竣工・管理に至る継続的な体制を構築したい。また，建築計画中に認知症になったり死亡した場合の，承継問題も心配である。

平成25年度税制改正による相続税基礎控除の縮小等の影響から，賃貸アパート・マンションの建築による相続税節税対策が盛んになってきているが，地主は30年程度の収支計算や税制の影響，立地の検討，資金調達の検討，建築請負契約交渉等の様々な問題を自力で解決していかねばならない。これらを家族への委任による代理権授与で対処する場合もあるが，資金調達は難しいといえる。

これに対し，信託を活用した場合，信託期間中は受託者が委託者の意思を実現する形（意思凍結機能[7]）で判断を行い（裁量権），交渉することができるという長所があるとともに，交渉の当事者にとっても直接権限者と交渉でき，即断即決できる長所がある。更に，高齢者が建築請負契約やサブリース契約の途中で判断能力を失ったり死亡するケースも考えられるが，信託の場合は受託者が契約の当事者になるので，このようなリスクもない。[8]

７）新井誠『信託法〔第４版〕』86頁以下（有斐閣，2014）
８）福島篤「家族信託と各業界の取組④ハウスメーカー」家族信託実務ガイド１号（ビジネスガイド53巻６号）28頁以下（日本法令，2016）

(4) 自分が認知症等で判断能力が失われた後も，障害を持つ親族等に確実に一定額の給付を続けていきたい。入居施設への寄付も続けていきたい。

成年後見人が選任された場合，当該後見人は被後見人の意思を尊重しつつ，被後見人の生活設計を重視しつつ後見事務を遂行することになる。従って，成年後見人が被後見人の行ってきた給付や寄付が過度であると判断した場合は必ずしも被後見人の意思が貫徹されるとは限らない制度である。[9)]

これに対し，信託は本人が健常な間に決定した信託行為の内容は，委託者の判断能力が失われても死亡しても受託者によって継続されるので（意思凍結機能），本人の意思が最大限実現できる制度である。

(5) 自分が認知症等で判断能力が失われた後も，株式等の運用を続けたい。

現在の成年後見制度では，その趣旨に財産を増加させることは含まれないので，[10)] 株式や投資信託といった市場価値変動商品の継続運用は原則として後見制度の対象ではなく，通常はそのまま運用を凍結する手法が採用されている。しかし，市況は刻々と変化するので，運用を凍結することによって被後見人が過去に決定したポートフォリオが崩れることになるため，そのポートフォリオの思想を維持するためには経済変化に即応して順次ポートフォリオをモニタリングし，適切なポートフォリオへと組み換えていく必要があるとともに，個別金融商品の入れ替えが必須である[11)]。更に，リーマンショックのような状況下で被後見人の市場価値変動商品をそのまま放置することは資産価値を大幅に減少させることになりかねないという大きな問題

9）赤沼康弘「法定後見制度」新井誠他編『成年後見制度—法の理論と実務〔第２版〕』113頁（有斐閣，2014）

10）赤沼・前掲注９）115頁

11）貝塚啓明監修『平成28年度FPテキスト２金融資産運用設計』９頁以下（日本FP協会，2016）は，「ポートフォリオの運用対象や資産配分を定期的に見直す必要がある。（中略）ポートフォリオのメンテナンスを行う必要がある。意図した配分比率との乖離が大きくなるということは，意図しないリスクを保有することになるからである。」とする。他に貝塚＝吉野＝伊藤『パーソナルファイナンス』194頁〔三好秀和〕（中央経済社，2013）

がある。[12)]

これに対し信託を活用した場合，委託者兼受益者の自己責任ではあるが，受託者が裁量権をもって運用を継続することが可能になるし，信託行為に条件を付せば（例えば，信託財産の価値が80％に減少したら），途中で安全性資産への組換え等の選択も可能である。

(6)　自分が認知症等で判断能力が失われた後に自宅を売却し，売却資金の一部で有料老人ホームに入居するとともに，残金を運用しつつ年金式に受領して生活費に充てたい。

成年後見制度の場合，自宅の売却等は家庭裁判所の許可を得なければならず（民法859条の3），たとえ健常な状態の時に被後見人が売却意向の場合であっても，確実に家庭裁判所の許可を得られるとは限らない。また，売却した場合であっても，その売却代金の使途について被後見人の意思を尊重しなければならないが，一方で被後見人の心身の状態や生活状況によっては被後見人の意思と異なる結果になる可能性もある（民法858条）。

一方，信託の場合は信託行為に定めた内容が，委託者兼受益者が事理弁識能力を失った後であっても遂行されることになり（意思凍結機能），更に信託行為の定め方によって，その時々の状況に応じた変更も可能である（受託者の裁量権）。

2　財産承継ニーズと信託活用

高齢者の財産承継ニーズとしては，以下のものが考えられる。

(1)　障害のある子を残して死ねない（親亡き後問題）。

自分の死後も，障害を持つ子の安定した生活設計を保証することができるかという問題である。委任の場合は委任者の死亡によって委任契約が終了し，成年後見の場合も被後見人の死亡によって後見が終了することになるが，信託は委託者のその後の判断能力の変遷や死亡と関係なく信託事務が遂行され

12）赤沼・前掲注9）115頁では，「管理している財産の中にこのような証券類がある場合は，価格変動状況にも注意しなければならない。」とする。

る特徴があり（意思凍結機能），親亡き後問題に大きな効果を発揮する。後継年金受取人を指定できる年金保険によっても同様の効果が期待できるが，保険の場合は契約者の死亡の後は給付条件の変更が困難であるのに対し，信託の場合は信託行為の設定の自由度が高いうえに受益者死亡後の受益権の帰趨をも決めることができるという長所がある。

⑵　認知症の配偶者を残して死ねない（配偶者亡き後問題）。

上記⑴と同様に，自分の死後も配偶者に一定の給付を続ける手法としては年金保険と信託が考えられるが，ニーズに合わせて自由に設計ができるのが信託の特徴である。

⑶　子がいない場合，自分の財産が配偶者を経由して配偶者の係累に相続されていくのは困る。配偶者の次は，自分の係累に取得させていきたい。

民法上の相続制度の大きな問題のひとつは，遺産承継に際して「次の次」を指定できないことである。特に子のいない夫婦の場合，自分の先祖伝来の財産の３/４が配偶者に相続されることになり，その後は配偶者の係累に順次相続されていくという問題である。更に，遺言を作成する場合には，遺言が「全財産を配偶者に相続させる」内容になることが多いので，[13] このような場合は，自分の財産が全て配偶者を経由して配偶者の係累に相続されていくことになる。

民法上は後継ぎ遺贈が困難であるとされており，[14] この解決策としては

13）このような家族関係の場合，配偶者がその生活設計のために早期の遺産分割協議，遺産の取得を望むのに対し，１/４の相続分を持つ兄弟姉妹甥姪は既に各々の生計が確保されていることから遺産分割協議の進捗に緊急性がないことが多い上に，近年は各人の権利主張が強いために遺産分割協議の成立が困難になる場合も多い。一方，兄弟姉妹甥姪には遺留分がないため，遺言に規定すれば確定的に遺言内容が実現するので，遺言で「全財産を配偶者に相続させる。」と規定することが増加している。

14）最二小判Ｓ58.3.18は「後継ぎ遺贈型遺言」について種々の解釈の可能性を示唆しているが（判時1075号115頁以下），民法では所有権は完全・包括的・恒久的な権利であり，「始期未確定，終期は自分の死亡まで」といった期限付き所有権は認められないのが通説である（能見善久『現代信託法』187頁以下（有斐閣，2004），新井・前掲注７）226頁以下

受益者連続型信託（信託法91条）が有効である。「受益者の死亡により，当該受益者の有する受益権が消滅し，他の者が新たな受益権を取得する旨の定めのある」信託では，委託者死亡後の第1受益者が配偶者，その死亡後の第2受益者を自分の係累とすることや，受益権を複層化することで目的を達することが可能である。これは，対象が所有権ではなく受益権であるが故に法律上可能であるとされているからである。[15]

⑷　配偶者が死ぬまでは自宅に配偶者を居住させ，配偶者が死亡したら長女に，長女が死亡したら孫に継がせたい（受益者連続等）。

上記⑶と同様に，委託者死亡後の第1受益者を配偶者，第2受益者を長女，第3受益者を孫とすることや，自宅に居住する収益受益権を配偶者が，[16] 元本受益権（収益受益者である配偶者死亡後は収益受益権をも取得）を長女が取得すること等で可能になる。

⑸　自分の死後も，ペットが安楽に一生を送れるようにしてやりたい。

このニーズは従来から存していたが，従来は生前に友人知人にペットの世話を依頼しておき，相続人にはその旨を周知することで対応してきており，この世話料として生前または死亡後に一定の金銭の贈与・遺贈が行われることが一般的であった（負担付贈与・負担付遺贈[17]）。しかし，核家族化や「おひとりさま」の増加により今までの手法を採用できない場合も生じており，このような場合に信託が活用され始めている。

民法上は，ペットはモノであり，飼育者（団体）に飼育費用を給付することになるが，金銭と共にペットを信託財産の一部とする場合としない場合が考えられる。[18] ペットの元の飼主が委託者であり，信頼できる個人・法人

15）寺本昌弘『逐条解説新しい信託法〔補訂版〕』258頁以下（商事法務，2008）

16）特定贈与信託は昭和50年に取り扱いが開始されて今日に至っているが，「信託できる財産」に受益者である障害者の居住の用に供する不動産が含まれており，自宅居住目的の受益権の設定は可能である。

17）飯塚予始子他『民事信託のことがわかる本』99頁以下（自由国民社，2016）

18）ペットを信託財産とする場合はペットの所有権が受託者に移転する。しない場合は，贈与または遺贈により信頼できる飼育者等にペットの所有権を移転し，金銭のみの信託

が受託者となって信託財産である金銭を運用しつつペットの飼育者に飼育費を給付する。

次に，受益者をどのように考えるかによって，目的信託設定の場合と通常の信託設定の場合が考えられる。

まず，委託者の死亡後に実際にペットを飼育するのは親族や友人知人，動物愛護施設，ペットの里親等が考えられるが，受益者の存しない目的信託を組成し，これら飼育者（受益者ではないので，受託者に対する監督的機能を有しない）にペットを委ねて金銭を給付していく手法が考えられる。この場合の注意点としては，目的信託の期間が20年を超えることができないため（信託法259条）長期間生存するペットの場合は採用が困難である点と，ペットが生存して適切に飼育されている事実，他の同種類のペットとすり替えられていない事実の確認手法を確立できるかという点である。[19] なお，遺言信託については設置した信託管理人が監督を行うことになる（信託法258条４項等）。

二つ目は，受益者を規定して目的信託ではない信託を設定し，20年以上の信託期間を確保することが考えられる。この場合の受益者としては金銭給付を受ける飼育者が考えられるが，受益者は受託者に対する監督的機能を有するので，過度の監督を防止する工夫が必要になる。他の選択肢として，「他人が自己に代わってペットを飼育してくれる利益」を享受する相続人等を受益者とする主張がある。[20]

(6)　特定の個人または法人に特定の財産を取得・承継させたい。

従来から多くのニーズがあり，以下の各手法が活用されてきている。

ア　生前贈与

特定の財産の承継手法として従来から活用されており，特に相続税・贈与

財産を運用しつつ飼育者に分割交付することになる。

19）信託銀行等がペットの信託に算入しない大きな理由は，ペット生存の確認や飼育実態の確認が困難だという問題である。

20）河合保弘『民事信託超入門』180頁以下（日本加除出版，2014）では，残余財産の取得者を第２受益者とし，給付については目的信託と同様の効果を主張する。

税の特例を活用した節税対策の場合がよく見受けられる。この手法は贈与者の生前に当該財産を受贈者の管理下に置ける点で有効な手法であるものの，生計の資本や婚姻・養子縁組のための贈与の場合，この手法は，持戻しの法理（民法903条）により，この贈与財産を相続財産とみなして合算して遺産分割の計算を行ううえに，遺留分減殺請求の対象となるため，確実な移転手法とは言えない。[21)]

イ　生前売却

企業オーナーの自社株承継対策に用いられることが多いが，生前に適正価格で特定の財産を売却した場合，買主（後継者）は確定的に所有権を取得することができ，遺産分割時の持戻しや遺留分減殺請求の対象から離脱することができる点で，唯一確実に財産を移転できる手法である。しかし，売主については移転する財産に売却益が生じた場合は譲渡所得税の課税対象になるほか，買主は購入代金の資金調達が必要になるので，常に採用することは困難である。

ウ　保　険

死亡保険金請求権・死亡保険金の法的性格は受取人の固有の権利であり，[22)] 保険契約の効力発生と同時に遺産より離脱することになる。更に，原則として民法903条１項に規定する遺贈または贈与に係る特別受益には当たらないと解するのが相当であり，遺留分減殺請求の対象にならない点で一定額の金銭を特定の個人に取得させる有効な手段の一つである。ただし，保険金受取人である相続人とその他の共同相続人との間に生ずる不公平が民法

21）遺留分の対象となる生前贈与は，相続人でない個人・法人に対するものは相続開始前の１年間にしたものに限られるが（民法1030条），贈与対象者が相続人の場合，民法903条が遺留分について準用され（民法1044条），生計の資本等に係る生前贈与は１年を超えて遺留分減殺請求の対象となる（最三小判Ｈ10.3.24（判時1638号82頁以下））。なお，持戻し免除の意思表示（民法903条３項）は遺留分に関する規定に違反しない限りにおいて有効であり，相続人の遺留分を侵害している生前贈与では目的を達することができない可能性がある。

22）最三小判Ｓ40.2.2（判時404号52頁以下）

903条の趣旨に照らし到底是認することができないほどに著しいものであると評価すべき特段の事情が存する場合は持戻しの対象となると解されるので，確実な手法ではない。[23)]

エ　遺　言

全財産について承継を決めることができる優れた手法であり，遺贈と「相続させる」手法（遺産分割方法の指定）[24)]が活用されているが，持戻し制度や遺留分制度に服する上に，[25)] 遺言作成時の意思能力に関し遺言が無効になるリスクがある。

オ　特約付き金銭信託

昨年の最高裁大法廷決定により，60年余にわたる「相続人数人ある場合において，その相続財産中に金銭その他の可分債権あるときは，その債権は法律上当然分割され各共同相続人がその相続分に応じて権利を承継するものと解する（最一小判Ｓ29.4.8)」とする判例が預貯金債権については変更された。これにより，預貯金債権は相続開始と同時に当然に相続分に応じて分割されることはなく，遺産分割の対象となることが明確になっている。[26)] このため金融機関は，一部相続人の要請があったとしても，遺言，遺産分割協議書等が提出されない限り払戻に応じないルールを採用している。従って，最大決Ｈ28.12.19以降，相続人が葬儀費用や入院治療費の支払，配偶者の生活設計のための払戻ができないことが懸案となっている。[27)]

23）最二小決Ｈ16.10.29（判時1884号41頁以下）。なお，その後，東京高決Ｈ17.10.27（家月58巻５号94頁以下），名古屋高決Ｈ18.3.27（家月58巻10号66頁以下）で持戻し対象と判断している。

24）最二小判Ｈ3.4.19（民集45巻４号477頁以下）

25）広島高裁岡山支決Ｈ17.4.11（家月57巻10号86頁以下）では，「相続させる」遺言の内容が特定遺贈と類似している場合は，民法903条１項の類推適用があるとする。

26）最大決Ｈ28.12.19　裁判所HP（Ｈ29.2.26現在）

27）最大決Ｈ28.12.19までは，金融機関は，原則は遺産分割協議書等の提出がない限り払い戻しに応じないものの，葬儀費用等については法定相続分以内で便宜払いに応じることもあった。これは，従前は最一小判Ｓ29.4.8（民集８巻４号819頁），最三小判Ｈ16.4.20（裁判集民事214号13頁）により，預金債権は可分債権であるから法律上当然に分割されこの対応策として，特約付き金銭信託の需要が高まっている。この金銭信託自体は昭和時代から個人の資産運用手法として活用されてきており，委託者兼受益者の死亡によって信託が終了し，帰属権利者等の指定がないことから残余財産が委託者の相続人に引渡される形になっていた。

これに対し，近年信託銀行等が提供する特約付き金銭信託では帰属権利者に特定の相続人を指定することによって，委託者兼受益者の死亡時に速やかに帰属権利者に金銭（残余財産）を交付することで，「高齢者が，自分の死亡時に葬儀費用等支払いのための金銭を速やかに特定の相続人に渡したい」ニーズに応えている。

この対応策として，特約付き金銭信託の需要も高まっている。この金銭信託自体は昭和時代から個人の資産運用手法として活用されてきており，委託者兼受益者の死亡によって信託が終了し，帰属権利者等の指定がないことから残余財産が委託者の相続人に引渡される形になっていた。

これに対し，近年信託銀行等が提供する特約付き金銭信託では帰属権利者に特定の相続人を指定することによって，委託者兼受益者の死亡時に速やかに帰属権利者に金銭（残余財産）を交付することで，「高齢者が，自分の死亡時に葬儀費用等支払いのための金銭を速やかに特定の相続人に渡したい」ニーズに応えている。

カ　遺言代用信託

上記オの場合は委託者兼受益者の死亡によって信託が終了するが，交付したい相手が高齢配偶者や障害を持つ人の場合，一括の金銭交付は管理が困難であるうえに，悪徳業者等により横領されるリスクがある。このため，信託銀行等では委託者兼受益者の死亡によって信託を終了させずに，あらかじめ指定された第２受益者に年金形式で金銭を給付することで信託元本たる金銭を悪徳業者等から保護する手法が提供されており，一定程度の需要がある。

ることが根拠となっていた。しかし，最大決H28.12.19により，この根拠がなくなっている。

第２　信託銀行等の対応

１　信託銀行等の対応

近年，信託銀行等が以下のような民事信託・家族信託商品を次々と供給している。

(1)　従来型の金銭信託を改良した自益信託（第１・２・(6)オ　参照）

従来から信託銀行等では預金類似商品として自益型の金銭信託商品を供給してきたが，運用難の中で取扱いが低迷して今日に至っている。一方，預貯金は相続開始時に金融機関が相続人から遺産分割協議書等の提出がない限り払い戻しに応じないことから，一部相続人と金融機関のトラブルの原因の一つになっている。[28)]

これに対し，従来からの金銭信託を改良し，委託者兼受益者の死亡時＝信託終了時に残余財産を受領する帰属権利者を定めることで，預貯金では困難な「被相続人の死亡直後の払戻」を実現させて，顧客のニーズに大きく応える結果となっている。

また，高齢者が悪徳業者等から自分の金銭を守るために自益型の金銭信託を設定し，金銭元本を信託財産として横領等から防御しつつ年金形式で生活費等を受領する信託等も一定程度行われている。

(2)　遺言代用信託（第１・２・(6)カ　参照）

上記(1)記載の従来の自益信託である金銭信託について，委託者兼当初受益者の死亡によって信託を終了させずに第２受益者を予め定めておき，委託者兼当初受益者の死亡後は，信託銀行等から第２受益者に対し年金形式で定時定額給付を行っていくスキームである。このスキームは，本来なら一括で金銭（預貯金）を相続する高齢配偶者や障害を持つ子等が管理が困難である点や悪徳業者等から金銭（預貯金）を横領されるのを防止するために，金銭を信託財産として運用しつつガードし，毎月一定額を給付していくことで家族

28）前掲注27）参照

の一定のニーズを満たし，活用されている。

⑶　受益者連続型信託

上記⑵は委託者死亡後，「次」の受益者を決めるだけであるが，「次の次」等の受益者も決める受益者連続型信託も数は多くないものの設定されている。受益者連続型信託は遺留分の考え方についてまだ明確でない点があり，[29] また，信託期間が長期に亘る場合は政治経済状況の大きな変化に対応し難いこと等もあって，[30] 通常は各相続人の遺留分を侵害しない範囲で配偶者⇒子程度の期間について設定されている。第１・２・⑶のニーズにも対応しており，設定は生前の契約信託の場合と遺言による信託設定の場合が見受けられる。

⑷　他益信託の信託設定時贈与税課税問題の例外商品

他益信託の場合は，租税公平主義の根幹をなす「担税力」[31] による課税でなく，何等の受益がない場合であっても信託の効力が生じた時に受益者に対して贈与税が課税され（相続税法９条の２），[32] しかもその「贈与財産」の評価は課税時期における信託財産の価額であることから，[33] 完全所有権でない信託受益権を完全所有権の価額で評価する規定になっている。

このため，事実上，生前の他益信託設定は困難になっていて，従来はその例外である特定贈与信託等の供給に止まってきた。[34]

29）能見善久他編『信託法セミナー３』76頁以下（有斐閣，2015），小林徹「家族信託の発展に向けての一考察」信託252号２頁以下（2012）

30）受益者連続型信託は100年超存続しうるが（寺本・前掲注15）263頁），過去100年間には大恐慌や世界大戦，超インフレもあった。また，最も歴史の長い信託銀行でも社歴は100年に満たないことから，長期に亘る受益者連続型信託の受託者を見つけられない点も問題点である。

31）水野忠恒『租税法〔第５版〕』12頁以下（有斐閣，2011）

32）水野・前掲注31）298頁以下では，「財産を信託的に譲渡した段階で，受益者が特定されるならば，その時点で贈与と認定されるため，相続税よりも税率の高い贈与税が課される（相税４条：筆者注　現行法では９条の２）など，不合理な点が多い。このような課税の仕組みのもとでは，受託者に裁量信託を委託することも不可能になる。」とする。

33）財産評価基本通達202

34）養育信託も「離婚に伴い養育料が一括して支払われる場合の贈与税の課税の取扱いに

ところが，景気回復，消費拡大のために高齢者に偏在している資産を早期に若年層に移転させる施策が種々講じられてきた中で，平成25年度税制改正において子・孫ごとに直系尊属から1,500万円までの教育資金の一括贈与の非課税制度（租特法70条の２の２）が創設され，更に平成27年度税制改正において直系尊属から20歳以上50歳未満の個人に対し受贈者１人に付き1,000万円までの結婚・子育て資金の一括贈与の非課税制度（租特法70条の２の３）が創設されている。

これらは他益信託の信託設定時贈与税課税制度の例外商品に位置付けられる。

⑸　後見制度支援信託

成年後見制度において，従来から親族後見人等による被後見人の財産の横領が問題になってきたが，[35] この防止策の一つとして最高裁判所の要請に応えて平成24年に実現した自益信託商品が後見制度支援信託である。[36] この信託商品は自益信託であるものの被後見人の法定代理人である成年後見人等が信託終了等をしたり一部解約する際に家庭裁判所の許可が必要になり，これによって横領の歯止めになる商品であるが，一方で，成年後見人の金融資産管理負担を軽減できる利点も大きい。

現在は，被後見人は成年後見，未成年後見のみが対象で，後見人は親族のみが対象であるうえに，原則として財産も預貯金のみが対象である等過渡的ではあるが，元本補填特約が付き，預金保険の対象である以外に，信託は分別管理によって受託者に係る倒産隔離機能があり，[37] 受託者の破たんに際

ついて（Ｓ57.6.30直審５－５）」で贈与税の例外措置が講じられているが，養育費支払い義務者が一括で養育費を交付することができる場合は少なく，現在は信託銀行等での取扱いが見られない。

35) 石井芳明，松永智史「後見制度支援信託の目的とその運用状況について」信託フォーラム４号54頁以下

36) 平成28年７月27日から千葉銀行も取扱いを開始している（千葉銀行HP　H29.2.26現在）。

37) 新井・前掲注７）103頁

しては預金に比べて安全性が高い特質がある。[38)]

2　信託銀行等の特質と限界

信託銀行等は信託法改正以降，民事信託・家族信託に係る商品を多数提供してきている。これらは，高齢者の財産管理ニーズや相続承継を目的とした「自益信託および自益信託～他益信託商品」と「当初から委託者と異なる受益者に給付することを目的とした他益信託商品」に分類される。

このうち，自益信託系の商品は他手法では解決できない財産管理・承継ニーズに対応しており，高齢社会において今後も需要の伸びが考えられる。

一方，他益信託は信託設定時贈与税課税問題により信託目的の達成が困難であるため，事実上設定することが困難であるが，障害者の療育を目的とした特定贈与信託，高齢者の資産を若年層に移転することによって若年層の教育資金負担や結婚・子育て資金負担を軽減する教育資金贈与信託や結婚・子育て支援信託といった政策目的の信託商品のみが贈与税課税の例外として供給されており，家族のニーズに幅広く対応するためには信託設定時贈与税課税制度の見直しが欠かせない。[39)]

信託銀行等は銀行として金融庁や日銀の監督下にあり，事務の堅確性にも定評があることから，信託銀行等が受託者となる信託商品は安全確実な管理・運用・給付が実現でき，また，商品内容が分かりやすくコストも安価であるという特徴がある。しかし，一方で個人や家族ごとのカスタマイズまではできないという限界もある。従って，信託銀行等から供給される信託商品

38）小林徹「家族信託と成年後見制度」新井誠他編『民事信託の理論と実務』56頁以下（日本加除出版，2016），小林徹「成年後見制度と信託制度の連携」実践成年後見58号22頁以下（2015）

39）水野・前掲注31）298頁以下，佐藤英明「19年改正の概観と受益者等課税信託について」租税研究731号147頁以下（2010），同「収益留保型信託等について」租税研究733号128頁以下（2010），占部裕典「相続税法４条１項の「受益者」該当性が否定された事例」新・判例解説Watch12巻189頁以下（2013），橋本守次「信託設定時に受益者は利益を取得する地位にないとされ，贈与税課税が取り消された事例」税務事例43巻12号１頁以下（2011）

が個人や家族のニーズに合致した場合は低コストで大きな効果が得られる反面，どの家族にも適合するという訳にはいかない。

第3　家族の対応

1　家族の対応

高齢社会における家族のニーズに対し，使い勝手の良くなった信託を活用して個々のニーズを充足する動きが活発化しつつある。

この場合，その多くは委託者兼受益者が高齢者で，家族の一人が受託者となって，委託者兼受益者が従前管理していた財産を受託者が代わって管理・運用・給付していく自益信託であるが，委託者の死亡後に，受託者が第2受益者に給付していく遺言代用信託やペットのための信託等も活用され始めている。

2　家族による信託受託の特質と限界

(1)　信託設定コンサルティングの問題

家族が受託者としてのノウハウを十分に保有している場合は少なく，多くの場合は信託設定～実行をコンサルティングに頼っているのが実情である。しかし，これら信託コンサルティングの歴史は新しく，一方で信託期間が長期に亘ることが珍しくないことから，今後，条項不足や法解釈の問題が顕在化する可能性がある。

これに対し，信託銀行等は長年の信託活用ノウハウを有するが，未だ家族による信託設定～管理に際してのコンサルティングを行うに至っていない。[40)]

---

40) 千葉銀行はH28.5.25から信託コンサルティング業務を開始している（千葉銀行HP H29.2.26現在）。

(2) 受託者の問題

ア　外部から見えない（牽制装置がない）リスク

家族が受託者になる場合，委託者・受託者・受益者の三者が全て家族であるために外部から実情が見え辛いという問題がある。即ち，家庭内の暴力や脅迫，老後の世話との引換等によって委託者の意図しない信託契約が設定される可能性があり，公正証書を作成する場合にかろうじて外部からのチェックが行われる状況である。また，信託設定時は健常であったとしても，歳を重ねることによって気力・体力が衰えてくることで家族内の力関係に変化が生じる可能性もあり，信託期間の途中から虐待が行われ信託が変質していくリスクも考えられる。

イ　横領リスク

信託は成年後見制度のような外部監督装置を持たず，受託者の重い義務・責任をデフォルトルールとし，受益者の強力で多数の監督的機能で健全性を担保していく手法を採っていて，プロ同士による商事信託ではよく機能しているが，高齢委託者兼受益者の場合は機能するとは限らないリスクがある。

この対策として，ひとつには受託者を一般社団法人等の複数の構成員による法人とすることで業務執行に対する監督・牽制装置を備える手法がある。[41] もうひとつは，信託設定時から信託監督人や受益者代理人を設置することで監督・牽制装置を備える手法である。現在の家族による信託設定では，この二つの手法のいずれかが採用されることが多いようである。

41）大貫正男は，①信託事務の継続性・安定性，②臨機応変の対応とガバナンス，③客観性の確保等の理由から，受託者の一般社団法人化のメリットを説く（大貫正男「一般社団法人を受託者としたモデルの構築」新井誠他編『民事信託の理論と実務』157頁以下（日本加除出版，2016)）。また，海老原利昭は長期に継続して受託業務を行う観点から事例を紹介する（海老原利昭「親亡き後と老後に備えた福祉型信託　一般社団法人を受託者とした事例」信託フォーラム2号104頁以下（2014)。

第４　信託制度と成年後見制度の連携に向けて

１　信託制度と成年後見制度の共通点と相違点

信託制度と成年後見制度は共通する点も多いが相違する点もある。

⑴　制度の対象

信託制度は財産の管理制度であるのに対し，成年後見制度は財産管理以外に身上監護に係る事務も担うという特徴を持つ[42)]（民法858条，861条１項）。

⑵　所有名義

信託制度は信託財産が受託者に移転するとともに所有名義も受託者に移転する。従って，受託者が外見上は所有者として信託財産を管理等していく。これに対し，成年後見制度では被後見人の財産を法定代理人の立場で後見人が管理し，被後見人の財産の所有者は引き続き被後見人である。

⑶　法律行為の効果の帰属

信託に法人格がないので，財産管理者たる受託者が行った法律行為の効果は受託者に帰属するが，成年後見制度では成年後見人が法定代理人として行った法律行為の効果は被後見人に帰属する。

⑷　管理者の義務等と監督装置・相談機関

信託受託者には善管注意義務以外に忠実義務や公平義務等の様々な義務や種々の責任があり，受益者には受託者を監督するための差止請求権，原状回復請求権をはじめとした各種権限が用意されており，更に信託法92条に規定する権利の行使については信託行為による制限が認められておらず，これによって受託者の権限違反を防止している。これに対し，成年後見制度では，成年後見人は代理人として法律行為を行い（民法859条），善管注意義務を負う（民法869条）ものの，他に大きな義務や責任が法制度上デフォルトルールとして規定されていない。これは，信託制度が外部の監督装置を持たず，内部監督装置で事務を遂行する制度であるのに対し，成年後見制度では被後見

42）赤沼・前掲注９）105頁以下

人による監督が困難であるため，家庭裁判所や後見監督人といった外部の監督装置が設置されているという違いがある。なお，信託制度の外部監督装置として信託監督人等を設置することが可能である。

また，日本では信託銀行等のプロのみが受託者になる制度が長く続き，相談機関としては旧大蔵省〜金融庁を中心とした相談・監督体制が構築されていて，特段の相談機関は不要であったが，近年の家族が受託者となる事例においては，外部の公的相談・監督機関が皆無になっていて，健全な信託の発展に向けて心配な状況である。一方，成年後見制度では家庭裁判所が後見事務の指導を行う体制が確立しているので，親族後見人が一人で悩むという問題は解消されている。

(5)　始期・終期

信託は委託者と受託者の合意によって設定されるので，その始期・終期を信託行為でフレキシブルに定めることができる。従って，健常な間に信託契約を締結して信託事務をスタートさせておくこともできるし，終期については，信託は意思凍結機能があって委託者の死亡や意思能力喪失と関係なく信託行為で定めた終期まで信託が存続し給付を継続させることが可能である。これに対し，法定後見制度では成年後見人の任期はその選任の審判確定時から被後見人の死亡まで，任意後見制度では任意後見監督人選任の審判確定時から被後見人の死亡までとなっているため，被後見人が意思能力を喪失してから選任審判が確定するまでにタイムラグが生じるという問題があるとともに，終期が被後見人の死亡までなので，死亡後の態勢を成年後見制度によって整備することはできない。

(6)　本人死亡後の意思の実現

信託の終期は信託行為において定めることができるので，信託設定時から委託者の死亡を前提にそれ以後の給付を規定することが可能である。例えば，特定贈与信託は障害を持つ受益者の保護を目的とした信託であり，委託者の生死と関係なく，受益者の死亡まで給付が継続される必要がある。従って，信託では障害者の子に自分の死後も安全確実に財産を給付していきたい親亡き後問題や要介護の配偶者に同様に財産を給付していきたい配偶者亡き後問題にも対応することができる。これに対し，成年後見制度は被後見人の権利擁護の制度であるため，被後見人の死亡によって後見事務が終了することから，親亡き後問題や配偶者亡き後問題といった本人の死亡後の意思の実現を図ることはできない。

(7)　管理・投資の柔軟性

信託制度は委託者の意思を信託行為に規定することによって，たとえ委託者が意思能力を喪失した後も，委託者の死亡後も，意思凍結機能によって委託者の意思を実現できる制度である。従って，受託者が財産を株式投資等で積極運用することや土地に賃貸マンションを建築することも，この建築資金を調達することも可能である。これに対し，成年後見制度は被後見人の財産を守り，被後見人のために使用することに重点が置かれることから，新たな投資行為を行うことは困難であり，資金調達もできない。なお，現状では被後見人の保有している株式・投資信託といった市場価値変動商品がモニタリングされることなくそのまま運用を停止する実務となっているため，これら市場価値変動商品が暴落リスクに晒されているという問題がある。[43]

2　信託制度と成年後見制度の連携の必要性

信託制度と成年後見制度の比較検討を行ってきたが，それぞれに優れた点，問題点が存している。また，信託設定時は健常であった委託者兼受益者といえども，高齢者の場合は常に精神面，肉体面で健常であり続けられるとは限らないのが現状である。例えば高齢者が不動産の賃貸管理が負担になって，家族を受託者として信託契約を締結する場合，信託設定後に委託者が認知症等になって意思能力を喪失することが十分に考えられる。従って，信託設定と共に任意後見契約を締結しておくことは有効であるし，[44]　任意後見制度

43）小林・前掲注38）「家族信託と成年後見制度」64頁以下

44）新井誠は信託制度と任意後見制度を連携させることで「相当に有効かつ総合的な高齢者の為の法的ライフ・プランニングの構築が可能である」とし，日本版の統一財産管理

を活用していなかった場合，家族等からの法定後見の申立てを活用していくことも考えられる。

例えば，親（委託者兼受益者）が自己の財産を信託設定して長男が受託者の場合，長男が成年後見人を兼務して家庭裁判所や後見監督人から監督を受けつつ信託事務遂行の透明性を確保する場合もあるし，二男や長女が成年後見人になることで親の財産管理負担と身上監護負担を兄弟間で分担することも考えられる。また逆に，成年後見人が選任された後に，専門家に管理を委ねるために成年後見人が不動産管理信託を設定することも考えられる。[45)]

このように，信託制度と成年後見制度を連携させることで，単独の活用よりも大きな効果を得られる場合が多いと考えられる。

（こばやしとおる　家族法制基礎研究所所長／亜細亜大学法学部非常勤講師）

信託法を想定するとする（新井誠「信託制度と成年後見制度の融合～イギリス法とアメリカ法の考察を中心として～」新井誠他編『民事信託の理論と実務』71頁以下〔新井誠〕（日本加除出版，2016））。

45）家族である成年後見人が不動産管理に精通していない場合，被後見人のために最適と思われる方法が信託設定であれば，成年後見人がそれを行うことは可能である。遠藤・前掲注４）69頁以下，507頁以下，今川他・前掲注３）128頁以下〔杉谷範子〕。なお，信託設定も処分であり，不動産が居住用の場合は家庭裁判所の許可が必要になると考えられる（民法859条の３）。

第2編

金融・信託業編

第1章

投資一任契約がある信託における受託者の責任

—AIJ事件に係る東京高裁判決 平成28年1月21日を受けて—

福井　修

はじめに

本稿で扱うのは，AIJ投資顧問株式会社（以下，AIJという）が引き起こした事件である。マスコミでは「消えた年金」と喧伝され，衝撃的な事件として取り上げられたものである。

事の発端は，平成24年２月，証券取引等監視委員会の検査により，AIJが顧客（厚生年金基金）から預かっていた年金資産の運用に失敗していたのにもかかわらず，虚偽の報告書を顧客並びに当局に提出していたという事実が明らかとなったことであった。その後，AIJに対する証券取引等監視委員会による検査，警視庁による強制捜査などが進む中で次第に事実が明らかになっていったが，運用資産のほとんどがすでになく，厚生年金基金（以下，基金という）は年金資産の回収ができないことが判明した。[1)]

運用スキームは基金と投資一任契約を締結したAIJが受託者たる信託銀行に運用を指図し，信託銀行はその指図に従い資金を運用するというものであるが，AIJは海外の私募投信を密接な関係にある証券会社から買うという指図を行い，その証券会社において基準価格を大幅に水増ししていたため，信

1）平成24年２月28日に厚生労働省は，平成22年末時点で，84基金，1852.6億円がAIJに運用委託されていたと公表した。

託銀行及び基金は気づかなかったというものであった。

AIJが年金資産の運用裁量権をもっており，責任を負っていることは明らかであるが，このような不正[2)]が行われた場合に受託者たる信託銀行がチェックできなかったのか，受託者にも責任の一部があるのではないかという意見もあった。この意見に従い，受託者である信託銀行に対して損害賠償請求を行った基金があり，それについての第１審判決（東京地判平成27年７月３日）及び第２審判決（東京高判平成28年１月21日）が出ている。ついては，本稿ではまず第１及び第２において，これらの判決（以下，本判決という）をとりあげて，解説することとしたい。

次に，AIJ事件を踏まえて金融庁及び厚生労働省が行った対応について第３及び第４で述べる。AIJ事件で年金資産を毀損した基金の中にはその後解散したものもある。この事件の背景，根本的要因等をたどれば，厚生年金基金制度自体を見直すことは避けて通れなかったため，厚生労働省は法改正をして，財政状況が悪化している基金については解散促進等の対応をとった。これらをとりあげ，さらに考察することとしたい。

第１　本判決の内容

１　事実の概要

①　原告Ｘ（基金）は平成17年７月14日，被告Y_1（信託銀行）との間でＸを委託者兼受益者，Y_1を受託者とする年金特定信託契約を締結し，６億1,000万円を信託した。この信託契約ではＸが代理人を選任し，信託財産の運用について，Y_1に対し指図を行うものとし，Y_1はその指図に基づき，運用を行うものとされていた（以後，順次同様の信託契約を締結し，平

2）AIJに対しては金融庁から業務停止命令，業務改善命令が出された。AIJの浅川社長は詐欺容疑で逮捕，起訴され，平成25年12月18日に東京地裁で懲役15年の判決が出た（東京高判平成27年３月13日（控訴棄却），最一小判平成28年４月12日（上告棄却）により確定）。

成22年12月22日までに計60億円を信託した)。

② X，Y_1およびY_2（信託銀行）は同日協定書を交わして，Y_1がY_2に対して信託事務の一部を委託することを合意した。この協定書では，Y_1がY_2の選任監督責任を負い，Y_2の信託事務を監督すること，およびY_2はY_1から委託された事務についてXに対してY_1と同一の責任を負うこと等が定められていた。

③ Xは同日，AIJとの間で年金特定信託契約に基づく信託の元本の運用について，年金投資一任契約を締結した。これは，当事者の一方（AIJ）が相手方（X）から金融商品の価値等の分析に基づく投資判断の全部又は一部を委任されるとともに，当該投資判断に基づき当該相手方（X）のために投資を行うのに必要な権限を委任されることを内容とする契約である。この契約書では，Y_1およびY_2（以下，Yらという）は，AIJからの指図に基づき信託事務を処理した上は，信託財産について生じた損害については責任を負わないとされていた。

④ Y_2は，AIJの運用指図に従い，年金特定信託契約に係る信託財産をAIJ指定のITM証券の口座に送金して，外国投資信託の受益証券（以下，本件私募投信という）の買付代金の払込みをした。本件私募投信については，券面の発行はされず，Y_2がAIJ指定の取扱証券会社であるITM証券に外国証券取引口座を開設し，当該口座を通じて本件私募投信を管理する方法が採られ，ファンドへの受益者登録簿には，口座管理先であるITM証券の名義で登録された。

⑤ 本件私募投信の管理会社であったAIAはAIJの代表取締役であるP_6が100%出資する会社であり，AIJをファンドの投資顧問会社に指定していた。また，本件私募投信の販売証券会社に指定されたITM証券は，AIJが実質支配する２つの投資事業組合が議決権比率で合計80%の出資をする会社であった。そして，本件私募投信については，監査法人であるグラント・ソーントンによる監査証明付きの財務諸表（以下，監査報告書という）は，管理会社であるAIAが手配して，登録名義人であるITM証券に送付する

ものとされていた。Y_2は，ITM証券から，毎月本件私募投信の時価の報告を受けて，これをY_1に報告し，Y_1はその額を転記して信託の月次報告書等を作成し，Ｘに交付していた。しかし，ITM証券がY_2に毎月報告していた時価は，AIJの指示により，大幅に水増しされた額であり，グラント・ソーントン作成の監査報告書に記載された基準価格とは大きく異なっていた。

⑥　金融庁は，平成24年２月24日，AIJに対し，「投資運用業の運営に関し，投資者の利益を害する事実があるとき」（金融商品取引法52条１項８号）に該当するとして，１カ月の業務停止命令及び業務改善命令を発した。

⑦　こうした事情の下，ＸはＹらに対して，損害賠償請求訴訟を提起した。すなわち，AIJが運用実績の偽装等の不正を行っていたのに，これに気付かずにAIJに資産の運用を任せたことにより，Ｘが約28億円の運用損（本件私募投信の一部は平成21年４月20日に解約され，信託財産に35億円が払い戻されていた）を被ったのは，Ｙらの信託事務処理に任務懈怠（監査報告書確認義務違反，報告説明義務違反，名義登録義務違反）があったことによるものであるとして，主位的に債務不履行又は不法行為に基づく損害賠償として，予備的に信託法40条に基づく損失填補として，21億円を支払うことを求めたものである。

2　原審判決

原審（東京地判平成27年７月３日）は，以下のとおり判旨した。

①　厚生年金法の規定に照らすと，基金は，自らの責任と権限において，その資産の運用方法と運用受託機関を決定すべき立場にあり，基金が，その資産の運用方法として投資一任業者との年金投資一任契約を選択し，信託銀行との間で，信託銀行が投資一任業者の指図のみに基づいて信託財産を運用することを内容とする年金特定信託契約を締結したときは，信託銀行は，投資一任業者の運用指図に従うべき立場にあるのであって，投資一任業者の運用方法の適否について監視や基金への助言をする責務を負う立場

にはないというべきである。そうすると，Ｘとの間で年金投資一任契約を締結した投資一任業者であるAIJの不当な運用によりＸが運用損を被ったことにつき，Ｘとの間で年金特定信託契約を締結したＹらの任務懈怠があるといえるのは，Ｙらがその信託事務を処理するにあたり，AIJの運用が明らかに不当でＸに重大な損失が生ずる危険性が高いことを認識していたか又は容易に認識し得た一方，Ｘにおいてはそのことを認識し得なかったのに，ＹらがＸにそのことを告げなかったというような例外的な事情が認められる場合に限られるというべきである。

②　監査報告書確認義務違反

（Ｘは，Ｙらは受託者として真正な財産状況を報告する義務があり，その義務を履行するためには，本件私募投信の監査報告書を自ら確認するか，又はITM証券において監査報告書を確認した上でその内容を報告するよう監督する義務があったと主張したが），本件私募投信のような市場価格のない金融商品の場合に，その販売証券会社から入手する時価情報をもって当該金融商品の時価評価を行うことは，厚生年金基金連合会作成の時価評価基準や日本公認会計士協会作成の「金融商品会計に関する実務指針」に沿うものであって，ＹらがITM証券から時価情報を入手して，これに基づきＸに対する財産状況報告をしていたことは一般的にみて合理性を欠くとはいえない。

③　報告説明義務違反及び名義登録義務違反

（Ｘは，ITM証券を本件私募投信の受益者として登録すると，Ｙらが監査報告書を直接確認することができなくなるので，ＹらにはITM証券を受益者として登録させてはならない義務（名義登録義務）があり，かつＹらが本件私募投信の基準価格を把握しえなくなることを報告すべき義務（報告説明義務）があったのに，これらの義務を怠ったと主張したが），国内証券会社を介して外国籍私募投信を購入する場合にこれを当該証券会社名義の口座管理とすること自体は，外国籍私募投信の保有形態として特に危険性が高く回避されるべき管理方法であるとは認められず，Y_2において，本件年金特定信託契約の締結又は本件私募投信の買付をした時点において，あえてAIJの運用指図に従うことを拒絶すべき事情があったとは証拠上認められない。

④　以上から，Ｙらが信託事務を処理するにあたり，その任務を怠った事実を認めることはできないとして，信託法40条に基づく損失填補又は債務不履行若しくは不法行為に基づく損害賠償を求めるＸの請求はいずれも理由がないとして棄却した。

そこで，Ｘが控訴した。

3　控訴審判決

控訴審判決（東京高判平成28年１月21日）も，Ｘが主張するＹらの任務懈怠は認められず，Ｘの本件請求はいずれも理由がないと判断し，控訴を棄却した。

判決では，原審の判決（上記２－①～③）を引用して，確認するほか，以下の点も加えている。

①　ITM証券とY_2との間で締結された外国証券取引口座約款において，ITM証券がY_2に対して外国投資信託証券の決算報告書等を送付する旨が定められており，Y_2としては決算報告書と一体になった監査報告書を入手し，そこに記載された決算期末の本件私募投信の基準価格を確認すべき義務があったとＸは主張する。しかし，Y_2には投資一任業者の運用方法の適否について監視や基金への助言をする責務を負わないこと，外国証券取引口座約款の規定は，本来運用判断を行うものに監査報告書を含む決算報告書を提供して合理的な投資判断ができるようにすることが趣旨であること，およびY_2の受託件数等からすれば，仮に監査報告書の送付を受けたとしても，現実の照合及び確認作業を行うことは不可能か非常に困難であったことなどから，Y_2には監査報告書の送付がない場合にその送付を求める義務はない。

②　本件において，例外的に，Ｘの主張する説明義務が発生し，その義務違反があるというためには，少なくとも，AIJの当該不正行為又はこれに限らずとも一般的に類似の手口による不正行為が推知されるものであり，か

つ，Y1がその内容を説明しなければ，Xにおいて損害が生じることが必要というべきである。しかし，当時Y1にAIJの不正行為を推知するのに十分な事実関係の認識があったとは認められない。

第2　本判決の論点

1　運用裁量権

(1)　指定運用と特定運用

委託者Aが受託者Tに資金を信託し，有価証券に運用する場合，実務上受託者Tに運用裁量権が与えられる場合と与えられない場合がある。

前者は受託者Tに運用裁量権が与えられ，受託者Tの投資判断によって有価証券の運用が行われるものであり，ファンドトラストや指定運用金銭信託などがこれにあたる。受託者は信託行為で指定された財産の範囲で，対象銘柄を選択し，売買の時期を判断して運用するので，指定運用といわれる。受託者は投資判断及び信託財産の管理の双方の役割を担うわけであり，業務の範囲が広い。

後者は受託者以外に運用裁量権を与えられた者（指図者）がいる場合であり，証券投資信託の場合と投資顧問付特定運用信託の場合がある。受託者にとっては運用方法が特定されているので，特定運用という。証券投資信託は投資信託委託会社が受託者に指図して一つのファンドの有価証券運用を行い，そのファンドの受益権を小口にして投資家に販売するものである。投資顧問付特定運用信託は委託者兼受益者と投資一任契約を締結した投資顧問会社が対象銘柄を選択し，売買の時期を判断して，受託者に指図し，有価証券の運用を行うものである。

かつては，こうした財産を受託者の名義にするのみで，受託者は専ら指図に従うものが，信託と言えるかという議論があった。[3)] しかし，こうした受

3）四宮教授は，受託者に財産権の名義が移されるけれども，受託者が積極的に行為すべき権利義務を有しない信託を受働信託といい，そのうち，受託者は受益者が信託財産に

託者の他に指図者がいるタイプは世界のどこでも存在するし，それを信託でないとして信託法上の保護を否定したとしても満足な解決は得られないので，こうしたタイプでも受託者は一定の管理をしているとして，信託の射程の中で，信託法上の保護を図っていくというのが現在の通説である。[4)]

⑵　指図者がいる場合の受託者の役割

次に，受託者以外に投資に関する運用裁量権者（指図者）がいる場合に受託者はどのような役割を担い，その裏返しとしてどのような責任を負うかは問題である。[5)]

信託に受託者が複数いる場合，信託の事務処理は多数決で決定して執り行うことが原則形とされている。一人の受託者の独断専行を防止し，複数の受託者が相互監視しつつ信託事務を処理することが受託者複数の場合のメリットだと考えられている。[6)] そうした考え方を借りれば，受託者以外に運用裁量権者がいる場合も，受託者はその運用内容について監視するという考え方もありうる。

しかし，事務処理を多数決で決定する，あるいは相互に監視するという手法は時間がかかることは否定できない。不動産管理のようなじっくりした判断が求められるものには有効かもしれないが，有価証券の運用のように有価証券の売買を頻繁に行い，随時迅速な判断が求められるものには適当ではな

ついて各種の行為をなすことを認容する義務を負うにとどまるものを名義信託として，信託法上の信託ではないとしていた（四宮和夫『信託法［新版］』（有斐閣，1989）９頁。四宮教授も証券投資信託については，受託者がともかく管理・処分権を有するのだから能働信託と区別すべきでないとしている。

4）能見善久『現代信託法』（有斐閣，2004）42頁。なお，信託であるかどうかの議論は，受益者が受託者に指図するタイプを想定してなされている場合がある。本稿で問題としているのは別途指図者がいる場合であり，信託とすることに異論はなかろう。

5）職務分担のある信託について，複数受託者型と指図者型を比較しつつ責任問題を検討するものとして，拙稿「職務分担型の信託における責任」富大経済論集58巻１号23頁以下。

6）旧信託法では特にその考え方が強く，受託者には合手的行動の義務があり，意思決定は全員一致で行うもの（24条２項）とされてきた。現信託法80条１項では多数決を原則とし，若干緩和している。

い。したがって，有価証券運用において受託者とは別の運用裁量権者を定めた場合は，投資判断についてはその者に任せ，受託者に運用内容の監視者の役割は与えられないのが実情である。この趣旨から，本件においても，X，Yら，及びAIJで交わした協定書の３条で，Yらは，AIJの指図に基づき信託事務を処理した上は，信託財産に生じた損害について責任を負わないと定めている。

⑶　免責規定の例外

このような受託者の免責規定が有効か否かは問題となりうるが，信託財産の管理・運用に関してどのような権限を受託者に与えるかは信託行為で決められることなので，受託者の役割を限定したとしても，その効力は認められる。現信託法80条４項では，複数受託者がいる場合に職務分担の定めをするタイプを認めており，各受託者の役割を限定することを認めている。

さらにこのような免責はどこまで認められるか，逆にいえばどのような場合に例外的に受託者は責任を負うかが問題になる。

「指図者が信託行為により指名され，または信託行為の定めに従い委託者または受益者により指名された場合，信託法35条の趣旨および委託者および受託者の合理的意思解釈に鑑み，受託者は，指図者の行為について積極的な調査を行う義務を負わず，指図権の行使が信託行為に違反し，または不適法であることを知った時に限り，受託者は，指図を拒絶する義務を負うと解釈するのが相当である。」という意見がある。[7)]

これに加えて，「指図の内容が，信託行為（契約）や法令に違反するとはいえないとしても，受益者にとって著しく不利益な内容であることが明らかであるとき」を追加する意見もある。[8)]

7）中田直茂「指図権と信託」新井誠ほか編『信託法制の展望』（日本評論社，2011）455頁

8）有吉弁護士も基本的に中田弁護士と同意見としつつ，この要件を追加している（有吉尚哉「年金特定信託における信託銀行の責任とAIJ事件を踏まえた信託業規制の見直しの動向」NBL990号59頁）。

また，米国の企業年金制度で適用されるエリサ法（Employee Retirement Income Security Act of 1974）において，「表面上」，エリサ法に反している場合には，指図される受託者に質問・調査義務が課されるという基準があり，これをわが国でも適用すべきだという意見もある。[9)]

筆者としては，「受益者にとって著しく不利益な内容であることが明らかなとき」は信託行為に違反していると考えるし，「表面上」とは「明らかな場合」と言い替えられると思われるので，まとめれば，「指図権の行使が信託行為や法令に違反していることについて受託者が悪意のとき，またはそれが明らかなとき」ということになろう。ただし，各論者が想定している場合はほぼ同じで，実質的な意見の相違はなく，これらが多数説だと考える。[10)]

2　受託者の善管注意義務違反

本件において仮にAIJが有価証券運用において被った損失をそのまま開示していたならば，問題は単純であり，また損失額もここまで大きくならなかった。しかし，AIJは損失をそのまま開示せず，具体的には実質的に支配関係にあるITM証券から本件私募投信を購入する形をとって時価を大幅に水増しさせる手法によって，Ｘに損失を隠蔽していた。そこで，Ｘは，こうした不正をＹらが見抜けなかったか，その点に受託者としての善管注意義務違反がなかったかを主張したわけである。

しかしながら，本判決は，Ｙらが監査報告書を直接確認しなかった点を含め，財産状況報告の仕方，本件私募投信の口座管理の仕方についても，受託者の注意義務違反を認めていない。

本件私募投信の名義を受託者ではなく，ITM証券としていたことについて，

9）佐藤勤「指図権者の指図を受けて信託事務を遂行する受託者の責任」南山法学37巻３＝４号75頁

10）米国統一信託法典808(b)では，指図権行使が信託条項に明白に反する場合，または受託者が指図者の受益者に対する義務に深刻に違反すると知っている場合には，指図に従うべきではない，としている。

Ｘが注意義務違反を主張したのは，信託の受託者であるからは財産の名義を自身のものにして管理するのは最低限の責務であるという考えであったと思われる。しかし，財産権の名義は受託者になるといっても，その財産権がどういう形をとるか，証券自体になるか，証券会社に対する債権になるかは，当事者の意思や市場慣行によって左右されるものであり，一律に決まるわけではない。

ただ，別途指図者がいて，受託者は財産の管理のみを行うという本スキームで，なおかつ当該財産が証券会社に対する債権であったということは，受託者の役割が極めて小さいものであったことになる。その点が受託者に対する不満としてあるのかもしれないが，基金自体がそうしたスキームを採用したものである。

3　本判決の評価

我が国の厚生年金基金制度では，投資顧問業者に年金資金の運用を一任することを認めているが，当該投資顧問業者を選任するのはあくまで基金（の理事）の判断である。[11] 受託者が投資顧問業者を選任するわけではなく，また，投資顧問業者による運用について受託者にチェックする役割も与えていない。

AIJが虚偽の時価報告をさせていたなどの不正の事実はAIJに対する強制力を伴った事情聴取，調査を経て判明したものであり，受託者たるＹらにはそのような調査権限もないことから，事実の認識はなかったし，認識できる状況にもなかった。本判決では，本件スキームにおいて受託者であるＹらは，AIJの運用の適否についての監視や基金への助言をする立場にはないのであって，例外的にＹらが告知義務を負うのは，Ｙらが知り，あるいは容易に知ることができた場合に限られるとしているが，それは前記１⑶の受託者免責の例外にあたる場合についての多数説を踏まえていると考えられる。

11）厚生労働省の「厚生年金基金の資産運用関係者の役割及び責任に関するガイドラインについて（通知）」（平成９年４月２日年発2548号，平成24年９月26日一部改正）参照。

その論理からすれば，例外的な条件に合致しない以上，Ｙらの義務違反は認められない。したがって，本判決の判断は妥当なものと考える。

第３　AIJ事件を受けた金融庁の対応

金融庁はAIJ事件を踏まえた資産運用に係る規制・監督等の見直し（案）を平成24年９月４日に公表し，意見照会をしたうえ，実施した。[12)]

そのポイントは国内信託銀行によるファンドのチェックが有効に機能するようにするため，「基準価格」「監査報告書」を直接入手し，基準価格をチェックするようにさせることである。具体的には，投資一任業者が年金基金等からの受託資産（管理は国内信託銀行）にファンドを組み込む場合，そのファンドに関し，投資一任業者は，①国内信託銀行が，ファンドの「基準価額」を，その算出者（アドミニストレーター等）から直接入手できるようにする措置，②外部監査が行われるファンドに投資対象を限定し，かつ国内信託銀行が，ファンドの「真正な監査報告書」を入手できるようにする措置，③投資一任業者は顧客に交付した運用報告書に記載の「基準価額」を国内信託銀行にも送付する措置を講じることを義務付ける。その上で国内信託銀行に対して，入手したファンドの「基準価額」と運用報告書に記載の「基準価額」の突き合せを行い，その結果を顧客に通知する体制整備を義務付けるというものである。[13)]

さらに，投資一任業者が交付する運用報告書等の記載内容の充実・頻度の引き上げ，投資一任業者の不正行為（「虚偽」の運用報告や勧誘）に対する制裁強化も行っている。[14)]

12）概要は，西田勇樹＝滝琢磨＝上島正道＝安藤浩和＝平尾彰史「AIJ事案を踏まえた資産運用規制の見直し」金法1976号28頁以下を参照。

13）これらの法律改正を伴わないものについては，平成24年12月13日に関係内閣府令・監督指針等の改正が行われた。

14）これらの法律改正を伴うものについては，平成25年６月19日に公布された「金融商品取引法等の一部を改正する法律」で実施された。

本判決の論点に関わる改正であるが，AIJ事件の発生当時は信託銀行には，基準価格や監査報告書を直接入手し，基準価格をチェックする義務はなかったことを前提として，今後は投資一任業者に信託銀行が基準価格や監査報告書を直接入手できる措置を講じる義務を課し，信託銀行に基準価格をチェックする義務を課すことによって，同様の事件が再発しないようにしたものと考えられる。

本判決でも，監査報告書を直接入手することになれば信託銀行の事務負担が過度になることが言及されていたが，この改正に当たっては信託協会との意見摺合せも行われていることから，信託銀行にとっても事務的に対応できるということなのだろう。投資一任業者による不正行為を防ぐための一つの対策ではあるが，あえて言えば，悪質な投資一任業者はさらにこれを回避する仕組みを考え出せるとも考えられるので信託銀行によるチェックには限界があろう。金融庁に対しては不正行為を行う投資一任業者の監督強化がもちろん求められ，上記の見直しにおいても，投資一任業者の監督強化については言及されている。ただ，本件はかなり特殊な事件であり，再発防止を図るとしても，規制強化による不正取引抑止のメリットと規制コスト上昇のデメリットのバランスをとるようにすべきだと論評されている。[15)]

しかし，同時にこのような甘い勧誘に乗った基金が多数生じたこと，そうした背景があったことが大きな問題であり，それは厚生年金基金制度を所管する厚生労働省が対応するべき問題であった。

第４　AIJ事件を受けての厚生労働省の対応

１　特別対策会議及び有識者会議

AIJ事件は年金運用を運用機関に委託している企業年金及び金融業界全体に大きな衝撃を与えたものであった。AIJに対する証券取引等監視委員会に

15）有吉・前掲注８）63頁

よる検査，警視庁による強制捜査などが進む一方で，厚生労働省は平成24年３月14日に「厚生年金基金等の資産運用・財政運営に関する特別対策本部」を，４月13日に「厚生年金基金等の資産運用・財政運営に関する有識者会議」を設置し，検討をした。この有識者会議は８回開催され，７月６日に「厚生年金基金等の資産運用・財政運営に関する有識者会議報告書」（以下，有識者会議報告書という）として公表された。

2　有識者会議報告書[16)]

有識者会議報告書では，資産運用規制の在り方，財政運営の在り方，及び厚生年金基金制度等の在り方に分けてまとめられている。第１と第３の部分はおよそ以下のとおりである。

⑴　資産運用規制の在り方

資産運用の手法が多様化，複雑化し，金融市場の変動幅も大きくなる中で，公的年金の一部である代行部分を含めた年金給付等積立金を安全かつ効率的に運用していくとの観点から，今後の基金の資産運用規制については，以下のような基本的な視点に立った見直しを行う必要がある。

①　善管注意義務や忠実義務といった基金の理事長や理事の受託者責任を明確化し，その趣旨を改めて徹底していくこと

②　基金のガバナンス強化や資産管理運用業務に携わる役職員の資質向上を通じて，基金の資産管理運用体制を強化すること

③　外部の専門家等による支援体制や行政によるチェック機能を強化すること

⑵　厚生年金基金制度等の在り方

ア　代行割れ問題の深刻化と総合型厚生年金基金の課題

平成15年から平成17年までにかけて，企業会計基準の見直しの影響もあり，大企業を中心に「代行返上」が進んだ結果，現在では基金の約８割は中小企

16）http://www.mhlw.go.jp/stf/shingi/2r9852000002ekia.html

業を母体とする総合型基金となっている。

総合型基金の母体企業の中には厳しい経営状況に置かれているところもあり，積立不足に伴う追加の事業主拠出が企業経営にも大きな影響を与えるようになってきている。また，保有資産が最低責任準備金に満たない，いわゆる「代行割れ」となっている基金も，平成22年度末現在で全体の約4割，代行割れ総額は約6,300億円となっており，過去10年の平均で見ても，最低責任準備金に対する年金給付等積立金のバッファーが10％未満の基金（保有資産額が最低責任準備金の1.1倍未満の基金）が全体の約6割，その約半数（全体の約3割）の基金が代行割れとなっている。

こうした代行割れ基金については，平成17年度から実施されている「指定基金制度」により，財政の健全化計画の策定等の指導を行っているが，昨今の厳しい経済金融環境の下では，存続自体が厳しい基金も出てきている。過去10年間の平均運用実績で見ても，厚生年金保険本体の平均運用利回りを上回った基金は595基金中4基金にとどまっているなど厳しい状況にある。

現行の厚生年金保険法では代行割れの状態での解散は想定されていないが，平成17年度から3年間の時限措置として，代行割れの状態であっても不足分を分割納付することができ，かつ，納付額の特例が適用される「特例解散」制度が導入された。この特例措置は，平成23年度から5年間の時限措置として再び導入されている。

総合型基金が上記の特例解散制度により解散し，分割納付中に一部の事業所が倒産した場合，不足分の債務は，現行法の下では国と基金との間の債権・債務関係となっていることから，倒産事業所分の債務は基金の債務として残り，結果として残った事業所が連帯して負担することとなる。

代行割れ基金の母体企業の多くは業況の悪化している業種に属しており，財政健全化の道筋が立たないために，すでに解散を決議している基金もある。しかしながら，解散時の積立不足分の負担や倒産事業所に係る連帯債務の問題等のため，解散に踏み切れないまま財政状況がさらに悪化している基金もあり，厚生年金保険本体の財政への潜在的影響という観点からも代行割れ問題は深刻さを増している。

イ　代行割れ問題への対応

代行部分は公的年金の一部であり，代行給付に必要な資産を毀損することは，最終的に代行部分の給付責任を負う厚生年金保険本体の財政に影響を与えるものであることから，代行部分の財政運営の在り方を考えるに当たっては，厚生年金保険本体の財政に与えるリスクを縮小する方向で検討する必要がある。

深刻化する代行割れ問題への対応としては，これまでも特例解散制度により，厚生年金保険本体への納付額の特例や分割納付などの措置が講じられてきたが，産業構造の変化等に伴い，母体企業の負担能力が著しく低下している基金では，こうした現在の措置を用いても，解散できない状況にある。

代行部分の積立不足は母体企業が責任を持って負担することが前提であるが，一方で中小企業の連鎖倒産等による地域経済・雇用への影響，さらに基金を構成する企業が全て倒産した場合には結果的には厚生年金保険本体の財政へ影響を与えることなどを踏まえれば，問題を先延ばしせず早急に制度的な対応を行う必要がある。

具体的には，モラルハザードの防止に留意し，厚生年金保険の被保険者の納得が十分に得られる仕組みであることを前提に，基金の自主的な努力を支援するとの観点から，特例解散における現行の納付額の特例措置や連帯債務の仕組みを見直すことを検討すべきである。この場合，連帯債務の問題については，解散後も国と基金との間の債権・債務関係が続く現在の仕組みを見直して，解散時に各事業所の債務が確定できるようにすることを検討すべきである。

3　厚生年金基金の資産運用関係者の役割及び責任に関するガイドラインの改正

有識者会議報告書（(1)資産運用規制の在り方の部分）を受けて，厚生労働省では，厚生年金基金規則及び「厚生年金基金の資産運用関係者の役割及び責任に関するガイドラインについて」を改正することとした。[17] その趣旨は，資産運用の手法も多様化，複雑化し，金融市場の変動幅も大きくなるなかで，資産運用の在り方も時代に即したものとする必要が生じていることに加え，AIJ問題を契機として，受託者責任の徹底も必要となってきたこととされている。[18]

AIJ事件と特に関係のある改正点として，以下の記載がある。

① オルタナティブ投資（株式や債券等の伝統的な資産以外の資産への投資又はデリバティブ等伝統的投資戦略以外の戦略を用いる投資）に係る運用受託機関の選任に当たっては，当該運用受託機関の組織体制（組織の概況・意思決定プロセスの流れ，コンプライアンス等の内部統制体制，監査体制）および当該運用受託機関の財務状況等に関する事項（財務状況の推移，運用受託実績等の推移）に留意しなければならない。

② オルタナティブ投資に係る運用商品の選定に当たって，基金は運用受託機関に対して，当該商品の内容等についての説明を求め，その内容を確認しなければならない。また，当該運用商品のリターンの源泉，リスク，時価の算出の根拠，報告の方法，情報開示を求めた場合の対応，および運用報酬等の運用コストを参考にするほか，外国籍私募投資信託等海外のファンドを用いた投資を行う場合には，ファンド監査の有無，および資産管理機関と事務処理機関の役員の兼職等の人的関係や資本関係についても参考にしなければならない。

17）http://www.mhlw.go.jp/topics/bukyoku/nenkin/nenkin/kousei/qanda.html

18）当時AIJ事件とは別に，基金が委託者兼受益者，信託銀行が受託者となっている信託において不動産ファンドに対する多額の投資がなされ，大きな損失が生じた結果，基金と信託銀行の間で訴訟になった事例（大阪地判平成25年3月29日金判1423号18頁）があり，分散投資義務が議論されていたことから，この見直し案では誰が分散投資義務を負うのかについても中心テーマになっている。この事例については，拙稿「厚生年金基金の資産運用に係る損失負担」ビジネスロー・ジャーナル85号134頁以下参照。判決は，第一義に分散投資義務を負うのは基金であるとし，基金の損害賠償請求を認めなかった。この事例でも，財政状況の悪い基金が不動産ファンドに対する投資を過度に信託銀行に要望したことが要因となっている。

4　法改正

有識者会議報告書（(2)厚生年金基金制度等の在り方の部分）を受けて，平成25年６月に改正法（正式名称は，「公的年金制度の健全性及び信頼性の確保のための厚生年金保険法等の一部を改正する法律」。平成26年４月１日施行）が成立し，厚生年金制度は廃止するのではなく，自主的な解散を促す措置や一定の基準を満たさない場合における解散命令の発動を可能とすることを前提に，制度としては存続することになった。[19)]

具体的には，代行割れリスクの度合いに応じた対応をとることとし，すでに代行割れが生じている基金については，厚生年金被保険者を含めたリスクの分かち合いによる代行割れの早期解決を志向し，代行割れ予備軍については，代行割れを起こさないための制度的措置を講じている。

前者は，５年以内に早期解散を促進するため，分割納付の特例を設け（事業者間の連帯債務外し，利息の固定化，及び最長納付期間の延長（15年から30年）），解散認可基準を緩和する（代議員会や解散認可申請に際しての議決要件等を緩和する）というものである。

後者は，施行日から５年経過後は，毎年度の決算において，以下のいずれかの要件を満たしている基金のみ存続できることとし，要件を満たさない基金に対しては，厚生労働大臣が第三者委員会の意見を聞いて解散命令を発動できることとする。

(1)　市場環境の短期変動による代行資産の毀損リスクを回避できる積立水準

（具体的基準）純資産（時価）≧最低責任準備金（代行部分の債務）×1.5

(2)　上乗せ部分の積立不足による代行資産の毀損リスクを回避できる積立水準

（具体的基準）純資産（時価）≧決算日までの加入期間に見合う「代行＋上乗せ」の債務

19）http://www.mhlw.go.jp/topics/bukyoku/nenkin/nenkin/kousei/d1/kaisei01.pdf

また，厚生年金基金が解散した場合の基本ルールは，代行給付については厚生年金本体が支給し必ず保全されるが，上乗せ給付（３階部分）は残余財産の範囲内で分配するか，又は企業年金連合会に移管することになる。

第５　結びに代えて

AIJの社長等が詐欺罪に問われた刑事事件の判決（東京地判平成25年12月18日）では，以下の事実が認定されている。

AIJは遅くとも平成15年夏頃からは実態の基準価格と異なる虚偽の基準価格を作成・公表していた。平成21年３月末には公表している資産総額が1,786億円であるのに対し，実態の資産総額は780億円となり，平成22年３月以降は，前者が2,000億円前後であるのに対し後者は約250億円であった。さらに，平成17年頃から，解約申入れのあったファンドを実態の基準価格によって解約すると，虚偽の基準価格の公表，運用の失敗が表沙汰になってしまうばかりか，解約申入れが殺到し，自らが支配している会社の存続が危ぶまれることを危惧して，公表基準価格で関係会社に買い取らせる（相対売買）を行うようになった。

かなり前の時点でリカバー不能の状態になっていたわけであり，なぜこうした不正を続けていたのかなど，事件全体に未だ不明な点も多い。かなり特殊な事件だという理解が多く，再発防止のために極端な規制強化をするという考えにはつながらなかったと言える。

事件後の対応では，被害者側の問題に立ち入ったことが一番大きかったと考える。この事件に限らず基金の中には財政状況が悪いがゆえに，ハイリスク投資に傾斜し，傷を拡大する例が多い。厚生労働省が総合型の基金の状況を正面から見据えて，痛みを伴う措置ではあるものの，解散促進の方策，解散命令の発動等の対応をとったことは大きい。今更言うまでもないが，年金制度は高齢社会を支える大きな柱である。将来の年金受給に対する不安が生じることは年金制度の否定につながりかねず，社会全体にとって誠に不幸なことである。今回の施策がどのような影響を及ぼしたかはもう少し時間の経過をみないと判明しないが,[20] 想定どおりの効果が得られ，我が国の年金制度がより安定したものとなっていくことを期待する次第である。

（ふくいおさむ　富山大学経済学部経営法学科教授）

20）厚生労働省の調査によると，平成26年度以降，287基金が解散，47基金が代行返上し，平成28年８月末では199基金が存続している。

第2章

民事信託（家族信託）の拡大に向けた考察

吉野　誠

はじめに

大正時代に制定された改正前の旧信託法および旧信託業法は規制色が強く信託会社規制法とでもいうべきものであった。長きにわたり旧信託業法に基づく信託会社は存在せず，金融機関の信託業務の兼営等に関する法律（いわゆる旧兼営法）に基づく信託銀行等のみが信託の担い手であったこともあり，わが国では「信託の担い手≒信託銀行」という時代が続き，逆に一般的な理解では「信託とは信託銀行が提供する，何かよく解らないけれど良いもの」であり，「信託」は「安心」「信頼」というイメージを形成してきた。

平成16年の信託業法改正では，信託業の担い手の拡大と，従来6種類に限定されていた信託財産の受託可能財産の拡大が行われ，平成18年の信託法改正では実務上のニーズを受けて，一定の方式に従い委託者自らが信託受託者となる自己信託（信託宣言，信託法第3条第3号）や，受益者指定権（信託法第89条），遺言代用信託（信託法第90条），後継ぎ遺贈型の受益者連続信託（信託法第91条）等に関する規定が新たに設けられ，信託をより自由度の高い制度と改善することとなったが，この信託法・信託業法の改正により信託の担い手が拡大し，いろいろなニーズに応える新たな担い手も登場する一方で，結果として悪質な業者も現れることとなった。[1)]

信託業法・兼営法に規制される商事信託であれば監督官庁の規制下にある

が，一方，信託法のみを根拠とする民事信託[2)]については，そのような規制下におかれていない。信託法は改正で任意法規化された規定も多く，そもそも信託に関する基本法であり規制を目的としていないことから，民事信託は全く個人の契約関係と信頼関係のみに頼るところであり，犯罪者が付け入る隙はあろうと考えるものである。

現在，極めて質・量ともに限定的に用いられている民事信託の拡大には受益者の保護を背景とした健全な制度作りが必要であると考え，信託の担い手の一人として，以下に受託者監督制度を中心として個人的な意見をまとめたものである。尚，意見にわたる部分に関しては私個人の見解であり，私の属する組織にはなんら関係ない。

第1　信託銀行の取り扱う個人向け商品の拡大と限界

信託法及び信託業法の改正後，信託銀行も色々な個人向けの商品を開発してきた。ここではその一部を簡単に紹介する。[3)]

1）一例として，ジャパン・デジタル・コンテンツ信託株式会社がある。金融庁は，平成21年9月15日，同社について信託業法第44条第1項の規定に基づき，同法第3条の免許の取消し処分を行った。純資産額が信託業法上の免許基準額を下回ったほか，受託者としての善管注意義務を果たしていないと判断。同社では横領，流用，未収といった問題が複数反復して発生し，度重なる法令違反行為を踏まえて発出された業務改善命令に対しても，改善の取組みは依然として不十分かつ不適切と判断された（金融庁ホームページ報道発表資料「ジャパン・デジタル・コンテンツ信託株式会社に対する行政処分について」http://www.fsa.go.jp/news/21/20090915-2.html）。

2）ここでは信託業法上の信託会社，専業信託銀行等の信託兼営金融機関等が受託者となる信託を商事信託といい，信託業法によらず個人の信頼関係から委託者の家族や関係者が受託者となる信託を民事信託という。民事信託のうち，委託者の家族が受託者となる信託を特に家族信託という。

3）平成28年10月1日現在，主に信託協会のパンフレット・ホームページ（http://www.shintaku-kyokai.or.jp/index.html）を参考に記載。従来 は改正以前より取り扱いのあった信託商品。拡大 は改正後に新たに取り扱いの開始された信託商品を指す。

1　税制上の特典を利用するための商品

①従来　特定障害者扶養信託（特定贈与信託）

障害者の生活の安定を図る目的で，親族や篤志家などが金銭，有価証券その他の財産を，特定贈与信託業務を取り扱っている信託銀行等に信託したときは，特別障害者（重度の心身障害者）については6,000万円，特別障害者以外の特定障害者については3,000万円を限度として贈与税を非課税にするという税制上の優遇措置「特定障害者に対する贈与税の非課税制度」（相続税法第21条の4）を利用することを目的とした商品。

②拡大　教育資金贈与信託

教育資金贈与信託は，祖父母等が委託者となって信託銀行等に金銭等を孫等への教育資金として信託した場合に，1,500万円（学校等以外の教育資金の支払いに充てられる場合には500万円）を限度として孫等にかかる贈与税が非課税になる信託をいい，平成25年の税制改正で設けられた制度である（非課税措置は平成31年3月31日までの間に信託されることが必要）。

③拡大　結婚・子育て支援信託

結婚・子育て支援信託は，孫等の結婚・子育て資金として祖父母等が委託者となって信託銀行等に金銭等を信託した場合に，1,000万円（結婚に際して支出する費用については300万円）を限度として孫等にかかる贈与税が非課税になる信託をいい，平成27年の税制改正で設けられた制度である（非課税措置は平成31年3月31日までの間に信託されることが必要）。

④拡大　暦年贈与サポート信託

年間110万円の贈与税の年間基礎控除額について，暦年課税制度の条件を満たして贈与することを目的とする信託。

2　受益者の保護を目的とした商品

①拡大　後見制度支援信託

後見制度支援信託は，成年被後見人の財産を保護し，将来にわたる生活の安定に資するため日常的な支払いをするのに必要な金銭以外を信託銀行等に信託する商品。信託金は家庭裁判所の指示書に基づき設定された特約によって，定期的に必要とされた一定額が成年被後見人に交付され，家庭裁判所の指示書に基づく場合に一時金が交付されるもの。

最高裁判所事務総局家庭局から信託の活用により多発している後見人による不正事例の防止ができないかとの提案が信託協会宛にあり，法務省民事局を含めた三者で勉強会を開催し，信託制度の機能を活用した「後見制度支援信託」のしくみを取りまとめたもの。

当初は不動産・有価証券も対象とした包括信託の検討を求められたが安価な管理費用との両立は難しく，不動産・有価証券等に比べて格段に不正利用の虞の高い金銭に限った商品とし，取扱い各社は管理費用を安く抑えることができた（平成28年10月現在，弊社では運用対象である合同運用指定金銭信託にかかる信託報酬を除き，特別の費用を請求していない。）。

②拡大　セキュリティ型信託　※弊社商品名

後見制度支援信託類似機能を持つ商品。一時金の交付に家庭裁判所の指示書の代わりに事前に指定された同意者の同意を要することで受益者の資産を守る機能がある（平成28年２月現在，弊社では運用対象である合同運用指定金銭信託にかかる信託報酬を除き，特別の費用を請求していない。）。

③従来　安心サポート信託　※弊社商品名

信託の受益者を本人とする（自益信託），もしくは本人以外とする（他益信託）ことにより，本人や家族等に対して委託者の意向に沿った形で信託財産を交付していく商品。受益者本人の申出のみでは解約できない仕組みを提供し，受益者の判断能力喪失後も安全に管理することを目的とする。

3　遺言代用信託

①拡大　家族思いやり信託（一時金型）（年金型）　※弊社商品名

遺言代用信託とは，本人の生存中は本人を受益者とし，死亡後は本人の子・配偶者などを受益者とすることによって，死亡後における財産の分配を信託によって行うもの。相続が発生したときに，葬儀費用や当面の生活費などの必要な資金を，予め指定された受取人が速やかに受け取ることができるような商品（一時金型）と，長期に亘って，顧客のニーズに合わせた金銭の支払いを行う商品（年金型）がある。

4　信託銀行の個人向け商品の限界

1～3まで紹介した個人向けの商品はいずれも信託銀行が得意とする金銭信託をベースとした商品である。

信託法改正により著作権等信託財産は拡大した。しかし，従来から信託可能な不動産・有価証券等を含め，金銭以外の財産については，信託銀行がプロフェッショナルとして求められるレベルの管理を行うために一定の体制が必要となるため，[4)]その費用をまかなうために信託財産の管理にある程度の規模が必要となる。加えて不動産であれば賃貸物件の入居者とのトラブル，物件への火災保険付保義務や万が一の場合の所有者責任問題等が考えうる為，信託銀行が個人向けに不動産管理を伴う信託を提供するのは困難となっている。[5)]

このような要因もあり，不動産を含めた個人資産を管理して欲しいというニーズの受け皿として，弁護士・司法書士等の新たな担い手が，これまで信託銀行が提示できなかった魅力ある民事信託スキームを提示し始めている。

そして財産を管理してほしいニーズのある高齢者（委託者）やその家族である将来の受託者の注目を集め，メリットに注目する不動産関連業者も登場し，民事信託に注目が集まっているものと考えられる。

4）信託法第29条第２項に規定される受託者の注意義務の基準となる「善良な管理者の注意」とは，その職業や地位にある者として通常要求される注意を意味し，受託者が専門家である場合には，専門家として通常要求される程度の注意をもって，信託事務を処理しなければならない（寺本振透『解説　新信託法』（弘文堂，2007）64頁）ことから，信託銀行には高いレベルの注意義務が課せられる。

5）新井誠編『信託法［第４版］』（有斐閣，2015）492頁

第2　民事信託（家族信託・個人信託）

1　個人の財産管理制度としての信託の特徴

⑴　財産管理制度としての信託

一般的に信託とは，委託者が受託者に対し財産を譲渡し（財産管理を目的として受託者名義にする。），受託者が信託目的に従い財産の管理又は処分及びその他の当該目的の達成のために必要な行為をすることである（信託法第２条１項）。

信託財産の名義を受託者に移すため委任，代理，寄託等の他の財産管理制度より財産の管理・処分が容易になるとされる[6]一方，信託目的外の行為をしないよう受託者を牽制することが必要となる。このため信託法は委託者・受益者の権利，信託受託者の義務，[7] 受託者監督制度等を規定し受託者を厳格に規制する。

また，委託者が設定した信託目的は委託者の意思能力喪失，委託者の死亡に拘わらず持続する（意思凍結機能）。[8]

⑵　受託者監督制度

受益者を保護するため，新信託法は受託者を牽制する受託者監督制度を充実させた。

旧信託法では公益信託等受益者不存在の場合に受益者が有する信託法上の一切の権利を行使する権限を有する信託管理人（信託法第123条）のみを設け

6）例えば，代理人が本人の所有する財産を管理処分しようとする場合，取引の相手方は，無権代理や権限濫用等の可能性を考え，代理人との取引に応じなかったり本人の意思を確認する手間をかける。一方信託では，そもそも信託財産は受託者名義であり受託者は信託財産に関し排他的な権限を有する。

7）主な信託受託者の義務：善管注意義務（信託法第29条第１項），第三者の選任・監督義務（信託法第35条），忠実義務（信託法第30条（忠実義務），第31条（利益相反行為の制限），第32条（競合行為の禁止）），公平義務（信託法第33条），分別管理義務（信託法第34条），帳簿作成報告義務（信託法第36条（報告），第37条（作成・保存），第38条（閲覧））

8）新井・前掲注５）488頁

ていた。しかし，受益者が存在する場合にも，その保護を目的とする受託者監督制度の必要性が指摘され，受益者が存在する場合の受託者監督制度を設けたのである。

ひとつは信託監督人である（信託法第131条）。高齢者・障害者の財産管理を目的とする信託の場合，受益者が受託者を監視・監督することが困難であることから設けられたものである。信託監督人は自己の名を持って受託者の監督のための権利のみを行使する権限を有する。

もうひとつが受益者代理人（信託法第138条）である。投資信託等の投資スキームにおいては受益者が多数あるいは頻繁に変動することから，スキームの組成当初に受益者の立場を守る受益者代理人を設定し，受益者が有する信託法上の一切の権利を行使させる一方，個々の受益者は単なる投資ビークルとして信託を利用するものだから個々の受益者の信託法上の監督権限を喪失させる制度である（受益者は信託法第92条各号に掲げる権利及び信託行為において定めた権利を除き，一切の権限を喪失）。[9)]

尚，上記受託者監督制度は，いずれも権限行使に当たっては善良な管理者の注意義務を負い，誠実かつ公平に権限を行使する義務がある。

9）民事信託の受託者用普通預金口座（いわゆる信託口口座）の開設に応じる条件の一つとして，民事信託に当該金融機関指定の受益者代理人の指定を求める金融機関があるとされる。個々人間の信頼を基にする民事信託に当該金融機関が指定する者を強制的に関与させること，また，信託監督人ではなく受益者代理人とすることで，信託法第92条各号に掲げる権利及び信託行為において定めた権利を除き，受益者が有する信託法上の一切の権限を喪失させ当該権限を当該金融機関が指定する者に移させることは，普通預金口座を提供するだけである金融機関の求めることとしていかにも過大であろう。そして受益者代理人が権限を逸脱せず，また，信託法第140条の義務を果たしているか，について当該金融機関が責任を持つのだろうか。

私見では民事信託において当該金融機関指定の受益者代理人の指定を求めることは問題が少なくないように思われる。

【受託者監督制度の比較】

受託者監督制度	信託管理人 信託法第123条	信託監督人 信託法第131条	受益者代理人 信託法138条
受益者の存否	不存在	存在	存在
受益者の属性		受託者を監視・監督することが困難な受益者	受益者が多数あるいは頻繁に変動
選任の申立権者	利害関係人	利害関係人	なし
裁判所の選任権	あり	あり	なし
権限	自己の名を持って行使 受益者が有する信託法上の一切の権利を行使する権限を有する	自己の名を持って行使 受託者の監督のための権利のみを行使する権限を有する	代理行為 受益者が有する信託法上の一切の権利を行使する権限を有する（一部例外あり）
受益者の権限	本人不存在	受益者自らが行使することが可能	信託法第92条各号に掲げる権利及び信託行為において定めた権利を除き，一切の権限を喪失

出典：新井・前掲注5）247頁の図を参考に筆者が作成。

2　高齢者・障害者の財産管理を目的とする民事信託

信託は，高齢者・障害者の財産管理に適しているといわれる。信託は委託者の意思能力喪失，委託者の死亡に拘わらず持続し，委託者（受益者）に代わって受託者が委託者の設定した信託目的に従い管理し続けるからである。[10)]

また，成年後見制度等の法定後見が精神上の障害によって判断能力が低下してからでなければ使えない，判断能力の低下のない身体障害者の場合も利

10）家族信託の実態把握と課題整理に関する研究会「家族信託の現状と課題」（公益財団法人トラスト未来フォーラム，2016）2頁

用できないのとは異なり，信託は本人の判断能力の有無にかかわらず利用できる。成年後見は契約等の法律行為のみを目的とするが信託は信託財産に関する限り事実行為を行い財産管理を行うことが出来る。

一方，高齢者・障害者（受益者）の財産管理を目的とする民事信託であっても，財産管理の対象は受益者の財産のうち当該信託財産に関する範囲に限られる。そして前述の信託監督人は，高齢者・障害者の財産のうち当該信託財産に関する範囲，それも信託受託者を監督する機能に限定されるため，信託財産に属しない財産の管理，身上監護に関しては権限の範囲外となる。

また，信託受託者は契約行為で受益者を代理することは出来ず，厚生労働省の新ゴールドプラン（ゴールドプラン21）により，「措置制度」から「契約制度」へ変わり，介護保険制度の利用等も契約による。施設の入居契約等も契約によることから受益者の判断能力の低下時には成年後見人等の関与が必要であり法定後見制度（または任意後見制度）の利用が不可欠となる。

厚生労働省は，平成24年の全国の65歳以上の高齢者について，認知症有病率推定値15％，認知症有病者数約462万人[11]（内，「日常生活自立度」Ⅱ以上の認知症高齢者は305万人[12]）と推計しているが，成年後見制度の利用者は16万6,000人[13]にとどまっている。

このように法定後見制度の対象に該当するが制度を利用していない認知症高齢者も相当程度存在することが推定されるため，受益者の判断能力低下時に必ずしも法定後見制度が利用されるとは限られない。

ついては，①成年後見制度を併用しない場合，[14] ②成年後見制度と民事信託を併用する場合，に分けて整理を試みたい。

11）出典：厚生労働省「都市部における認知症有病率と認知症の生活機能障害への対応」（H25.5報告）

12）出典：厚生労働省及び『「認知症高齢者の日常生活自立度」Ⅱ以上の高齢者数について』（H24.8公表）

13）出典：最高裁判所「成年後見制度の最近の動き～後見制度支援信託を中心に～」

14）法定後見制度の大宗が成年後見であり，ここでは成年後見制度に絞って論じたい。

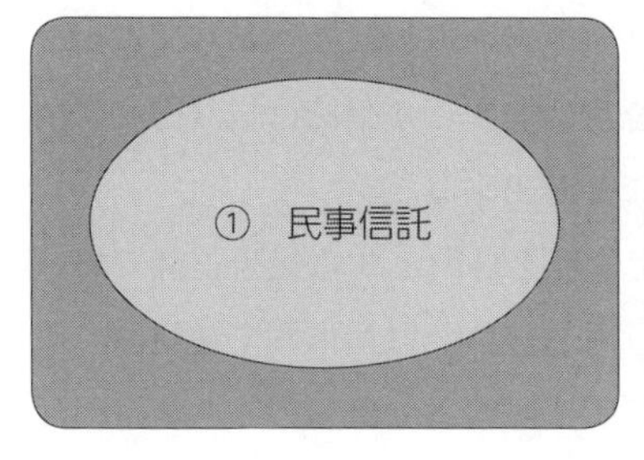

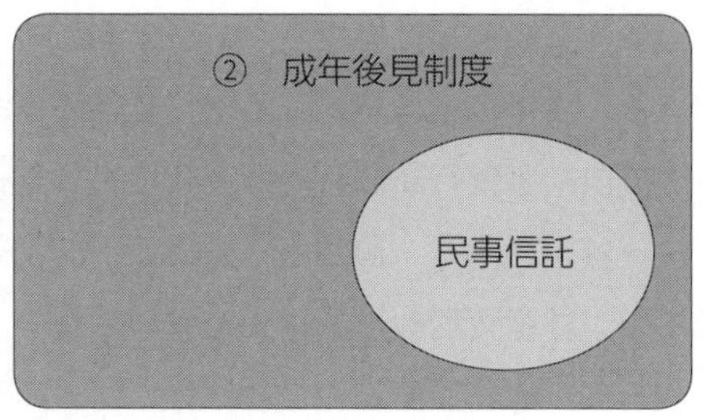

3　成年後見制度を併用しない民事信託

まず，①成年後見制度を併用しない場合について検討したい。

民事信託では多くの場合，受益者の家族が受託者となる自益信託型が利用されている。所有する土地に賃貸不動産を建てる事業に際して土地所有者の高齢化に伴う健康状態の悪化，意思能力喪失が原因で事業を途中で断念するケースも少なくないために，民事信託を用いて所有者が委託者に，長男など後継（予定）者が受託者となり事業を行うケース，高齢者・障害者保護を目的として家族が受託者となる自益信託型の民事信託のケースが主である。

受益者の高齢化に伴う，将来の健康状態の悪化，意思能力喪失を念頭にするならば，どの時点で信託監督人を選任すべきか，という論点がある。

次頁の表は，信託監督人の選任のイメージである。いささか乱暴ではあるが比較として成年後見・任意後見を並べている。

信託監督人は「受託者を監視・監督することが困難な受益者」を前提としているが，信託監督人を選任しても受益者は自ら権利を行使できることから受益者の判断能力喪失前であっても選任による弊害は少ないと思われる（民事信託②のケース）。任意後見制度との比較で考えれば受益者の判断能力喪失を停止条件として信託監督人の効力を発生する方法が望ましいのではないか（民事信託③のケース）と思われる。

本人の判断能力	正常	不十分	喪失
民事信託ケース①	なし	なし	なし
民事信託ケース②	信託監督人	信託監督人	信託監督人
民事信託ケース③	なし	なし	停止条件で信託監督人の効力発生
成年後見	なし	なし	成年後見人選任
任意後見	任意代理契約による任意代理人	任意代理契約による任意代理人	任意後見人（任意後見監督人選任により任意後見契約が発効）

さて，信託監督人を設けるかは任意であるが，受託者を監視・監督することが困難な受益者の財産管理を行う際に，信託監督人の選任が無ければ受益者に代わって受託者を監視・監督するものは存在しない。

裁判所の監督下にある成年後見制度でさえも親族・専門家による横領が後を絶たず後見制度支援信託の導入の契機となっている。[15] 本人の意思能力喪失時に任意後見への移行を前提とした任意代理契約を，帳簿作成義務・任意後見監督人による牽制を嫌い意思能力喪失後も任意後見監督人を選任せず継続するケースが散見される。

このことに照らしてみれば，親族等が受託者となって信託監督人を設けない民事信託を使い受益者の財産を意のままに使ってしまうリスクがある。民事信託をそのように利用することを考える者が現れないとは言えない。現在の制度では，そのような信託受託者が現れても成年後見制度のような後見監督人や家庭裁判所への報告義務（民法第863条）さえもなく，第三者による発見は困難であって，悪用される懸念は相当程度あると考える。

15）平成26年1月から12月までの1年間に，不正が発覚し，対応を終えたということで全国の家庭裁判所から最高裁判所が報告を受けた成年後見人等の不正件数は831件，被害総額は約56億7,000万円。そのうち，22件，5億6,000万円は弁護士等の専門職によるものである（第190回国会内閣委員会第8号（平成28年3月23日）最高裁判所事務総局家庭局長による答弁）。

さらに，信託監督人を選任する場合について，将来の受託者の依頼を受けた弁護士・司法書士等が信託スキームを組成し，当該弁護士・司法書士が民事信託の信託監督人となるケースが多いことを鑑みれば，裁判所の積極的な関与のない制度でもあり，信託監督人が受託者と近しい立場であったら有効な牽制機能となりうるかも課題となろう。

4　信託監督人の設置義務化，牽制機能の確保

上記のとおり民事信託のみを利用する場合においては信託監督人設置の義務化と信託監督人による牽制機能の確保が課題となる。

任意後見制度では任意後見監督人の選任をもって任意後見制度を開始する仕組みとしている（任意後見契約に関する法律第2条第1号）。任意後見契約は法務省令で定める様式の公正証書で作成され，公証人によって後見登記される（公証人法第57条の3第1項）。

これにならい民事信託の多くが公正証書で作成されている[16)]と思われることから，高齢者・障害者保護を目的とした民事信託については公正証書での作成を義務化し，公正証書作成時には任意後見の登記同様に公証人が登記し，たとえば高齢化による意思能力の減退をもって信託監督人の設置を義務化するという制度を設けることも考えられよう。

5　成年後見制度を併用する民事信託

さて，②成年後見制度を併用する場合について検討したい。

成年後見人は被後見人の財産を管理し，かつ，その財産に関する法律行為について被後見人を代表する（民法第859条第1項）。そして民事信託は成年被後見人である受益者の財産のひとつとして成年後見人の管理対象となる。信託監督人の選任が無くとも受益者に代わり成年後見人が信託受託者を管理・監督することとなるため，前記3の成年後見制度を併用しない場合に記

16）信託契約の締結方法としては，事後的に信託契有効性について争われるリスクをできる限り回避する趣旨で公正証書を利用する例が多いとする（前掲注10）7頁）。

載した信託監督人にかかる信託受託者の牽制にかかる論点は概ね解消される。[17]

一方，成年後見監督人が選任された場合には，当該民事信託に関し成年後見人がどのように関与すべきか，あるいは成年後見人の影響を避けるために民事信託をどのように設計すべきか，という論点が生まれる。

成年後見人は，成年被後見人の生活，療養看護及び財産の管理に関する事務を行うが（民法第858条），財産の管理に関しては，財産の保全，財産の変質を変じない範囲での利用，改良を目的とするいっさいの事実上および法律上の行為をいい，それに必要な範囲での処分行為も含むとされる[18]が，家庭裁判所の運用上は成年後見人が被後見人の財産を投資信託等に積極投資することは容認されていない。一方，被後見人の保有する投資信託等の売却・解約換金に関しては容認されている（弁護士会研修資料平成12年）とされる。

民事信託のなかには受益者の判断能力喪失後も，受託者が受益者に代わって投資運用し続けることを目的としたものがあるようだが（そのような目的での利用を呼びかける業者の開設したHPが散見される。），当該受益者に成年後見人が選任された場合には投資運用を目的とした民事信託は，被後見人の保有する投資信託等同様に換金される可能性が生じるものと思われる。

また，所有する土地に賃貸不動産を建てる事業に際して，将来，不動産の所有者に成年後見人が選任されることを想定し，所有者が委託者に，長男など後継（予定）者が受託者となり民事信託として事業を行うケースであっても同様であり，成年被後見人の本人の「心身の状態及び生活の状況に配慮しなければならない」（民法第858条）親族以外の第三者である成年後見人[19]が

17）但し，成年後見制度等の法定後見が精神上の障害によって判断能力が低下してからでなければ使えないことから，高齢者・障害者保護を目的とした民事信託は成年後見開始前に組成するのであって，信託監督人を設けなければならないことは変わらない。

18）中川淳ほか『新版注釈民法㉕（改訂版）』（有斐閣，2004）131頁

19）成年後見人の選任に際し，全体の約70.1％で親族以外の第三者が成年後見人等に選任されている（最高裁判所事務総局家庭局「成年後見関係事件の概況（平成27年１月～12月）」）。

成年被後見人の意思を理解せず換金される可能性は生じる。

これに対する対策としては，ひとつには民事信託への受益者自身の解約・終了に関する権限の制限がある。信託設定当初から，あるいは，受益者への成年後見人選任を停止条件として民事信託の終了権限を喪失させることで，「被後見人の財産を管理し，かつ，その財産に関する法律行為について被後見人を代表する」成年後見人も信託を終了させることが出来ないことになる。

6　民事信託の更なる拡大に向けて

(1)　金融機関の理解

民事信託でも受託者名義の預金口座が必要となる。例えば信託財産中に賃貸不動産があれば，受託者名義の預金口座で信託財産であるアパート入居者からの賃料を受け入れたいニーズがある。しかし，現在多くの大手金融機関では預金口座開設に応じていない。[20)]

更に借入の残っている賃貸不動産を信託し受託者に管理させたいニーズがあった場合に，一部を除き現在借り入れている金融機関の理解を得ることは難しい。[21)] また，借入金融機関に非公表で委託者兼受益者が債務の返済を継続する事例もあるようだが，当該金融機関の理解を得ず信託設定すれば，委託者が差し入れている抵当権設定契約書においては抵当不動産に関する譲渡禁止の文言があり，信託設定に伴う信託譲渡であっても「譲渡禁止」の例外とはいえず抵当権設定契約に抵触することになる。

民事信託は黎明期であり民事信託受託者との取引固有の法的リスク・論点を十分に整理できていないものと考えられる[22)]が，民事信託の拡大にはこ

---

20) 平成28年10月現在，弊社では一定額以上の取引が見込める場合に「(委託者名) 信託受託者（受託者名）」という受託者名義の預金口座を提供している。また，口座名義については「受託者（受託者名）信託口」としている金融機関もある（遠藤英嗣ほか『民事信託実務ハンドブック』(日本法令，2016) 274頁)。

21) 遠藤ほか・前掲注20) 253頁では受託者による債務引き受けや受託者による借入等が詳細に検討されている。

22) 前掲注10) 7頁

うした取引金融機関の理解が重要となる。

⑵　信託契約ひな型の提供

現在，民事信託の信託契約組成にあたってはオーダーメードで信託契約を作成することになるため，弁護士・司法書士が契約書作成に要する時間を考えれば数百万円単位の報酬が必要になると思われる。

しかしながら，個人向けの民事信託では必要とされるニーズは限定的であることから，特殊なケースを除き（米国で一般的な）民事信託契約を業者がひな形書式で提供し，個人の受託者が自ら契約書を作成するようなスキームも求められるものと考える。

そのような一般化を行う際には質量共に信託の担い手の甚だしい拡大が起こると考えられ，好ましからざる信託の担い手の参入も想定される。

そして，より一層上記信託監督人の機能が重要となるため，今後本格的な制度検討が必要になると考える。

（よしのまこと　三井住友信託銀行株式会社吉祥寺支店次長）

第3章

家族信託の発展と金融機関の対応について

吉原　毅

はじめに

厚生労働省の調査によると，2014年の日本人の平均寿命は男女ともに過去最高を更新し，世界有数の長寿国となっている。また，内閣府の報告によると，2013年10月現在で，65歳以上の高齢者が総人口に占める割合も25.1％と過去最高となり，2060年には国民の約2.5人に１人が65歳以上の高齢者となる超高齢社会が到来すると予想されている。

こうした中で，高齢者の財産を守る成年後見制度が注目されているが，金融機関の立場から見ると，後見人の多くは財産管理の経験が乏しく，しかも個人で仕事をしており，牽制体制が整備されていない。これでは横領や背任などの問題が多発するのは当然とさえ思われる。

このため，成年後見業務の健全な発達のためには，財産管理のプロである金融機関のノウハウを用いて，個人ではなく組織で仕事をする法人を設立するとともに，長年にわたり誠実に仕事に取組み，地域から信頼を得てきた信用金庫のOB・OGが，その実務を担うことが不可欠である。こうした観点から，品川区内に営業店を持つ５つの信用金庫（さわやか信用金庫，芝信用金庫，目黒信用金庫，湘南信用金庫，城南信用金庫）が一致協力し，成年後見事業に多大な実績のある「品川区社会福祉協議会」の協力を得て，平成27年１月21日に，「我が国初の金融機関による成年後見事業法人」である「一般社団法人しんきん成年後見サポート」を設立した。

設立後一年が経過したが，全国各地の信金から地元でも成年後見法人を設立したいという問い合わせや見学が相次いでおり，今後は信金などの地域金融機関が地域の成年後見を担っていくことが主流となることが予想される。

これまで10件以上の後見業務を受託したが，その経験の中で，成年後見業務だけでは，高齢者の様々な問題を解決することはできず，「遺言業務」や「家族信託」を組み合わせることが不可欠であることに気づいた。その中でも，「家族信託」は，これまでにない様々な機能を持ち，社会にとっても，金融機関にとっても極めて重要な分野であり，今後大きく発展する可能性が高いと思われる。

しかしながら，金融界においては，「家族信託」はまだ十分に理解が得られておらず，受け入れ体制ができていない。例えば，現状では，弁護士などが実際に「家族信託」を行うために，金融機関に預金口座開設を申し入れても，大半の金融機関では，取扱いを拒否されると聞く。

また，仮に口座開設に応じても，後述するように，信託法についての理解不足から，金融機関が「受託者死亡時等における後継受託者への名義変更」や「信託終了時における帰属権者へ支払」をしないなど，「家族信託」の預金として機能しない恐れがある。

肝心の金融機関がこのままでは，今後の「家族信託」の健全かつ着実な発展が阻害されてしまうことが懸念される。

また，「家族信託」を活用すれば，あらゆる金融機関が，直ちに，利便性の高い新商品や新サービスを取り扱えるのに，それが理解され，活用されていないことは，誠に残念である。

このため，本稿では，「家族信託」に特有な取引規定や事務処理のポイント，そして，どの金融機関でもすぐに取扱いができる，「家族信託」を活用した，お客様に役立つ利便性の高い新商品やサービスについて紹介したい。

第１　家族信託とは

信託とは，財産管理手法の一つで，「財産を持っている人（委託者）が，遺言または契約によって，自分が信頼する人（受託者）に財産を託して，定められた目的に従って財産を管理・処分してもらい，財産から得られる利益を定められた人（受益者）へ渡す」契約である。この信託は，大きく「商事信託」と「民事信託」に分類されるが，もともと信託とは，前者の「商事信託」と呼ばれる信託報酬を得るためのものが主流であり，信託業法の制約のもと，信託会社や信託銀行によって行われてきた。

このため，信託というと，信託会社や信託銀行しか取り扱えないと勘違いしている人が少なくないが，平成18年の信託法改正により，信託業法の制限を受けずに，「営利目的でない信託」を取り扱うことができるようになり，受託者は，信託業免許を持たない法人や個人など，誰でもがなれるように変更された。

これにより注目を浴びるようになったのが「民事信託」であり，その中でも「家族信託」が注目されている。この家族信託とは「家族のための民事信託」であり，家族の財産を，所有者の意向に沿って，家族が受託者となり，家族のために財産を管理・承継する仕組のことであり，現在，弁護士等によるセミナーなどが活発に開催されている。

さらに，信託銀行では，一般個人や中小企業に対しては，金銭信託だけしか取り扱っておらず，自宅や賃貸建物などの不動産の信託業務は行っていないが，これでは，家族の福祉や資産承継のために信託を利用することはできない。その意味でも，この「家族信託」はたいへん重要な役割を担っていると言える。

第２　家族信託の活用事例

（ケース１）心身に障がいのある子供がいる場合

○問題点：Ａさんには，妻との間に心身に障がいのある息子が一人いる。Ａさんは，自分と妻が亡くなった後の一人息子の生活保障が心配である。また，息子は障がいがあるために遺言書を書く能力はない。Ａさんは，私，妻，息子がすべて亡くなった後に残った資産があれば，それを息子がお世話になった社会福祉法人に寄付したいと考えている。

○解決策：Ａさんは，今のうちから息子の後見人として信頼できる人を探し，法定後見人選任申立てをする。次に，Ａさんは，信頼できる親戚の人（受託者）との間で信託契約を結ぶ。その内容は，当初は委託者＝受益者とするが，Ａさんの死後，第二次受益者を妻にし，受託者が妻の生活を支える。さらに，妻の死後は，第三次受益者を息子にして，息子の生活・療養に必要な資金は，受託者から息子の後見人に必要に応じて給付する形をとる。また，息子の死亡により信託が終了するように定め，信託の残余財産の帰属先を息子が世話になった社会福祉法人などに指定する。こうすることで，妻及び息子が生存中に使いきれずに残った財産は，最終的に国庫に没収されることなく，Ａさんが希望する施設などに譲ることができる。

（ケース２）事業承継で次男に保有株を集中したい

○問題点：創業者である代表取締役は，自社株を100％保有するオーナー社長である。子供は，長男，次男，長女の３人だが，後継者には，会社に入っている専務取締役の次男を考えており，自社株を次男に贈与しておき，円滑な事業承継を図りたいと考えている。ただし，まだ引退するつもりはないので，代表権も経営権も当分は，自分の手元に残しておきたいという希望がある。

○解決策：代表取締役は，公正証書による書面で会社の株式すべてを信託財産とする自己信託を設定する。その内容は，受託者を代表取締役自身（委託者＝受託者)，受益者を次男とする。代表取締役は，受託者として引き続き会社の議決権を行使できるので，実質的に会社の経営権を残したまま，株式を後継者である次男に贈与しておくことができる。代表取締役の死亡により信託は終了するように定め，その際には，次男を信託財産である株式の帰属者とし次男は確実に会社の株式を取得し，議決権を行使できる。

(ケース３) 主人が亡くなった時にすぐに預金を下ろしたい

○問題点：金融機関では，預金者が死亡した時に口座を凍結し，遺産分割がすむまで払い戻しを行わない。このために，「ずっと安心信託」など，信託銀行の遺言代用信託が評判になっている。これと同じ商品を信託銀行ではない一般の金融機関でも取り扱えるようにしたい。

○解決策：「死因贈与契約」を取り交わすことにより，死亡時に預金を即時贈与する方法と，後述する「遺言代用・家族信託預金」により，あらかじめ家族名義にしておく方法がある。

(ケース４) 更地を保有しており，将来，相続対策のための賃貸ビルを建築したいが，自分が認知症になったら不可能になる

○問題点：認知症になると金融機関からの借り入れができなくなる。「成年後見制度」を利用しても，新たな借り入れは認められない。また現在は認知症でなくても，工事を開始して，竣工までの間に，認知症になり意思判断能力を喪失すると，最終的に建物が完成した際の建物の引渡しや建物の登記，あるいは金融機関からの融資に支障が出て，建築中あるいは竣工後の手続が中断する危険性がある。

○解決策：認知症になる前に，更地を信託財産とする家族信託を設定しておく。具体的には，委託者と受益者を本人，受託者を息子とする。この結果，本人が認知症になっても，建築の請負契約や金融機関からの借り入れの申込は，受託者である息子が行える。また，建物が完成するまでに，本人が認知症になっても，新築建物は信託財産として受託者の名義で登記をし，

受託者が金融機関から融資を受ける。しかし，受益者は本人なので，その不動産からの家賃収入，借入利息などの経費の支払の結果である事業利益にかかる税金は，すべて受益者である本人が税金を負担することになる。息子である受託者は，契約の遂行と物件の管理，税務申告などを行うことになる。

第３　成年後見，家族信託，遺言の３点セット

高齢化社会において重要とされる財産管理や資産承継の手段としては，「成年後見制度」「遺言」「家族信託」の３つがある。

まず「成年後見制度」は，物事を判断する能力が十分でない方について，本人の権利を守る援助者（後見人）を選ぶことで，本人を法律的に支援する制度である。

ただし，この「成年後見制度」では，原則として，財産を本人のためにしか使えない。後見人は，本人の財産を親族などに贈与したり，貸付けをしたりすることは認められていない。つまり，家族が財産を使うことはできない制度なのである。本制度が，本人の財産を保全することを目的としている以上，それは当然であるといえる。

しかし，現実には，本人の希望として，自分の預金を家族に対して必要に応じて適切に提供し，家族全員が安心してゆとりある生活を営んでいきたいという場合もある。本人が元気なうちは，そうした意向に沿って自分の財産を適宜管理できるが，後見人がついた場合は，それが不可能になってしまうという問題がある。

また，法定後見の場合，後述するように，後見制度支援信託に金融資産の大半が移行され，家庭裁判所の直轄管理になってしまい，ますます資金の払い戻しが困難になってしまう。

そこで，これらの問題を解決するためには，後述するように「家族信託」を用いて，「家族の財布」をつくることが必要になるのである。

次に，「遺言」は，相続財産をどのように分配するかを指示しておくことができ，自分が希望する相手に財産を渡すことができる制度である。

しかし，「成年後見制度」を利用した場合，後見人が，預金や不動産を管理運用する結果，金融資産の種類や預入先が変更になったり，不動産が売却されたりする可能性がある。従って，「遺言」の記述において「賃貸不動産○○と△△銀行の定期預金（口座番号□□）をA子に相続する」という記述をした場合に，その「遺言」が無効になることに注意することが必要である。

さらに，前述した「後見制度支援信託」に移された資金は，信託財産となり，遺言の対象から外れるため，本人の遺言書が無効になってしまい，帰属者が明記されていないと，誰も資産を承継できなくなる可能性があるという重大な問題も指摘されている。

つまり，「成年後見制度」を利用する場合，「遺言」は資産承継手段としては，決して万全な制度ではないのであり，「家族信託」による資産承継を考慮することが必要となる。

余談であるが，「遺言」は，本人の死亡と同時に一括で遺産を渡して終了となってしまう。つまり，遺言による資産承継は，一代のみであり，自分の死後に発生した，次世代の相続については，財産を承継する人を指定することは出来ない。このため，名門の資産家の「財産の分散を防ぎ，代々本家を守りたい」という意向や，会社経営者の「株式の分散を防ぎたい」という意向は実現できない。

これに比べて，「家族信託」では，信託契約で定めておけば，自分の死後，当初受益権を承継した人が死亡した時を予想して，二次，三次と受益権を承継させる人を指定することができる。

なお，受益権の一次承継においては，通常の相続と同じように，法定相続人に対する遺留分を考慮することが必要だが，二次，三次と受益権を承継させる場合には，相続のような遺留分という概念がないため，昔の長子相続制度のように，財産を分散させることなく，代々継承させていくことが可能になり，最近は，こうした観点から「家族信託」による資産承継に関心を寄せる人が増えていると言われている。

以上，今や「成年後見制度」「遺言」だけでは，財産管理と資産承継は困難であることが明らかになった。そこで，①財産の一部を「家族のためのお財布」とするために「家族信託」で管理するとともに，将来の資産承継手段としても活用する，②残りの財産を「自分のためのお財布」として「任意後見制度」を利用して管理する，③「自分のためのお財布」の中から，遺留分などを「遺言」を利用して相続させ，遺族間の相続トラブルの発生を未然に防止する，という３点セットが，高齢者の財産管理と資産承継の最善の方法であると考えられる。

第４　「後見制度支援信託」の弊害

後見人による高齢者の財産の使い込みや横領などの不正行為は，毎年数多く発覚している。最高裁判所の調べによると，平成23年から平成24年の２年間で，900件以上，被害総額は80億円を超えているとのことである。

そこで，家庭裁判所では，後見人に対して，本人の財産の大半を「後見制度支援信託」に信託することを奨励している。「後見制度支援信託」とは，本人が日常生活で使用する少額分を除いた大半のお金を信託銀行等に信託することである。これにより，後見人による本人の財産の横領を防ぐことが可能であるが，その反面，信託財産を払い戻したり，信託契約を解約したりするためには，家庭裁判所に申請し，その許可を得た上で，家庭裁判所の指示書を取得することが必要となる。つまり，本人の財産が，家庭裁判所の厳しい管理下に置かれることになるわけである。

現在，この「後見制度支援信託」への資金流出が年を追って急増しており，ついに昨年は1,000億円以上もの巨額の預金が信託銀行に流れた。

しかし，この結果，高齢者にとっては，これまで親しく取引してきた地元金融機関との縁を断たれてしまい，本人と家族の実情や，過去の経緯を知らない，縁もゆかりもない遠隔地の信託銀行と取引を強制され，とても不自由な思いをさせてしまうなど，大きな問題となっている。

また，地方の金融機関にとっても，大量の資金が信託銀行に移ることになり，地方から中央の都市部に地域の大切な資金が吸い上げられてしまうため，地方経済にも打撃を与えかねない。

さらに，高齢者が保有していた預金は，実際には，同居する配偶者や家族の生活の原資であることが少なくない。前述したように，本人が元気であれば，家族全員が安心してゆとりある生活をおくるために使用するはずであった預金が，後見人がついた途端に，本人の意向が無視され，大半の預金が信託銀行に吸い上げられ，しかも，家庭裁判所の直轄管理になってしまうのである。これでは，同居している家族の生活を困窮させかねない。

第５　「家族信託」で「家族の財布」をつくる

そこで，こうした事態を防ぐためには，後見が開始される前に，「家族信託」を用いて，「家族のための財布」をつくり，個人預金とは別管理にしておくことが必要である。

例えば，高齢である本人とその子との間で信託契約を締結し，本人は自分の預金を子に信託し，子は親から信託された預金を自分の名義で管理する。つまり本人が委託者，子が受託者である。そして金融機関としては，本人名義の預金を，子名義の預金に変更することになる。いいかえれば，受託者名義の預金を作成するわけである。

これは「信託契約」にもとづく名義変更であり，「贈与」でも「借名預金」でもない。贈与と認定されないために，当初受益者を委託者と同一する。同居親族も受益者にするが，扶養義務の範囲内で受益権を有することとしないと贈与税を課せられることに注意すべきである。

第６　後見人と受託者が同一の場合でも大丈夫か？

さて，この場合，後見人が受託者を兼ねることも想定される。例えば長男が後見人であって，かつ家族契約の受託人であることはあり得ることである。その場合に，家庭裁判所が，後見人である長男に対して，「信託財産」を「後見制度支援信託」に移すように指示したら，長男はそれに従わざるを得ないのだろうか。

結論から言うと，その指示に従う必要はないと考えられる。なぜなら，成年後見制度とは，本人の固有財産を管理するための制度であり，信託財産という「誰のものでもない財産」は対象外であるからである。従って，家庭裁判所は，信託財産の受託者としての長男に対して，信託財産の管理について指示する法的根拠はないのである。また，長男は本人が有する受益権に対して後見人としての法的権限は有するが，受益者には，信託財産を管理する権限はない。家庭裁判所は，後見人としての長男に指示することはできるが，信託受託者としての長男に指示する権限はないのである。

それでも仮に「後見人と信託受託者は実際には同一人なのだから，家族信託の財産を後見制度支援信託に移せ」と家庭裁判所が指示したとしても，受託者は，家族信託の契約内容で定められた権限しか持っていないので，必ずしもそれに従えない。例えば，信託契約に，信託財産の運用方法が記載されており，そこに預託金融機関名が特定されていれば，受託者が，信託財産を「後見制度支援信託」に移すことは不可能である。

第７　後見制度支援・家族信託預金

そもそも，この「後見制度支援信託」が生まれた理由は，後見人の使い込みや横領を防ぐためであるといわれるが，「なぜ信託銀行しか取り扱えないのか」と考えると，大いに疑問がある。かつて最高裁判所が「後見制度支援の金融商品」の取り扱いを金融界に求めた時に，信託業界しか手が上がらなかったためであるそうであるが，それはその他の業界の当該担当者が金融実務を知らなかったためであろう。実は，後見人による使い込みや横領を防ぐためなら，信託銀行でなくとも，一般の金融機関の全店舗において同じ目的は十分達成可能なのである。

具体的には，例えば「家族信託」を用いればよい。後見人が信託契約の受託者，被後見人が受益者，そして家庭裁判所が信託監督人となる「家族信託」契約を締結し，金融機関に受託者名義で「家族信託預金」を預ければよいのである。

この預金を引き出す際には，「後見制度支援信託」と同じように，家庭裁判所の指示書がなくては引き出せないこととすれば，後見人が勝手に預金を引き出すことは不可能になる。いわば，この商品は「後見制度支援・家族信託預金」である。しかも，この商品は，信託業務の認可がなくても，全国すべての金融機関が全店舗で，今すぐに取り扱うことが可能なのである。

これを用いれば，高齢者は，これまで通り，近隣の金融機関を便利に利用することが可能である。また地方の金融機関にとっても，大切な預金が，中央の信託銀行に流出することがなくなるため，地方経済の衰退を防ぐことができる。裁判所や日弁連には，従来の「後見制度支援信託」に変えて，この「後見制度支援・家族信託預金」を活用するよう，制度改正を真剣に検討していただきたい。またそのためにも，このような「福祉目的で無報酬の民事信託」に限定して，受託者を信託業法の適用除外としてもらいたい。つまり弁護士や法人が受託者となれれば，民事信託は大いに発展するはずである。この「民事信託預金」は家庭裁判所の指示書が無ければ預金の払戻しをしないとする金融機関の特約があるので，信託銀行でなくても十分に厳格な資金管理が可能になり，高齢者の福祉向上にとって画期的な役割を果たすはずである。

さらに「そもそも家庭裁判所が指図権を行使すること自体が問題ではないか」とする議論も根強いそうである。そう考えると，家庭裁判所が信託監督人となるのではなく，後見監督人などを受益者代理人や信託監督人とすることによっても，資金の安全な管理は十分可能ではないかと考えられる。

第8　遺言代用・家族信託預金

この他にも，様々な家族信託の活用方法が考えられる。一般に預金などの金銭債権の相続手続には，公正証書遺言や遺産分割協議書が求められるが，これらは多大な手間とコストが掛かるため，信託銀行では，「遺言代用信託」が人気となっている。

多くの金融機関では，信託業務の認可を得ていなければ，これを取り扱えないと考えているが，同様の商品は「死因贈与契約」でも可能であり，さらに「家族信託」を用いることもできる。いずれも，全国すべての金融機関の全店舗において，直ちに取り扱うことが可能である。

例えば，資産家の父がいる場合，父が委託者兼第一受益者，資産を継がせたい長男を受託者兼第二受益者とする家族信託契約を締結し，金融機関に受託者名義で「家族信託預金」を預ける。

これはいわば「遺言代用・家族信託預金」であるが，これを用いれば，自分の財産を承継させたい人に，わざわざ「公正証書遺言書」を作成しなくても，簡単かつ確実に財産を承継させることが可能となる。自分が死亡した時にも，預金口座を凍結されることなく，受託者である長男が，直ちに預金の払い戻しを受けることが可能である。

さらに，財産の状態や自分の健康状態などを考えながら，少しずつ，段階的に資産の承継を行っていきたい場合には，「公正証書遺言書」では，何度も作り直すことが必要となり，その度に，公証人役場に出かけて，費用と時間がかかるが，この「遺言代用・家族信託預金」ならば，こうした費用も時間もかからず，金融機関の窓口で簡単に手続きをすることが可能というメリットもある。

第9　資産承継・家族信託預金

先程も述べたように，遺言による資産承継は，一代のみで，自分の死後に発生した相続については，財産を承継する者を指定することは出来ない。これに比べて，「家族信託」では，信託契約で定めておけば，二次，三次と受益権を承継させる者を指定することができる。そして，一次承継においては，法定相続人に対する遺留分を考慮することが必要であるが，二次，三次と承継させる場合には，遺留分という概念がない。このため，昔の長子相続制度のように，財産を分散させることなく，意中の者に代々継承させていくことが可能になる。近年こうしたニーズが高まっており，預金や不動産などの資産すべてを，家族信託契約を用いて，承継したいという相談が増えているが，その承継する資産の中での預金部分がこの商品である。これは長期におよぶ場合は複雑な配慮が必要であるため，他の商品のように「定型フォーム」は困難であり，弁護士や司法書士などの専門家との相談によるオーダーメイドが必要となる分野である。

第10　定期給付・家族信託預金

浪費者に対して，一時に多額の資金を給付することなく，毎月の生活費を少しずつ給付したい場合に，受託者の管理する口座から，受益者の口座に毎月一定額を振り込む「定額自動送金サービス」を利用することが可能である。

ただし，受益者が（信託財産を拠出した）委託者でない場合は，定額自動送金の契約をした段階で，将来にわたって何年分もの贈与が行われたとみなされて，多額の贈与税が課せられるので注意が必要である。その場合，受託者の管理する口座から，受託者名義の別口座に毎月一定額を自動送金し，その口座を用いて，受益者に代理人カードなどを与え，毎月の生活費を管理させていくことも考えられる。

第11　暦年贈与・家族信託預金

毎年一人当たり110万円までの贈与税の非課税枠を用いて資産を承継させ

る「暦年贈与信託」も人気のある商品だが，これも「家族信託」を用いれば，信託銀行でなくても，どの金融機関でも取り扱いが可能である。具体的には，家族間で信託契約を結び，毎年，信託財産の追加契約書を作成するとともに，資金を家族信託預金口座に付け替えればよい。

しかし，そもそも「家族信託」を用いなくても，「暦年贈与」が目的なら，「預金」でも十分に暦年贈与の商品を取り扱うことが可能である。つまり，贈与契約書を毎年作成し，預金の振替を行えばよいのである。大手信託銀行でも，実際には「暦年贈与信託」ではなく「預金」で取り扱っている例がある。

第12　不動産活用・家族信託融資

信託銀行では，顧客の不動産についての信託は取り扱っていないが，個人の資産承継やリバースモーゲージには不動産の信託が必要になる。こうした分野に「家族信託」を用いて，長男などに不動産を信託し，資産承継とともに，アパートの建て替えなどの不動産活用，相続対策を行うことも「家族信託」の重要な役割である。成年後見人は，こうした不動産がらみの事業性の融資は承諾しないので，それだけに，本人が元気なうちに不動産の「家族信託」を行うことが必要である。

なお，この場合，不動産の謄本上に信託契約書の条文が記載されるが，信託財産が誰に承継されるかを記載すると親族間のトラブルが発生するので，謄本上に記載しないやり方にするよう司法書士に依頼する。

第13　受託者に多額の財産を信託することが不安な場合

受託者に多額の財産を信託することに不安を覚える場合に，信託監督人や受益者代理人をつけることがあるが，金融機関としても，受託者名義の預金口座を開設する際に，受託者単独で払い戻しができる口座と，信託監督人や受益者代理人が同意しなければ払い戻しを受けられない預金を用意することが必要である。

具体的には，受託者名義の口座を２口座（口座番号だけでなく顧客コードも別個にする）開設し，「多額の資金が預入されている信託口座」については，受託者と信託監督人（あるいは受益者代理人）など，複数の署名捺印を登録すれば，払い戻しの際にも，複数の署名捺印，つまり複数の同意が必要となるので，厳格に管理できる。

そして，そこから「受託者が単独で日常的に管理している信託口座」に，「定額自動送金サービス」により，毎月必要な資金を振り替えれば，受託者が単独で多額の預金を払い戻すことはできないので，利便性と安全性を両立させた財産管理が可能になる。

第14　金融機関の受け入れ体制整備が必要

今や，信託は，信託会社や信託銀行だけのものではない。「家族信託」が注目を浴びる中で，当金庫が「家族信託預金」や「家族信託融資」の取り扱いを開始したように，全国各地の金融機関が，受け入れ体制を整備すれば，「家族信託」は急速に発展するであろう。

しかし，現状では，弁護士や行政書士などが，家族信託用の口座開設を金融機関に求めても，口座開設を拒否されてしまう等，金融機関サイドで，受け入れ体制ができていない。これは，「家族信託」という新しい業務に対する金融機関側の研究と理解が不足しており，取引規定や事務取扱規程が未整備であるからである。

例えば，家族信託の融資については，受託者（債務者）が変更になった場合，後継受託者が承諾すると，債務はその時点で自動的に後継受託者に移るのか否か。特に，受託者が死亡した場合，債務は受託者の相続人に及ぶのか否か，あるいは受益者にも債務履行を請求できるのか否か。こうした点についても，実務上どう対応するのかについて，専門家の間でも見解が分かれており，まして金融機関として，顧客との契約内容を定めている各種規定や実務体制が検討され，整備されていないように思われる。

なお，家族信託の融資は，理論的には，受託者固有の債務とは分離した「信託口の融資」であり，償還原資を信託財産に限定したノン・リコースローンとすべきである。従って，後継受託者が決定された場合も，免責的債務引受が望ましい。しかし，現状では，債権保全上，受託者に対する一般債務と同じ取り扱いとして，受託者に「信託財産に限定しない債務」を負わせ，受託者死亡の際には，受託者の相続人に債務履行を求めることが一般的である。後継受託者に債務引受を求める場合も，免責的債務引受ではなく重畳的債務引受が一般的と思われる。しかし，これらは信託財産の状況や債務者の与信リスク，法定相続人などの利害関係者との関係を見ながら総合的に判断すべきであろう。

第15　信託預金と通常の預金との違い

また，預金についても，通常の預金では，預金者が死亡した時には「預金者の相続権者」に払い戻すが，信託預金の場合は，こうした事務を行っていたのでは，信託契約そのものが機能しなくなってしまう。信託預金の預金名義は受託者であるが，その受託者が死亡した場合には，「預金者の相続権者」に払い戻すのではなく，当該信託契約に基づいて取り扱うことが必要でなる。

例えば，受託者死亡時に，後継受託者が指定され，信託契約が継続していく場合には，預金はその後継受託者の名義に変更する必要がある。または受託者死亡時に，信託契約が終了する場合には，終了時における財産の帰属者に払い戻すことになる。

また，受託者への差し押さえなどの手続きがあった場合についても，信託財産である「受託者名義の信託預金」には差し押さえは及ばないなど，信託契約固有の手続きが必要になることも考慮し，事務手続きを制定することが必要になる。

第16　家族信託特約規定の制定

このように，現行の預金規定では，正しい家族信託預金業務はできない。そのために新たに「家族信託特約規定」を制定して，通常の規定と異なる部分を規定化して顧客に示すことが必要である。これに伴い，内部事務規程やマニュアルも変更することが必要となる。

このように，特約規定を顧客に示すことにより，資産承継時にも，信託取引に特有の事務処理が正しく，迅速に行われることを顧客に保証し，安心して信託取引を利用することができるようにすることが「家族信託」の発展のために必要である。

第17　信託契約内容の把握

また，金融機関としては，正しい事務を行うためにも，信託契約の内容を常に正しく把握し，記録しておかなければならない。信託契約による預金であることを知っている以上，その信託契約に即した正しい事務処理を行わなければ，善管注意義務違反を問われることにもなりかねないからである。

また，委託者や受託者，受益者などの信託契約の関係者に対しては，信託契約の内容や，関係者についての変更などがあった場合には，直ちに金融機関に連絡することを義務づけ，それがなかった場合の免責条項も必要である。

信託契約書や変更契約証書，異動届出書などの内容については，大切に保管し，正しい事務処理ができるように，いつでも参照できる状態にしておくことが必要である。このため，信託契約書の画像データを電子情報ファイルにして，迅速にアクセス可能にするなどの体制を整備することも有効と思われる。

第18　金融機関としての支援サービスの提供

家族信託について，利用者は，知識が乏しく，不慣れであるため，金融機関としては，確実に運営するために，受託者などの関係者に対する各種の支援サービスを充実することが大切である。

このため，金融機関が社団法人，NPOなどの別法人を設立し，これが「受益者代理人」「信託監督人」「信託事務代行者」として支援することが有効である。当金庫では，成年後見を行っている社団法人に上記の役割をさせているが，これは，家族とともに「複数」で任意後見人となることで，「成年後見制度」と「家族信託」との連携がとりやすくなるためである。

例えば，当該社団法人が「任意後見人兼受益者代理人」となれば，①任意後見人として親族任意後見人の業務遂行や財産管理を支援する，②受益者代理人として受益者の利益を守るという役割を果たすことができる。

また，当該社団法人が信託事務代行者として，遺言執行に相当する資産承継事務，例えば，受託者の変更や信託事務の終了時における清算事務などを行えば，資産承継が円滑かつ確実に行えるため，委託者や受託者にとって安心であろう。

なお，料金については，公共性のある金融機関としての補助業務でもあり，低位に設定している。また複数後見にして身上監護の部分を家族に任せることにより，当該社団法人としても負担が軽減され，その分，単独の後見業務よりも，報酬を低く設定できるため，家族にとっても，利用しやすい。また複数後見であるので，困ったことが起きても，いつでも相談できるので安心である。

さらに，金融機関本体としても，信託契約書の原本を保護預かりするサービスも提供している。

第19　単純でわかりやすい契約内容にする

家族信託を普及するために，考えるべきことは，「単純でわかりやすい信託契約」を作成することである。まず信託目的を絞ること。様々な目的を一つの信託契約に盛り込もうとしても，複雑でわかりにくくなり，想定外の事態に対処することが困難になる。

また，受託者や受益者は複数を避けたり，信託期間も出来るだけ短い期間としたり，受託者の変更などはなるべくせず，受託者や受益者の死亡など，異例な事態が生じた場合には，ただちに終了にすることなどの考慮が必要である。

そして，金融機関としての「ひな形」を作成しておき，個別の信託契約の大きな差異が生じないようにすることが必要と思われる。例えば，「元気なうちに不動産や金銭を家族に信託しておき，判断能力が低下した時には家族に適切に管理してもらい，死亡時には円滑に家族に資産承継を行う」ことを目的とした「家族信託」についての「ひな形」を用意しておけば，預金や融資に関する「家族信託」の大半は容易に取り扱うことが可能になる。

第20　複雑な内容は専門家と協議する

金融機関が「家族信託」に適切に対応をするためには，弁護士や司法書士，税理士等の専門家との連携を深め，体制整備を急ぐことが必要である。特に，何世代にもわたって不動産や株式の資産承継を行うような複雑な契約内容については，予想されなかった不測の事態や税制面での問題が生じかねないところから，経験豊富な弁護士や司法書士，税理士などの専門家に依頼するとともに，本部に専門部署，取り扱いセンターをつくり，集中して対応することが必要である。

第21　既存の信託銀行との連携も視野に

「家族信託」の最大のネックは，受託者に相応しい信頼できる家族や親族，知人が存在しない場合である。自分を受託者にする「自己信託」という手段もあるが，高齢者の場合，長期間の自己信託は困難である。その場合には，信託銀行や信託会社との連携により，サービスを提供することが必要であり，一例として，受託者が死亡もしくは資格を喪失した場合に，後継受託者を引受ける信託会社などの利用も考えられる。

信用金庫業界では，しんきん信託銀行が，障がいをもつ者の財産管理など，福祉目的のニーズに応ずるための特定贈与信託などを取り扱っているが，こうした既存の信託銀行などとの連携をとりながら，「家族信託」を積極的に推進し，福祉の向上や問題解決に貢献することが地域金融機関である信用金庫の今後の大きな使命である。

さらに，先述したように，福祉目的の無報酬の民事信託に限って「信託業法」の適用除外として，弁護士や司法書士，社会福祉法人，NPO，その他法人が受託者となれる道を拓いて，高齢者福祉の向上につなげてもらいたい。

おわりに

「家族信託」は，全国各地の金融機関が，直ちに取り扱うことができ，顧客に，今までにない高度で便利な新しい商品やサービスを提供できる，大変可能性のある分野であり，特に，高齢化社会を迎える中で，今後大きく発展していくことは間違いない。

その意味でも，今後は金融界全体で，学者や弁護士，司法書士，税理士などの専門家，家族信託を推進する各種団体との連携のもとに，法制面や事務体制の研究，新商品や新サービスの開発などに全力を傾注することが何よりも大切である。

（よしわらつよし　城南信用金庫相談役／城南総合研究所所長／
一般社団法人しんきん成年後見サポート理事長）

【資料1】家族信託標準書式

家族信託（不動産及び金銭）の標準書式（例）

①　城南信用金庫としての「家族信託契約」における標準書式を別紙のように定める（個別のケースによって修正して使用）。

委託者（本人）＝甲，受託者（子）＝乙，受益者＝甲，乙，丙（妻），帰属権利者＝乙，受益者が被後見人になった場合の受益者代理人＝しんきん成年後見サポート

信託財産　不動産（自宅・賃貸不動産）及び金銭

②　この標準書式により，お客様に，家族信託契約作成をしていただき，家族信託預金や家族信託融資をご契約いただく。

※委託者・受託者の本人確認をした上で，本人自書・実印捺印で作成していただく。

※これらの書類はスキャナーで電子情報化して保管する。

※変更契約書や変更届なども同様に保管する。

③　受託者など変更事項が発生した時，信託契約が終了した時は，保管されている信託契約内容にもとづいて必要な事務処理を行う。

（印紙200円）

不動産及び金銭等管理処分信託契約証書

委託者○○○○（以下「甲」という）及び受託者●●●●（以下「乙」という）は，次のとおり，信託契約を締結する（以下「本信託契約」といい，本信託契約によって設定される信託を「本信託」という）。

（信託の目的）

第1条　本信託は，受託者（乙及び後継の受託者のことを言う。以下同じ）において，第2条記載の信託財産を適正に管理運用して受益者及びその家族の生涯にわたる安定した生活の支援と最善の福祉を確保するとともに，受益者死亡時には，予め定めた内容により，これを円滑に承継させることを目的とする。したがって，信託の金銭の給付は，生活の維持安定のためであり，相続税の支払いなど必要なものを除き，多額の一括給付はしないものとする。

（信託財産と契約の締結）

第2条　本信託の当初信託財産は，後記「信託財産目録」記載のとおりであり，受託者は，これを次のとおり管理運用し，または処分するものとする。

⑴　居住用不動産の信託

　後記信託財産目録第1不動産⑴記載の自宅土地建物を受益者甲，乙，丙の居住用不動産として管理を行う。

⑵　賃貸用不動産の信託

　後記信託不動産目録第1不動産⑵記載の賃貸用土地建物を賃貸用不動産として管理運用を行う。この場合，受託者が相当と認める方法により安定的な収益を図る。

⑶　後記信託財産目録第2記載の金銭等金融資産及び上記賃貸用不動産の賃料収益を信託財産として管理活用及び処分を行うものとする。

2　甲は，受託者に対する書面による通知により不動産，金銭及び有価証券を追加信託することができる。

（後継受託者）

第3条　信託法第56条第1項各号に掲げる事由により当初受託者である乙の任務が終了したときは，後継受託者として次の者を指定する。（もしくは，「受益者が協議して後継受託者を指定することができる。」と記載する。）

住所

続柄　委託者の○○

氏名

生年月日　昭和○○年○月○○日生

（受益者）

第4条　本信託の当初受益者は，甲及び甲の妻である次の者（以下「丙」という）ならびに乙とする。ただし，丙及び乙が有する受益権の割合は甲が有する扶養義務の範囲内とする。

住所

氏名（丙）

生年月日　昭和○○年○月○○日生

2　当初受益者甲が死亡した場合は，当初受益者3名の有する受益権は消滅し，新たに丙及び乙が受益権を取得する。ただし，乙の取得する受益権は3分の1，丙の取得する受益権は3の2とする。

3　受益者甲の死亡以前に丙が死亡した場合は，丙の有する受益権は甲が承継取得する。

4　信託終了前に乙が死亡した場合は，乙の有する受益権は甲が承継取得する。

（信託の期間）

第5条　本信託期間は，本信託契約締結日から次の事由が生じたときまでとする。

(1)　受益者である甲及び丙がともに死亡したとき

(2)　信託財産が消滅したとき

（信託事務の委託）

第6条　受託者は，甲の指図に基づき，または自らの責任において，信託事務の一部をその他の第三者に委託することができる。

（受益者代理人）

第7条　本信託において受益者が意思表示できなくなった場合（法定後見開始の申立て及び任意後見監督人選任の申立てがあったときも含む。）は，その者の受益者代理人として次の者を指定する。

住所　東京都品川区西五反田7丁目2番3号

名称　一般社団法人しんきん成年後見サポート

2　受益者代理人は，努めて受益者の意思を確認し，善良な管理者の注意をもって事務処理をしなければならない。

（受益権の譲渡等）

第8条　受益者は，受益権を譲渡し，または担保に供するなどの処分をすることはできないものとする。

2　本信託契約の委託者の地位及び受益権は，相続によって相続人には承継しない。

（信託財産の給付）

第9条　受託者は，信託財産の管理運用を行い，賃貸用不動産から生ずる賃料その他の収益及び金銭等金融資産をもって，公租公課，保険料，修繕積立金その他必要経費及等を支払いまたは積み立て，その上で，受益者または受益者代理人の意見を聞き，受託者が相当と認める額の生活費，医療費等を受益者らに交付する。ただし，甲死亡以前の乙及び丙への生活費等の金銭の給付は，第4条第1項但し書に基づき行うものとする。

2　本信託に伴う受益者の生活費，施設利用費などを支弁する信託財産の金銭が不足した場合は，受託者は，受益者並びに受益者代理人と協議し，その同意を得て，信託財産である不動産を換価処分することができる。

（信託財産の管理の内容）

第10条　乙は，本信託の効力発生後すみやかに信託不動産の引き渡しを受け，自ら管理するとともに，各種の費用等は本信託効力発生日をもって区分して清算するものとする。

2　信託不動産については，本信託に基づく所有権移転及び信託の登記手続を行い，その余の信託財産（金銭等金融資産）についても信託に必要な名義変更（記載または記録）または新たに城南信用金庫に開設した信託口の預金口座による管理等を行うこととする。

3　受託者は，信託目的に沿って信託財産を善良なる管理者の注意をもって元本が保証された預貯金等として管理運用するものとするが，信託の目的に照らして相当と認める時は，信託不動産となる土地・建物の購入，交換または建物の建設をすることができる。この場合，これらの不動産の購入，交換または建物の建設に係る一切の諸費用につき，信託財産から支払いに充当することができる。なお，これらの諸費用を賄うため，第三者から借り入れをし，また本件信託財産に担保を設定することができる。

4　受託者は，信託事務遂行に当たり，信託財産を自己の固有財産とは分別して管理し，両財産を混同してはならない。

（信託事務処理に必要な費用）

第11条　本信託にかかる信託事務処理費用（公租公課，受益者代理人，信託事務処理代行者に対する報酬，信託不動産の修繕費，損害保険料，不動産管理手数料，旅費などを含む。）は，信託財産から支払う。

2　受託者は，信託財産に属する金銭が不足し，前項の費用等の支払いができない場合には，第９条第２項の定めによる。

（信託の計算）

第12条　本信託にかかる計算期間は，毎年１月１日から同年12月31日とし，計算期間の末日を計算期日（以下，単に「信託計算期日」という。）とする。ただし，最初の計算期間は，本信託効力発生日からその年の12月31日までとし，最終の計算期間は，直前の計算期日の翌日から信託終了日までとする。

2　受託者は，本信託計算期日に信託の計算を行い，その後１か月以内に信託財産の状況に関する報告書及び信託計算書を作成し，これを受益者ならびに受益者代理人へ報告するものとする。

（信託契約の解除等）

第13条　本信託契約は，経済事情の変化，天災地変その他やむを得ない事由により信託目的の達成が不可能または極めて困難となったと判断されるとき，受託者は，受益者または受益者代理人と協議の上，契約を終了させることができる。
2　本信託契約は，前項の場合を除き，本信託期間中は解除することはできない。

（信託の終了）

第14条　本信託は，次のいずれかの事由が生じた場合に終了するものとする。
⑴　第５条の期間の満了のとき
⑵　第13条第１項の信託終了の合意があったとき
⑶　その他信託法に定める終了事由が生じたとき

（信託終了時の清算手続）

第15条　信託終了時の受託者は，清算受託者として清算事務手続を行うものとする。
2　清算受託者は，現務を終了して清算事務を行い，残余の信託財産を次条記載の帰属権利者等に引き渡しかつ名義変更等の手続を行うとともに，最終計算について，残余財産受益者または帰属権利者もしくは受益者代理人の承認を求めるものとする。

（信託終了時の信託財産の帰属等）

第16条　残余の信託財産は，信託終了時の受益者に給付する。ただし，給付割合は甲に全額とし，甲が死亡しているときは乙に３分の１，丙に３分の２とする。
2　前項にもかかわらず，第14条第１号によって信託が終了した場合は，乙に給付する。ただし，乙が死亡しているときは乙の相続人に帰属させ給付する。

（信託報酬等）

第17条　受託者の報酬は支給しない。
2　受益者代理人ならびに信託事務処理代行者に対する報酬については，その者の報酬規定に定める報酬額を支払う。

（信託の変更等）

第18条　本信託は，他の条項で定める場合は除き，本信託の目的に反しない限り，受託者と受益者または受益者代理人との合意により変更することができる。
2　本信託契約書に定めのない事項は，信託法その他法令に従う。

以上

以上，本契約成立の証として，本書を2通作成し，当事者両名は署名押印のうえ，それぞれ1通を保管する。

平成　年　月　日

住所

甲　委託者兼受益者　　○　○　○　○　実印

昭和　年　月　日生

住所

乙　受託者兼受益者　　●　●　●　●　実印

昭和　年　月　日生

（信託財産目録）

第1　信託不動産

(1)　自宅土地建物

土地

建物

(2)　賃貸用土地建物

土地

建物

第2　金銭等金融資産

金銭　　　　　　　円

注：上記の書式はあくまでも参考例であり，実際の使用にあたっては各自の責任において適宜修正して使用してください。

【資料２】家族信託預金に関する特約規定

家族信託預金・融資に関する特約規定（例）

家族信託預金・融資とは，民事信託契約に基づく「受託者名義」（家族信託口受託者名義）の預金・融資であり，通常の預金・融資とは法的に異なる部分があるため，預金・融資の名義変更や預金の払い戻しは当金庫では以下のように取り扱います。

（受託者の変更）

第１条　受託者が，死亡もしくは受託者の地位を喪失し，かつ後継受託者が存在する場合には，当金庫は，当該信託契約に基づき，当該預金を「後継受託者名義」（家族信託口後継受託者名義）に変更します。名義変更手続に当たっては，後継受託者は，当金庫所定の書式により届けるとともに，受託者が変更になったことを証する書類を提示するものとします。

２　信託財産に，当金庫に対する借入金などの債務がある場合，当金庫は，後継受託者が当該債務の引受をすることを承認し，実際に債務引受が行われた時に，第１項の手続を取ります。

（信託契約の終了）

第２条　信託契約が終了した場合，当金庫は，当該信託契約に基づき，当該預金を残余財産受益者または残余財産帰属権利者に払い戻します。払い戻し手続に当たっては，信託契約終了の事由を証する書類，本人であることを証する書類を提示するものとします。

２　信託財産に，当金庫に対する借入金などの債務がある場合，当金庫は，当該債務と相殺した上で，第１項の手続を取ることができるものとします。

（信託契約の変更届）

第３条　信託契約が変更になった場合は，委託者，受益者（または受益者代理人）ならびに受託者は，速やかに，当金庫所定の書式により連名で届けるとともに，変更契約書の原本を提示するものとします。

（関係者の変更届）

第４条　委託者，受益者，受託者，その他当該信託契約の関係者は，住所または連絡先に変更があった場合，死亡もしくは被後見人になった場合，その他信託契約にかかる重要な異動があった場合は，速やかに事実を証する書類を提示し，当金庫所定の書式により，届け出るものとします。

念　書

（印紙）

私たちは，上記規定の内容を了承し，万一届け出を行わなかったために，貴金庫において正しい事務手続きができず，損害が発生した時は，連帯して責めを負い，貴金庫に一切迷惑はかけません。

平成　年　月　日

委託者（兼受益者）	住所	氏名	印
受託者（兼受益者）	住所	氏名	印
受益者	住所	氏名	印
受益者	住所	氏名	印

家族信託契約についての変更届

城南信用金庫○○支店　御中

貴金庫の預金・融資にかかる下記の家族信託契約の契約内容（または委託者，受託者，受益者，その他関係者）が，以下のように変更になりましたので届け出いたします。

当該信託契約の種類	信託契約締結日	貴金庫保護預かりCIF番号
金銭管理信託契約	平成　年　月　日	○○○○○○－○

変更内容

添付書類

平成　年　月　日

委託者（兼受益者）	住所	氏名	印
受託者（兼受益者）	住所	氏名	印
受益者	住所	氏名	印
受益者	住所	氏名	印

注：上記の規定はあくまでも参考例であり，実際の使用にあたっては各自の責任において適宜修正して使用してください。

第3編

実務編

第1章

高齢者の財産保護を目的とする民事信託の活用
―「特殊詐欺」から高齢者を守るための対策として―

伊庭　潔

はじめに

1　民事信託が普及しない原因

平成18年に信託法が改正された際，高齢者をはじめとする個人財産の管理・承継を目的とする民事信託の活用が期待された。しかし，信託法の施行（平成19年９月30日）から９年半を経過したが，未だに，民事信託の活用は進んでいない。

民事信託の活用が進んでいない要因として，信託業法による受託者規制，信託税制の問題などが指摘されているが，国民に対し法的サービスを提供する立場にある弁護士が信託を十分に理解しておらず，民事信託を活用するという意識が薄いことが一番の原因であると考えられる。

2　民事信託の活用方法

民事信託の活用方法として，後継ぎ遺贈型受益者連続信託，親亡き後または配偶者亡き後などの問題への対応，事業承継などが紹介されている。確かに，これらは，信託独自の機能を活用したものであり，民事信託の極めて有用な活用方法である。

しかし，後継ぎ遺贈型受益者連続信託では，受益者を数世代に亘り確実に指定しなければならず，その間，受託者への適切な監督方法を確立しなければならない。親亡き後や配偶者亡き後の問題では，受託者にいかなる権限や裁量を与えるかを決定しなければならず，また，成年後見との連携方法を検討しておく必要がある。事業承継においては，非後継者が有する遺留分への対応をどうするのか，いつまで信託を継続させるのか，さらに，信託が終了した際の法律関係をどのように整理するのかなどの問題がある。このように，これらの民事信託を設定するには，事前に検討しなければならない問題が多く存在し，弁護士が初めて取り組む事案としては適切であるとはいえない。

3　弁護士が初めて民事信託に取り組むのに適切な事案

そこで，弁護士が初めて民事信託に取り組むのに適切な事案を紹介したい。具体的には，近年，社会問題となっている「特殊詐欺」から高齢者を守るために民事信託を活用する方法である。これは，高齢者の財産管理の手段として民事信託を活用するものであり，非常にシンプルな内容の信託契約となる。

また，後述するとおり，「特殊詐欺」から高齢者の財産を守る必要性は高く，社会的なニーズもあり，多くの弁護士に取り組んでもらいたい民事信託の活用方法である。

第１　未だに減少しない「特殊詐欺」の被害

1　「特殊詐欺」とは

「特殊詐欺」とは，被害者に電話を掛けるなどして対面することなく信頼させ，指定した預貯金口座への振込みその他の方法により，不特定多数の者から現金等をだまし取る犯罪の総称であり，「振り込め詐欺」「金融商品等取引名目詐欺」「ギャンブル必勝情報提供名目詐欺」「異性との交際あっせん名目詐欺」などがある。[1)]

このうち，「振り込め詐欺」には，「オレオレ詐欺」「架空請求詐欺」「融資

1）平成28年版警察白書48頁注５

保証金詐欺」「還付金等詐欺」の４類型がある。[2)]

2 「特殊詐欺」の被害状況

(1) 被害認知件数

「特殊詐欺」の被害認知件数は，平成23年が7,216件，平成24年が8,693件，平成25年が１万1,998件，平成26年が１万3,392件，平成27年が１万3,824件と増加の一途にある。[3)]

(2) 被害額

「特殊詐欺」の被害額は，平成23年が204億円，平成24年が364億4,000万円，平成25年が489億5,000万円，平成26年が565億5,000万円，平成28年が482億円となっている。[4)] 平成28年は，前年よりも被害額は減少したが，未だに高水準のままである。

(3) 高齢者が被害に遭うことが多い「特殊詐欺」

「特殊詐欺」の被害者の77.0％を65歳以上の高齢者が占めている。そのうち,「オレオレ詐欺」「還付金等詐欺」と「金融商品等取引名目詐欺」において高齢者の割合が高い。[5)]

高齢者が「特殊詐欺」により，老後の生活や安心のために，それまで数十年掛けて貯めてきた預貯金等を根こそぎ詐取されてしまう。被害に遭った多くの高齢者はそのことを家族にも話せず，独りで問題を抱え込んでしまっている。後述するように，警察の捜査に協力したとしても，被害回復を望めず，被害者は無力感に苛まれているのが現状である。「特殊詐欺」により高齢者が受けるダメージは計り知れない。

(4) 「特殊詐欺」による被害を根絶する必要性

このように,「特殊詐欺」は，未だに被害件数が増加しているだけではな

2）前掲注１）48頁
3）平成28年警察資料統計資料（https://www.npa.go.jp/hakusyo/h28/data.html）
4）前掲注３）
5）前掲注１）48頁

く，年間400億円から500億円もの巨額の被害を発生し続けている。被害者のうち77.0％が65歳以上の高齢者であることに鑑みるならば，「特殊詐欺」による被害は，国を挙げて，その根絶を目指さなければならない喫緊の課題であるといえる。

3　「特殊詐欺」の特徴

⑴　「特殊詐欺」の組織性

「特殊詐欺」の特徴としては，組織的かつ巧妙という点が挙げられる。

まず，被害者に対し電話を掛ける役割の「掛け子」グループと被害者から現金を受け取る役割の「受け子」グループが存在し，これらの各グループを統括する「黒幕」が組織的に犯行を計画し，巧妙に被害者から現金を騙し取っている。

「掛け子」グループは，高齢者を騙すため，話術が巧みな者がその役割を担うことが多く，高学歴者が関わっていることが多い。他方，「受け子」は，預貯金口座から現金を引き出す際や被害者から現金を受け取る際に，ATMの防犯カメラに映ったり，被害者と接点を持つため，逮捕される危険性が高い。そのため，「受け子」グループは，「黒幕」からするといわば使い捨ての駒であり，未成年者がアルバイト感覚で「受け子」になっているケースが多い。

仮に，一方のグループのメンバーが逮捕されても，他のグループ，組織全体や「黒幕」が捕捉されないようにするため，それぞれのグループの情報はお互いに遮断されている。そのため，犯行に関わっている「受け子」グループのメンバーは，「掛け子」グループのメンバーを知らず，また，「掛け子」グループのメンバーも，「受け子」グループのメンバーを知ることがないのが通常である。

⑵　「特殊詐欺」の巧妙性

ア　「特殊詐欺」の拠点

「特殊詐欺」において，「掛け子」グループが被害者に対し電話を掛けるための拠点や「受け子」グループが被害者から送付された現金を受け取る拠点には，普通のアパートやマンションの一室が利用されている。

これらの拠点は，犯行グループとは関係がない第三者の名義で賃借され，かつ，概ね３か月毎に移転を繰り返し，警察に捕捉されないように配慮している。

イ 「道具屋」の存在

「特殊詐欺」を行うには，前述の拠点のほか，被害者へ架電するための携帯電話，被害者に説明するためのパンフレットや被害金が振り込まれる預貯金口座などの道具が必要となる。これらの道具を調達する役割を担うのが「道具屋」である。

この「道具屋」がいなければ「特殊詐欺」の仕組みは成り立たないほど，「道具屋」は重要な存在である。

ウ　道具の授受方法

「道具屋」は，犯行グループと接触して足が付くことがないように，携帯電話やパンフレットなどの道具を手渡しすることはない。「道具屋」は，大きな駅のコインロッカーなどを利用し道具の授受を行っている。

エ　被害金の授受方法

「受け子」グループが被害者から被害金を受け取る方法には，被害者が現金を指定された預貯金口座に振り込む「振込型」，自宅等に現金を受け取りにきた犯人に直接手渡す「現金手交型」，現金を宅配便等で送付する「現金送付型」の方法がある。[6)]

4 「特殊詐欺」における被害回復の可能性

(1) 被害回復に必要な事実

ア　被害回復の実態

「特殊詐欺」の加害者が，被害者に対し，任意に弁償をすれば良いが，現実には，そのような事態はほとんど考えられない。[7)]

6）前掲注２）

7）起訴された加害者が，量刑を軽くするために，被害者と示談することは考えられる。

イ　不法行為に基づく損害賠償請求訴訟の請求原因

そうすると，「特殊詐欺」の被害を回復するために，加害者に対し，不法行為に基づく損害賠償請求訴訟の提起を検討することになる。

ところで，不法行為に基づく損害賠償請求訴訟の請求原因は，① 被害者が一定の権利・法律上保護された利益を有すること，② ①に対する加害行為，③ ②について，加害者に故意があること，または過失の評価根拠事実，④ 損害の発生及びその数額，⑤ ②と④との間に因果関係があることである。

ウ 「特殊詐欺」における問題点

不法行為に基づく損害賠償請求訴訟の請求原因のうち，特殊詐欺で問題となるのが，②の加害行為の当事者，すなわち，加害者の特定の問題と④の損害の発生及びその数額，すなわち，被害発生日，被害金額等の特定の問題である。

まず，「特殊詐欺」において，加害者が逮捕されない限り，加害者を特定することはできない。「掛け子」からの電話により被害者は騙されてしまうが，加害者が逮捕されない限り，電話を掛けてきた者を特定することは不可能である。同じく，被害者は，現金を送付することにより，被害金を騙し取られることになるが，加害者が逮捕されない限り，その現金を誰が受け取ったのかを知ることは出来ない。まして，「掛け子」グループや「受け子」グループの背後に潜む「黒幕」の存在などを被害者が知ることはできない。

また，前述の被害金の授受方法における「現金手交型」や「現金送付型」では，被害者が，いつ，いくらの現金を手交または送付したのかの記録が残っていないことが多く，被害発生日，被害金額を立証できないという問題が出てくる。[8)]

⑵　特殊詐欺事件が起訴されることの重要性

このように，被害者が，被害救済のための損害賠償請求訴訟を提起するた

8)「掛け子」は，証拠を残さないように，被害者に対し，宅配便の伝票や銀行の利用明細などを廃棄するように指示しており，被害者がこれらの資料を所持していることは稀である。

めに必要な事実を知ることは容易ではないが，加害者が逮捕，起訴され，刑事事件になれば，犯罪被害者等の権利利益の保護を図るための刑事手続に付随する措置に関する法律[9]または刑事確定訴訟記録法[10]による刑事記録の閲覧謄写を求めることができる。

そのため，特殊詐欺の被害者にとっては，自分が被害者になっている事件が起訴されるかどうかが，被害回復を行ううえでの重要なポイントになってくる。

⑶　検察庁の起訴裁量の問題

しかし，実際には，被害者が100名もいるような「特殊詐欺」の事件であったとしても，被告人の量刑には上限があり，数件を起訴した場合と判決結果は変わらないと予想されるため，検察官は，被害者100名の全ての事件を起訴することはない。検察官は，起訴しやすい事件のみを数件起訴するだけである。つまり，「特殊詐欺」による被害者が多数存在していたとしても，立件されるのは，そのうちの一部の被害者に関する事件のみということになる。

そのため，多くの被害者が，加害者に対し損害賠償請求訴訟を提起するために必要な事実を知ることができない事態に陥っている。[11]

⑷　加害者の資力の問題

また，犯行グループが逮捕，起訴されたとしても，捕まる確率が高いのは「受け子」であり，彼らは犯行グループ内におけるいわば末端の人間である。

9）犯罪被害者等の権利利益の保護を図るための刑事手続に付随する措置に関する法律に基づく刑事記録の閲覧謄写は，第一回の公判期日後，当該被告事件の終結までの間に，裁判所に対し申し出ることになる。

10）刑事確定訴訟記録法に基づく刑事記録の閲覧は，訴訟終結後，検察官に対し請求することになる。

11）未立件の被害者に関しては，弁護士は，制度上，弁護士会照会（弁護士法23条の２）に基づき，不起訴記録の閲覧，謄写を請求することなどができるが，実際には，検察庁は不起訴記録の閲覧，謄写には極めて消極的であり，基本的に，未立件被害者に関する刑事記録の閲覧，謄写を認めないという対応を取っている。この検察庁の硬直的な運用により，多くの未立件被害者の被害救済への道が閉ざされてしまっているのが現状である。

さらに，「受け子」グループの供述から，その上位者や「掛け子」グループが逮捕されることはあるが，これらのグループの背後にいる「黒幕」が逮捕，起訴されることは極めて稀である。

前述のとおり，「受け子」グループは未成年者がアルバイト感覚で関与するケースが多く，このような「受け子」には賠償能力がない。仮に，「受け子」を訴えたとしても，被害回復を実現することはできない。

そこで，近時，犯行グループに暴力団が組織的に関わっていることが明らかになった事件に関し，暴力団員による不当な行為の防止等に関する法律31条の２に基づき，資金力のある暴力団のトップらの組長責任を問うことを目的とした訴訟を提起するなど，被害回復のための試みがなされている。[12)]

ただ，この手法を取るには，犯行グループに暴力団が組織的に関わっていることが記録上明らかになっていなければならないなど，訴訟を提起するための条件が限定されてしまう。

⑸　「特殊詐欺」の被害回復は，ほぼ不可能であること

結局，「特殊詐欺」に遭った場合，現時点において，被害者が被害を回復することは，ほぼ不可能といえる。

5　「特殊詐欺」の被害に遭わないための仕組みの必要性

このように，「特殊詐欺」に遭った場合には，被害回復はほぼ不可能であることから，事前予防が不可欠であり，高齢者が「特殊詐欺」の被害に遭わないための仕組みを工夫する必要がある。

第２　超高齢社会と高齢者の保有資産

1　高齢化の状況

ここで，現在の日本における高齢化の状況について振り返ってみたい。平

12）毎日新聞平成28年６月30日夕刊

成27年10月1日現在の我が国の総人口は1億2,711万人である。そのうち，65歳以上の高齢者人口は3,392万人となり，高齢化率は26.7％となっている。[13]高齢化率は年々上昇しており，世界に類を見ない超高齢社会[14]に突入したと言われるようになってから久しい。

2　高齢者の保有資産

平成26年における，全世帯平均（二人以上の世帯）の貯蓄残高1,789万円となっているが，世帯主が65歳以上の世帯（二人以上の世帯）に限ると貯蓄残高は2,499万円となり，全世帯平均の約1.4倍となっている。また，世帯主が65歳以上の世帯（二人以上の世帯）のうち，貯蓄額が2,000万円以上の世帯の割合は42.8％，貯蓄額が4,000万円以上の世帯の割合は18.3％である。これは，全世帯平均では，貯蓄額が2,000万円以上の世帯が29.2％，貯蓄額が4,000万円以上の世帯が11.4％となっており，世帯主が65歳以上の世帯（二人以上の世帯）が全世帯平均を大幅に上回っている。[15]

3　高齢者を保護する法的な仕組みの必要性

以上の統計データが示すとおり，我が国においては，国民の保有資産が高齢者世帯に偏在しているといえる。高齢者は，加齢に伴い判断能力が減退してくることが多く，「特殊詐欺」の被害に遭う危険性も増加する。[16]

既に，警察が主導し，官民一体となった予防活動が行われているが，[17]

---

13) 平成28年版高齢社会白書2頁

14) 総人口に対して65歳以上の高齢者人口が占める割合を高齢化率といい，一般的に，高齢化率が7％を超えた社会を高齢化社会，14％を超えた社会を高齢社会，21％を超えた社会を超高齢社会と呼んでいる。日本が超高齢社会になったのは平成19年のことである（平成20年版高齢社会白書）。

15) 前掲注13）18頁

16) 「特殊詐欺」の被害者は，我々が詐欺の被害者としてイメージするような判断能力が相当程度減退したお年寄りではなく，実際には，年齢の割にはかなりしっかりとしているお年寄りであることが多い。

17) 警察による広報活動，金融機関職員等による顧客への声掛け，郵便・宅配事業者が被さらに，高齢者を保護する法的な仕組みを考え出すことも社会的な要請となっている。

第3　成年後見制度による高齢者の財産保護

1　はじめに

高齢者の財産を保護するための制度としては，成年後見制度が挙げられる。

成年後見制度には，法定後見制度として，後見，保佐，補助の三類型があり，その他に，将来の判断能力の低下に備えた任意後見制度が用意されている。

以下，各制度を概観し，各制度を利用することにより，「特殊詐欺」から本人を護ることができるかを検討する。

2　法定後見

法定後見は，「精神上の障害により事理を弁識する能力を欠く常況にある者」について認められ（民法7条），成年後見人には取消権（民法9条），財産に関する包括的な代理権（民法859条1項）が認められている。

法定後見では，成年後見人に本人の財産に関する包括代理権が認められており，本人の財産は成年後見人が管理することになる。そのため，後見類型では，本人が「特殊詐欺」に遭う心配はない。

3　保　佐

保佐は，「精神上の障害により事理を弁識する能力が著しく不十分である者」について認められる（民法11条本文）。本人には，民法13条1項に規定する行為及び家庭裁判所が指定した行為（民法13条2項）を行うには，保佐人の同意が必要であり，保佐人の同意を得ずして本人がした行為については，

害金の入っていると疑われる荷物を発見したときには警察へ通報することなど官民が連携した対策が取られている（前掲注1）49頁）。

保佐人が取消権を有する（民法13条4項・120条)。また，保佐人は，後見人とは異なり，当然に代理権を持つものではないが，家庭裁判所は，本人のために「特定の法律行為」について保佐人に代理権を付与する審判をすることができる（民法876条の4第1項)。

保佐人は，本人の財産に関し包括代理権を有していないが，家庭裁判所により「特定の法律行為」について代理権を付与された場合には，保佐人が本人の財産を管理することはあり得る。この場合には，本人が「特殊詐欺」の被害を受ける心配は少なくなるが,[18] 保佐人に代理権が付与されていない場合には，本人の保護を考える必要がある。

4　補　助

補助は，「精神上の障害により事理を弁識する能力が不十分である者」について認められる（民法15条1項本文)。本人が特定の法律行為（民法13条1項に列挙された行為の一部）を行うには，補助人の同意を得なければならない旨の審判をすることにより，補助人に同意見・取消権が認められることになる（民法17条1項・4項・120条)。また，補助人も，保佐人と同様に，本人の財産に関し当然に代理権を持つものではないが，家庭裁判所が，本人のために「特定の法律行為」について補助人に代理権を付与する審判をすることができる（民法876条の9第1項)。

補助人が，家庭裁判所の審判で特定の法律行為について代理権を付与された場合には，補助人が本人の財産を管理する場合がある。この場合には，本人が「特殊詐欺」の被害を受ける心配は少なくなるが,[19] 本人自身が財産を管理している場合には，本人を保護する必要性は残る。

---

18) 保佐人が特定の法律行為に関して代理権を付与されたとしても，後見人のように，包括代理権を与えられているわけではないので，法定後見と同程度に，被保佐人の財産を保護することはできない。

19) 補助人も，保佐人と同様，包括代理権を有しているわけではないので，法定後見と同程度に，被補助人の財産を保護することはできない。

5　任意後見

任意後見は，本人に意思能力があるときに，将来，自身の判断能力が不十分になったときに備え，予め，任意後見受任者と任意後見契約を締結し，その後，精神上の障害により，本人の事理を弁識する能力が不十分な状況になったとき，家庭裁判所が後見監督人を選任することによって同契約の効力が生じる（任意後見契約に関する法律２条１号）。

任意後見契約の効力が発生することにより，任意後見人には，任意後見契約で定められた事務に関し代理権が発生する。ただし，任意後見では，任意後見契約が発効しても，本人の行為能力は制限されない。

任意後見人が本人の財産を管理するための代理権を与えられている場合には，本人が「特殊詐欺」の被害を受ける心配は少なくなるが，任意後見契約が発効する前においては，本人を保護する必要がある。また，任意後見契約が発効したのちでも，本人に意思能力がある限り，本人が財産管理を行うことは予定される。そのような場合には，任意後見契約の発効前と同様に，本人を保護しなければならない。

6　本人保護の必要性

以上のとおり，本人が成年後見制度を利用していたとしても，法定後見を利用している場合を除き，「特殊詐欺」から本人を護る必要性はなくならないと考えられる。

第４　民事信託による高齢者の財産保護

1　高齢者のニーズ

⑴　被害の予防

資産を保有している高齢者としては，第一に「特殊詐欺」の被害に遭いたくないということを考える。それまで数十年を掛けて築いてきた財産を犯罪被害によって失うことは，被害者の金銭的及び精神的なダメージが非常に大きい。被害回復がほぼ不可能であることからすると，「特殊詐欺」の被害に遭った場合には，被害者の老後の生活設計が全て破壊されてしまうことになる。

⑵　従前の生活の維持

同時に，高齢者としては，今まで慣れ親しんできた生活を変えたくないという要望も大きい。数十年と続けてきた生活を変えることは，高齢者にとって，大きなストレスが掛かることである。高齢者の精神的，身体的な安定を考えると，極力，従前の生活を変えないようにすべきである。

⑶　低廉な管理コスト

高齢者では，その所得の種類は公的年金・恩給だけという世帯が多い。[20] そのため，高齢者世帯では所得の増加を望めず，高齢者ほど，財産管理に関するコスト意識が高い。弁護士をはじめ司法関係者は，主に，法的制度の適否などについて議論しているが，司法サービスの利用者としては管理コストの問題に大きな関心を持っている。概ね，司法関係者はコストの意識が低く，その点について，司法サービスの利用者と意識のずれがある。[21]

2　民事信託の有用性

⑴　信託の「転換機能」による確実な財産の保護

「特殊詐欺」から高齢者を守るための法制度として，信託が適切であると考えられる。

信託は財産管理及び財産承継のための制度であるが，そのうち，信託の財産管理の面を活かし，高齢者の財産を保護することが可能となる。信託は，「形式的な財産権の帰属者」＝「管理権利者」と「実質的利益享受者」を分

20）前掲注2）16頁によれば，高齢者世帯の所得の種類は公的年金・恩給が67.6％を占めている。

21）任意後見制度の問題として，任意後見契約締結の登記の累計件数に比べ，任意後見の利用者が著しく少ないことが指摘されているが，このコストの問題も任意後見の利用者が伸び悩んでいる原因の一つだと考えられる。

裂させながら，利益享受者のために「財産の安全地帯」を作り出すことができる。[22] そして，信託は，財産権ないし財産権利者についての状況を，その実質を保ったまま，財産権利者が望む目的に応じて転換することができるとされ，これを信託の「転換機能」と呼んでいる。[23]

この「転換機能」のうち，「権利者の属性の転換」機能により，財産管理者の財産管理能力を転換することができる。具体的には，財産管理能力に不安のある高齢者が信託を利用することにより，財産管理能力が万全な第三者（＝受託者）の能力を利用することができるようになるのである。

つまり，信託を活用することにより，財産権の帰属者の名義を転換させ，高齢者の財産を保護することが可能となる。この「転換機能」は，民法上の代理，委任，寄託等の他人のための財産管理制度にはない，信託の独自の機能である。

⑵　従前の生活の継続と財産管理にともなう負担の軽減

高齢者の財産を保護するために民事信託を活用する場合には，高齢者自身が委託者兼受益者となる「自益信託」の形式を取ることになるが，高齢者は，民事信託を利用したとしても，行為能力の制限を受けることはなく，従前と変わらない生活を続けることができる。むしろ，高齢者自身が管理することに負担を感じている財産のみを受託者に託すことにより，高齢者自身の負担を軽減できることになる。[24]

⑶　負担の少ない管理コストの実現

家族を受託者とすれば，信託報酬を支払わずに，または，低額な信託報酬で信託を利用することができ，財産の管理コストを低減することが可能となる。

22）四宮和夫『信託法［新版］』（有斐閣，1989）14頁
23）四宮・前掲注22）14頁
24）例えば，高齢者が賃貸物件を保有している場合には，賃貸人の義務を果たすために行わなければならない手続が数多くあり，高齢者がその全ての手続を行うことは困難な場合が多い。

⑷　高齢者のニーズの実現

このように，民事信託を活用することにより，低コストで確実に高齢者の財産を保護することが可能となる。今まで，弁護士は，財産管理について，民事信託を活用しようとの意識はなかったが，民事信託を適切に活用することにより，財産管理に負担を感じている高齢者のニーズを満たすことが可能となる。[25)]

第５　民事信託を活用する際の課題

１　受託者の担い手

信託業法により，業として，信託の引受けを行う場合には，内閣総理大臣の免許または登録が必要とされる（信託業法２条・３条・７条）。そのため，弁護士が受託者になることは，原則として認められない。

そのため，高齢者の財産を保護することを目的とする民事信託を設定する場合には，高齢者の家族を受託者とすることが一般的である。

しかし，高齢者の家族に受託者の適任者がいない場合もある。その場合には，信託会社を受託者とすることも考えられるが，信託会社に対しては信託報酬を支払う必要があるため，管理コストの問題が生じる。

２　実効性ある監督

家族を受託者とした場合には，その受託者に対する適切な監督を考えなければならない。近年，成年後見制度に関しては，後見人による横領が社会問題になっている。[26)] そこで，受託者のモラルに頼るだけでは足りず，信託

25）四宮教授は「信託の事例は無数にありうる」とし，「それを制限するものがあるとすれば，それは，法律家や実務家の想像力の欠如にほかならない。」と指摘している（四宮・前掲注22）15頁注⑴）。

26）平成27年に発生した成年後見人による不正は全体で521件（被害総額は29億7,000万円）であった。このうち，専門職（弁護士や司法書士など）による不正は37件（同１億1,000万円）であった（平成28年４月15日毎日新聞朝刊）。

契約の内容として，受託者に対する監督システムを定めなければならない。具体的には，財産管理に専門性を有する弁護士が信託監督人または受益者代理人として，受託者に対する監督を行うことを内容とする信託契約を締結すべきである。[27)]

3　本人の判断能力が不十分等になった場合の対応

信託契約を締結したのちに本人（委託者兼受益者）の判断能力が不十分になる場合もある。民事信託は，あくまで財産管理及び財産承継のための制度であり，受託者は身上監護に関して権限を有しているわけではない。そのため，民事信託を設定したからといって，本人の身上監護に関して，十分な配慮ができるわけではない。民事信託を設定したとしても，本人の身上監護については，成年後見制度による保護を考えなければならない。

そのため，本人の判断能力が不十分になった場合に備えて，本人が予め任意後見契約を締結していた場合には，裁判所に対し，任意後見監督人の選任を申立て，任意後見契約の効力を発生させるべきである（任意後見契約に関する法律4条1項・2条1号）。

また，本人が予め任意後見契約を締結していなかった場合には，本人の判断能力に応じて，法定後見，保佐または補助の法定後見制度の利用を検討すべきことになる。

4　民事信託と成年後見制度の連携

いずれにせよ，民事信託と成年後見制度は択一的な関係にあるのではなく，補完的な関係にあると理解すべきである。民事信託を設定する場合には，将来的に，本人の判断能力が低下することを想定し，予め，民事信託と成年後

---

27)　民事信託において，受託者の横領等の不正行為が発生するならば，信託制度その者に対する信頼が損なわれることになり，民事信託の発展を阻害することになる。そこで，民事信託では，原則として，信託監督人または受益者代理人を指定し，受託者に対する監督を充実させるべきである。

見制度との連携を考えておくことが適切である。

例えば，民事信託は，成年後見制度とは異なり，全財産を信託財産とする必要はない。そこで，高齢者が管理を負担と感じている多額の財産を信託財産として受託者が管理し，高齢者が日常生活をするために必要な少額の財産は本人が管理することにする。そして，本人の判断能力が低下した際，後見人は，本人が管理していた日常生活に必要な少額の財産のみを管理し，本人の身上監護を中心に後見事務を行うようにし，多額の財産は引き続き受託者が管理するなどの連携方法などが考えられる。

第６　信託契約書例

信託契約というと，どのような条項を作成したら良いか分からないという声をよく聞く。信託法に馴染みが薄いため，信託契約書の作成も難しいものと感じてしまうかもしれない。

しかし，信託法の基本的な構成要素である①信託目的，②信託行為，③信託財産，④委託者，⑤受託者，⑥受益者の順に体系的に考えていけば，決して，信託契約は難しいものではない。一般的な信託契約では，この信託法の６つの基本的な構成要素に加え，⑦信託の計算，⑧信託関係人，⑨信託の終了に関する条項を検討すれば良い。

最後に，高齢者の財産を保護する目的の信託契約書例を示したい。これはあくまでの一つの例であるので，実際には，具体的な事案に合わせて，この信託契約書例をアレンジして利用されたい。

なお，次頁の信託契約書例における信託財産目録１は賃貸用不動産，同２は居住用不動産，同３は預貯金を指している。

（いばきよし　弁護士）

信託契約書例

委託者Xと受託者Aは，以下のとおり，信託契約を締結した。

（信託目的）
第1条　本信託の信託目的は，以下のとおりである。
委託者の主な財産を受託者が管理または処分することにより，
(1)　自ら財産を管理する負担から委託者を解放すること。
(2)　委託者が詐欺等の被害に遭うことを予防し，委託者が安全かつ安心な生活を送れるようにすること。
(3)　委託者が，可能な限り，従前と変わらぬ生活を続けることにより，快適な生活を送れるようにすること。

（信託契約）
第2条　委託者は，本契約の締結の日（以下「信託開始日」という。）に，前条の目的に基づき，別紙信託財産目録記載の財産（以下「信託財産」という。）を受託者Aに信託し，受託者はこれを引き受けた（以下本契約に基づく信託を「本信託」という。）。

（信託財産－預金）
第3条　委託者は，信託契約締結後，遅滞なく，信託財産目録記載3の預金を払い戻し，当該払戻金を受託者に引き渡す。
2　受託者は，前項の払戻金を第12条の区分に応じ分別管理する。

（信託財産－信託不動産）
第4条　信託財産目録記載1及び2の信託不動産の所有権は，本信託開始日に，受託者に移転する。
2　委託者及び受託者は，本契約後直ちに，前項信託不動産について本信託を原因とする所有権移転の登記申請を行う。
3　受託者は，前項の登記申請と同時に，信託の登記の申請を行う。
4　前2項の登記費用は，受託者が信託財産から支出する。

（信託不動産の瑕疵に係る責任）
第5条　受託者は，信託期間中及び信託終了後，信託不動産の瑕疵及び瑕疵により生じた損害について責任を負わない。

（信託の追加）

第６条　委託者は，受託者の同意を得て，金銭を本信託に追加することができる。

（委託者）

第７条　本信託の委託者は，X（昭和○○年○月○日生，住所：東京都○○区○○町△－△－△）である。

（受託者）

第８条　本信託の受託者は，以下のとおりである。

受託者　住　所　○○県○○市○○町△－△－△
　　　　氏　名　A
　　　　生年月日　昭和○○年○月○日

（受託者の信託事務）

第９条　受託者は，以下の信託事務を行う。

(1)　信託財産目録記載１及び２の信託不動産を管理，処分すること。
(2)　信託財産目録記載１の信託不動産を第三者に賃貸し，第三者から賃料を受領すること。
(3)　前号によって受領した賃料を，上記１号の信託不動産を管理するために支出すること。
(4)　上記１号及び２号において受領した賃料及び売却代金を管理し，受益者の生活費，医療費及び介護費用等に充てるため支出すること。
(5)　信託財産に属する金銭及び預金を管理し，受益者の生活費，医療費及び介護費用等に充てるために支出すること。
(6)　その他信託目的を達成するために必要な事務を行うこと。

（信託事務処理の第三者への委託）

第10条　受託者は，信託財産目録記載１及び２の信託不動産の管理を第三者に委託することができる。

（善管注意義務）

第11条　受託者は，信託財産の管理，処分その他の信託事務について善良な管理者の注意をもって処理しなければならない。

（分別管理義務）

第12条　受託者は，信託財産に属する金銭及び預金と受託者の固有財産とを，以下の各号に定める方法により，分別して管理しなければならない。

(1)　金銭　　信託財産に属する財産と受託者の固有財産とを外形上区別することができる状態で保管する方法

⑵　預金　　信託財産に属する預金専用の口座を開設する方法

（帳簿等の作成・報告・保存義務）

第13条　受託者は，信託事務に関する計算を明らかにするため，信託財産に属する財産及び信託財産責任負担債務の状況を記録しなければならない。

２　受託者は，自らが管理する信託財産に関する６か月毎の信託財産目録及び収支計算書を当該６か月終了後の翌月末日までに作成しなければならない。

なお，本信託の信託開始後最初に作成される信託財産目録及び収支計算書については，信託開始日が属する月を含み６か月間とする。

３　受託者は，前項記載の信託財産目録及び収支計算書を，前項により決められた期日までに，受益者及び信託監督人に提出しなければならない。

４　受託者は，第１項に基づき作成した帳簿は作成の日から10年間，前項に基づき受益者及び信託監督人に提出した書類を信託の清算の結了の日までの間保存しなければならない。

（信託費用の償還）

第14条　信託事務処理に係る費用はその一切を受益者が負担するものとし，受託者は，信託事務処理に係る費用を，直接，信託財産から償還を受けることができる。

（信託報酬）

第15条　受託者は無報酬とする。

（受益者）

第16条　本信託の受益者は，委託者Ｘである。

（受益権）

第17条　受益者は，受益権として以下の内容の権利を有する。

⑴　信託財産目録記載１の信託不動産を第三者に賃貸したことによる賃料から給付を受ける権利

⑵　信託目録記載１の信託不動産が処分された場合には，その代価から給付を受ける権利

⑶　信託財産目録記載２の信託不動産を生活の本拠として使用する権利

⑷　前号の信託不動産が処分された場合には，その代価から給付を受ける権利

⑸　信託財産目録記載３の預金から給付を受ける権利

（受益権の譲渡・質入れの禁止）

第18条　受益者は，受益権を譲渡又は質入れすることはできない。

（信託監督人）

第19条　本信託の信託監督人として，以下の者を指定する。

住　　所　東京都○○区○○△丁目△番△号　○○○法律事務所

職　　業　弁護士

氏　　名　△△△△

生年月日　昭和○○年○月○日

（信託監督人の辞任）

第20条　信託監督人は，受益者及び受託者の同意を得て辞任することができる。

（信託監督人の報酬）

第21条　信託監督人の報酬は，以下のとおりとする。

（省略）

第22条　本信託において信託監督人が存在する場合には，受託者及び信託監督人が協議し，両名の合意により，信託の変更をすることができる。

2　本信託において信託監督人が存在しない場合には，信託目的に反しないこと及び受益者の利益に適合することが明らかであるときに限り，受託者の書面による意思表示により，信託を変更することができる。

（信託の終了事由）

第23条　本信託は，受益者の死亡により終了する。

（帰属権利者）

第24条　受益者の法定相続人を本信託の帰属権利者として指定する。

信託財産目録

1　（省略）

2　（省略）

3　（省略）

第2章

「管理型信託」の再構成

金森　健一

第1　本稿の課題

高齢者の財産管理能力の低下・喪失を補完するための信託（以下「ファミリー・トラスト（FT）」という。）[1] の活用が確実に広まっている。信託のメインプレイヤーである信託銀行もこの分野の商品を提供している。[2] 一方，信託業法の適用を回避するための試みとして家族信託に関する設計支援や信託事務の補助等を業とする，司法書士，[3] 不動産業者等[4]又は元信託会社関

1）高齢者の財産管理能力の低下・喪失を補完するための信託については様々な呼称がありその意義も使用者によって区々であるため，本稿では次のとおりとする（家族信託の実態把握と課題整理に関する研究会「家族信託の現状と課題」（トラスト未来フォーラム研究報告書・http://trust-mf.or.jp/business/pdf/download/20160804164009.pdf）1頁（2016年9月8日アクセス）に拠った。）。

【ファミリー・トラスト（FT）】

個人の財産管理や資産承継を目的とする信託をいう。受託者としては，「信託業」を営む信託銀行及び信託会社のほか，委託者の親族等，資産管理法人等が含まれる。

【家族信託】

FTのうち，受託者が「信託業」を営む者ではない信託をいう。

2）みずほ信託銀行「安心の贈りもの」http://www.mizuho-tb.co.jp/souzoku/kazoku/index.html（2016年9月8日アクセス）など。

3）一般社団法人民事信託推進センター（2011年9月14日設立）

4）一般社団法人家族信託普及協会（2013年12月16日設立）

係者[5]をそれぞれ中心とする団体がFTの推進，普及及び支援のために活動している。一部信託銀行でも，家族信託の事務をサポートするサービスを提供している。[6]

これらの動きは，高齢者やその家族が抱く財産の管理や承継に関する希望を叶える実践として望ましいと考えるが，旧信託業法により新たな信託の担い手として期待された信託会社は，この分野において必ずしもその役割を演じきれていないように思われる。とくに，管理型信託会社は，その名称に「管理」と冠して，財産の保全機能が重視されるFTの担い手となりうる外観を呈しているにもかかわらず，FTの引受けを中心として成功しているとの評判は耳に届かない。

その原因は決して単一のものではなく複合的なものと考えるが，本稿は，信託業法が定める「管理型信託」がその原因の一つであると主張するものである。

FTの組成において適切な受託者候補が親族内にいない場合こそ，信託会社の出番となるべきであるが，筆者の経験上，FTを管理型信託会社が引き受けようとすると，「管理型信託」であることと高齢者の要望との調整ができず，結果として受託を謝絶せざるを得ない場面に出くわす。これでは，管理型信託会社はFTの担い手としての役割を果たせない。

そこで，本稿では，「管理型信託」の内容を確認した上で（→第２），FTの典型例を「管理型信託」として引き受ける場合の課題を挙げ（→第３），「管理型信託」における「管理」と「処分」の沿革的な位置づけを確認し（→第４），FTを管理型信託業として営むに当たって必要な「管理型信託」の再構成の内容を明らかにしたい（→第５）。

5）一般社団法人民事信託活用支援機構（2015年12月７日設立）

6）三井住友信託銀行による「富裕層向け信託活用事例セミナー」（2016年７月７日）において「弊社の民事信託（家族信託）サポートについて」と題する案内がなされた。また，田村直史「民事信託の利便者向上に向けた信託銀行のインフラ活用について」（信託フォーラム５号111頁以下も参照。

第2 「管理型信託」とは

1 信託業法2条3項

管理型信託会社は，登録を受けて管理型信託業を営むことができる（信託業法7条1項）。管理型信託業とは，次に掲げるいずれかに該当する信託のみの引受けを行う営業である（信託業法2条3項）。

① 委託者又は委託者から指図の権限の委託を受けた者（中略）のみの指図により信託財産の管理又は処分（当該信託の目的の達成のために必要な行為を含む。以下同じ。）が行われる信託（信託業法2条3項第1号） ② 信託財産につき保存行為又は財産の性質を変えない範囲内の利用行為若しくは改良行為のみが行われる信託（同項第2号）

本稿において，①及び②のいずれか又は双方に該当する信託を「管理型信託」と呼ぶ。管理型信託会社が引き受けられる信託は，そのような意味での「管理型信託」のみである。

①の信託は委託者指図型管理型信託と，②の信託は保存行為型管理型信託と，それぞれ呼ばれる。[7] 両者の違いは，受託者が行うべき信託事務の内容が，信託財産の保存行為[8]又は財産の性質を変えない範囲の利用行為[9]若し

7）小出卓哉『［逐条解説］信託業法』（清文社，2008）20頁

8）監督指針（5-2-1⑵①）によれば，財産の現状を維持する行為であり，知的財産権等に対する侵害を排除するための行為や，未登記不動産等について登記等を行う行為，消滅時効の中断等財産権の消滅を防止する行為などがある（同3-4-5⑴）。

9）監督指針（5-2-1⑵②）によれば，財産の通常の用法により収益を得ることを図る行為であり，長期にわたり他の方法による利用ができなくなるなど実質的に財産の処分利用行為は含まれない。信託財産の管理又は処分により生じた金銭を普通預貯金により管理する行為や，民法602条に規定する短期賃貸借に該当する行為などである。預貯金を貸付債権に変更する行為や上記の短期賃貸借に該当しない賃貸借に該当する行為などは含まれない（同3-4-5⑵）。

くは改良行為[10]にとどまるか（保存行為型管理型信託の場合），それを超える行為，つまり信託財産の管理又は処分及び信託の目的の達成のために必要な行為にまで及ぶか（委託者指図型管理型信託の場合）によるものであり，後者においては，管理型信託会社は，委託者又は委託者からの指図の権限（以下「指図権」という。）の委託を受けた者（以下「指図者」という。）のみの指図により信託事務を行わなければならない。

2 「指図」

指図に関して，「信託会社等に関する総合的な監督指針」（平成28年（2016年）6月）（以下「監督指針」という。）は，次のとおり定める（下線は筆者）。

> 5－2－1　管理型信託業の判断に当たっての留意事項
> （中略）
> (1)　法第2条第3項第1号
> 指図の内容が，信託財産の管理又は処分の方法を受託者の裁量が生じないように特定されるものになっているか。
> （以下省略）

これによれば，指図は，信託財産の管理又は処分の方法について受託者の裁量が生じないように特定するものでなければならない。

どの程度の「特定」を要するかについて，「管理または処分行為の対象となる信託財産の選択方法，管理又は処分行為の時期・相手方・対価・期間その他の条件等につき，具体的に特定された内容での指図が，信託契約において，または個別にされることが必要と解されます」[11]という記述がある。

10）監督指針（5－2－1(2)③）によれば，財産の価値を増加させる行為であって，財産の内容を実質的に変更するものとなっていない行為である。無利息債権を利息付債権に変更する行為や財産権から担保権という負担を除去する行為である（同3－4－5(3)）。

11）小林卓泰ほか『Q＆A新しい信託業法解説』（三省堂，2005）21頁また,「指図には相当程度の具体性が必要であり，委託者等から一任するとの指図はもちろん,『指定』を受けることでは足りず,『特定』されることが必要である」[12] とされる。これらの見解によれば，管理型信託会社は，保存行為型管理型信託の範囲に含まれる保存行為等を越えて「処分」を行うためには，常に上記の程度に特定された指図に従う必要がある。

また,「処分」に関して，金融庁は,「管理型信託会社に認められている指図による『処分』の定義如何。」とのコメントに対して,「財産権の移転その他財産について変動を与える行為をいいます。」との考え方を示している。[13] 法律用語としての一般的な意味も同様である。[14] このうち,「財産権の移転」については，その相手方に何らの限定も無い。つまり，受託者が受益債権に係る債務の履行として受益者に対して信託財産に属する財産（権）の全部又は一部を移転する行為も「財産権の移転」に含まれ，指図によらなければならないということになる。これに対して，受益者に対する給付は受託者の債務の履行であり,「処分」ではないとの考え方もありうる。たしかに，契約等により債務内容が確定している場合は，受託者の裁量は問題にならない。しかし，FTでは臨時払い等給付すべき金額がその都度異なるというスキームも少なくない。この場合に給付すべき金額についての裁量が管理型信託会社にあるかというと，これも「財産について変動を与える行為」に他ならないため，やはり指図を要することになると思われる。

監督指針も，上記金融庁の考え方も，直接信託会社を名宛人とする法規範ではないが，これに反する信託事務の執行は，業務改善命令（信託業法43条）の対象となりかねず，また，万が一,「管理型信託」に該当しない信託であると認定された場合には，無免許で（運用型の）信託業を営んだとして，信託業法91条１号違反により刑事罰の対象となるため，レギュレーション・

12）高橋康文『詳解　新しい信託業法』（第一法規，2005）43頁
13）平成16年（2004年）12月27日の「コメントの概要とコメントに対する金融庁の考え方」１頁
14）吉国一郎ほか『法令用語辞典〈第９次改訂版〉』（学陽書房，2009）436頁

リスクの回避の観点からは，前記金融庁の見解と異なる見解に立った運営は実際上困難である。

以上をまとめると，管理型信託会社が，第三者との間で取引行為を行い信託財産に属する財産を移転させたり，信託財産に属する財産の全部又は一部を受益者に給付したりするときは，信託行為により特定されている場合を除き，常に指図を要することになる。

3　指図権の“委託者からの委託”

指図を行うべき者が限定されている点も管理型信託業としてFTを引き受ける際に障害になる。信託業法2条3項1号によれば，「管理型信託」における指図すべき者は，次の者に限られている。

①　委託者 ②　委託者から指図の権限の委託を受けた者

FTにおいては，財産所有者である高齢者の管理能力の低下・喪失時を基準として，それより前は委託者である高齢者自身が，それ以後は委託者以外の者が，それぞれ受託者に対して指図をすべきとすることが多い。「自分でできるうちは，自分の思うところに従って管理してほしい」と考える委託者が多いからである。

指図者について，上記②にあるように信託業法は「委託者からの委託を受けた」ことを条件としている。受益権の譲渡とともに委託者の地位も移転させる信託であれば，常に委託者＝受益者となるから不都合はない。しかしながら，FTにおいては，委託者の相続開始によりその地位が相続人へ承継されることを否定する必要がある場合や，受益者が委託者としての地位を有するとすると当初の委託者（たとえば浪費癖のある子のために信託した父）の意に反することになるため委託者≠受益者とすべき場合などがあるため，委託者以外の者である指図者の存在が不可欠になる。

FTを管理型信託会社が引き受けた場合において，指図者が存在しないことは，現行信託業法上，信託事務の大部分の執行の停止を意味する。これを回避するために，信託契約書において委託者から指図権を委託する者について可能な限り列挙して記載して対処している。この場合，信託業法の定めは指図権の発生源を委託者とするような文言であるため，信託契約書においては，委託者から委託する形式を取らざるを得ない。[15)][16)]

このように，「管理型信託」において「処分」とされる行為を行うためには，①「指図」が必要であり，しかもそれが②「委託者又は委託者からの委託を受けた者」によるものであることを要する。次に，具体的なFTのスキームを念頭において，それらがFTの引受けの障害となるかを確認する。

---

15) 指図権の根拠が信託行為の定めであれば（中田直茂「指図権と信託」新井誠ほか編『信託法制の展望』（日本評論社，2011）450頁），信託行為に指図権についての定めさえあれば，受託者は指図者とされる者からの指図に従えば足りる。しかし，「管理型信託」の指図者は，委託者から委託を受けた者であることを要するとされる。そのため，信託行為に指図者の定めをするのみでは不十分である。委託する方法は契約によるものと考えられるから，委託を受ける側の承諾を要するだろう。そうすると，たとえば，信託契約書においてBに対して指図権を委託する旨の意思表示がなされた場合において，Bによる受託の意思表示がなされる前に委託者Aが死亡したときは，Bは，「委託者からの指図の権限の委託を受けた者」に該当しないであろう（民法525条）。FTでは委託者の死亡後の財産の管理が必要であるため，指図権の「委託者からの委託」を求める信託業法の規律はこのような場面に対して十分でない（信託契約締結と同時に指図者の承諾も取り付けるという方法もあるが，信託したことを周囲に伏せておきたいとのニーズも強い。）。

16) 本稿の目的からは逸れるが，委託者による信託財産に対するコントロールを前提とする委託者指図型管理型信託に，果たして「信託の実質」，つまり信託財産の委託者からの支配離脱（新井誠『信託法［第4版］』（有斐閣，2014）129頁以下）はあるのであろうか。災害発生等の緊急時対応のために，保存行為は受託者の裁量において可能な仕組みにすることが通常であろうが（委託者指図型管理型信託＋保存行為型管理型信託），委託者指図型管理型信託のみの場合にこれを有効な信託とするかは，信託行為の有効性を何に求めるかによって異なるのではないか。

第３　「管理型信託」と高齢者の財産管理のための信託

１　例１　不動産の管理処分信託

(1)　事案（以下「事案①」という。）

Ａ（80歳）の家族は，嫁いだ長女Ｂ（60歳）のみである。Ａは高齢者施設への入所を考えているが，金融資産のみではその支払いに十分でない。そこで，Ａは自宅を担保にして融資を得たいと考えている。一方，金融機関Ｃは，Ａが認知症になることや相続後の融資金の回収のことを考えて融資を躊躇している。

(2)　スキーム例

生活の余裕資金等として，高齢者が自宅を担保にしたリバース・モーゲージ・ローン[17)]による融資を受け，これを回収するための仕組みとして信託を利用する場合がある。この場合の信託（以下「RM信託」という。）のスキームの概要は，以下のとおりである。

①　高齢者Ａと信託会社との間で，Ａの自宅の土地建物を信託財産とする信託契約を締結する。受益者はＡである（自益信託）。
②　Ａは，貸付限度額内で定期に又は臨時に金融機関から融資を受ける。
②　Ａの死亡等ローン契約で定める期限の利益の喪失により，信託会社は，信託財産に属する土地建物を売却するなどして換金し，この代金

17）住宅ローンがフォワード・モーゲージであるのに対して，キャッシュの支払いの方向が借入金として貸し手から借り手へ向かい，かつ，借金が増え住宅に対する持分が減ることからリバース・モーゲージと言われる。基本的な仕組みは，ローンを完済している自宅に住み続けながら，その自宅を担保に融資を受け，契約期間終了時（利用者死亡時等）に担保不動産を処分することによって融資金を元利一括返済するというものである（リバース・モーゲージ研究会編『日本版リバース・モーゲージの実際知識』（東洋経済新報社，1998）５頁以下参照）。

を原資として金融機関に対して借入金債務を返済する。

⑶ 信託財産の売却における指図の必要性と，その場合の指図者

RM信託は，融資を受けた高齢者やその相続人が本来行うべき担保不動産の売却手続を信託会社に行わせることで，金融機関にとっての融資の回収率の引き上げ及び回収コストの削減，その反面として高齢者が融資を受ける機会の拡大に資するものである。リバース・モーゲージ・ローンは，原則として，融資期間中，元金に対する返済はしない仕組みであるため，清算のための不動産の売却は欠かせない。この不動産の売却は，買主に対する土地建物の所有権の移転であり，「財産権の移転」であるから，信託財産に属する財産の「処分」に該当するため，管理型信託会社は指図に従ってのみすることができる。この場合に誰が指図すべきであるかについては，可能性として，金融機関又は利用者自身若しくはその相続人のいずれかが考えられる。現実的には，利用者の相続人の全員一致の指図を求めることが困難であることや，相続人が高額での売却を志向するあまり売却・返済に至るまで長期間を要することが見込まれることから，実質的な担保権者である金融機関が指図する仕組みにせざるを得ない。もっとも金融機関のみからの指図によることも懸念がないとはいえない。金融機関によっては回収を焦るあまり，不適切な指図をしてしまう可能性を排除できないからである。この場合，指図に関して一定の要件（一定の方法で算出した市場価格を下回る金額での指図には応じないなど）を付すことで対処することも考えられるが（信託業法65条，66条参照），信託目的達成のために売却すべき状況であるのに指図がなされない限り不動産の売却ができないことは，不動産を所有することによるリスク（土地工作物責任（民法717条１項）リスク等）や管理コスト（固定資産税等）をその間信託会社が負担することを意味するため，信託会社にとっては負担が重いスキームとなる。

また，賃貸物件を対象とするRM信託の信託事務においては，借地借家法の適用を受ける建物賃貸借契約の締結が必要になる。これは，同契約の更新

拒絶に正当事由を要し（同法28条），賃貸期間が3年を超えることが想定されるため「処分」に該当する。したがって，管理型信託会社が建物賃貸借契約を締結するには指図を要するため，たとえば，委託者兼当初受益者（元物件所有者）が死亡してから物件の売却完了までの間など指図者が不在の場合は，管理型信託会社は新規の賃貸借契約を締結することができないことになる。「処分」に該当しないように，定期建物賃貸借（借地借家法38条）によることも考えられるが，定期である点が入居希望者から敬遠され，受益者にとっての収益機会を逸失したり，修繕費等の確保が不十分になったりしかねない。入居者の選定について，収入等の一定の条件をクリアしたことを超えて特定の個人であることまでも求める理由はあるだろうか。建物賃貸借契約締結を一律「処分」とするのは，硬直的過ぎないか。

2　例2　親亡き後問題を解決するための金銭管理信託

⑴　事案（以下「事案②」という。）

D（80歳）は，夫に先立たれ，家族は長女E（55歳）のみである。Eは浪費癖があり定職にも就いていない。Dは自己が亡くなった後でもEが生活に困らないように自己を被保険者とする2億円の生命保険に加入している。Dの相続開始によりEへ2億円の保険金が一度に渡ることになれば，適切な管理ができるか疑問であるし，生活の基盤を危うくするのではないかと心配している。

⑵　スキーム例

遺される家族のための資金管理であるが，この場合の信託のスキームの概要は次のとおりである。

① Dと信託会社との間で，保険金請求権を信託財産とする信託契約を締結する。当初受益者はD，第2次受益者はEとする。
② Dの相続開始により，Eが受益権を取得する。信託会社は保険金請求権を行使し保険金を受領し保管する。Eに対して，生活に必要な資金を定期的に定額を，又は必要になるたびに必要な金額を支払う。
③ 信託契約にEが死亡したときなどを信託終了事由として定め，その到来により残余財産を帰属権利者に給付する。

(3) 受益者に対する給付と指図

生活資金の管理のための金銭の払い出しには，①定時定額払いと，②臨時払いとがある。①定時定額払いは，たとえば，毎月15日に20万円を受益者名義の口座へ振り込むといったものである。払出頻度や，払出日，払出金額を変更することは，信託事務の変更であり，信託の変更として，信託法149条1項から3項までの定めか信託行為で定めた方法（同条4項）によることになる。②臨時払いは，その都度信託の変更によってもできなくはないと考えられるが，管理型信託会社はその都度の指図に従って行うことになる。それは，受益者に対する財産権の移転であり，前述した「処分」の意義に照らすと，信託財産に属する金銭を「処分」することに該当するからである。

しかし，実際の事案では，指図を担うべき者がいないことが少なくない。そのような場合，臨時払いを認めないスキームにするか，受益者本人に指図する権限を委託するというスキームにすることになる。しかし，臨時払いが認められないとすると急な入用に耐えられない。また，受益者本人が指図するという場合には，その受益者が認知症等により判断力が低下・喪失した場合には，別途後見人等の代理人がいなければ時宜に適した信託による給付を受けられないという事態にもなりかねない。

3　例３　死後事務等の報酬後払いのための金銭保全信託

⑴　事案（以下「事案③」という。）

Ｆ（80歳）は，結婚しておらず子どももいない。推定相続人は兄弟か甥姪である。Ｆは，自分好みの葬儀を執り行ってもらいたいと考えて，葬儀業者Ｇ社と葬儀の生前予約を締結しようと検討中である。Ｇ社による見積りでは百万円を超える金額であり，直ちにＧ社にこれを支払うのは不安である。また，Ｇ社としてもそのような不安を払拭して利用者の囲い込みをしたいと考えている。

⑵　スキーム例

いわゆる“お独りさま”には，葬儀の手配等の自己が死亡した後の事務を任せたい，将来の費用や報酬のために予め金銭を預託したいとのニーズがある。また，引き受ける業者等も，自己の信用力補完のために，自身の倒産等からの隔離ができる預かり方法を求めている。このような場合の信託のスキームは以下のとおりである。

①　（信託外で）ＦとＧ社との間で，葬儀の内容や報酬について取り決める生前予約（死後事務委任契約）を締結する。

②　Ｇ社と信託会社との間で，金銭を信託財産とする信託契約を締結する。

③　Ｇ社は，Ｆに対して，Ｇ社の葬儀費用と葬儀執行時の報酬を合算した金額を②で設定した信託の受託者名義の口座へ振り込むように通知し，Ｆはこれに応じて振り込む。

④　Ｆが死亡し，その葬儀をＧ社が執り行ったときは，Ｇ社は信託会社に対して葬儀費用と報酬分の金銭を支払うよう請求し，信託会社はこれに応じて金銭を支払う。

⑤　Ｆの葬儀を執り行う前に，Ｇ社が破綻した場合や生前予約が解除さ

れた場合は，信託会社はFに対して信託財産に属する金銭を払い戻す。

(3) 給付すべき金額が受託者の裁量と無関係に決まる場合の支払指図

生前予約時の見積りに従い信託した金銭の額と実際に要した葬儀代金額との関係により3つの場合に分けて考える。

ア 信託した金額＝実際に要した葬儀代金額の場合

この場合は，実際に予約どおりの葬儀がなされたどうかの確認をどのように行うかという問題は別途あるにせよ，指図との関係では特段問題は生じない。信託契約において支払うべき金額が特定され，支払時期についても特定の葬儀業者等からの請求を受けた時などとして特定が可能だからである。

イ 信託した金額＜実際に要した葬儀代金の場合

しかしながら，通常，見積りに従い信託した金額と実際の葬儀代金額との間にはズレが生じる。物価の変動による金額の増減は避けられない。信託した金額が実際の葬儀代金額に不足する場合は，葬儀代金の支払いは受益債権に係る債務の履行であるため受託者は信託財産に属する金銭からしか支払えない以上（信託法100条），信託された金銭（信託報酬や信託費用を控除した残額）の全額を支払えば足りる。信託契約書において信託財産に属する金銭の全額などと記載することをもって特定が可能であり，指図の問題はクリアできるが，業者は受け容れないだろう。

ウ 信託した金額＞実際に要した葬儀代金の場合

業者が報酬全額を確保しようとすれば，見積り金額より多めに信託してもらうであろう。指図との関係で問題となるのが，実際の葬儀代金額が信託された金額に達しないときである。受託者が払い出すべき金額は，指図により決まるからである。監督指針は，前述したように，「受託者に裁量が生じないよう特定されていること」を求めているから，たとえ，信託財産に属する金銭の金額を下回り，かつ，信託外での生前予約に基づく債務の発生により支払うべき金額が確定しており，受託者として払い出すべき金額が客観的に明らかであっても，指図により特定されたものでない限り，指図に従うことなく行った「処分」とされかねない。

第4　管理型信託における「管理」と「処分」の位置づけ

「管理型信託」における「管理」と「処分」は，どのように位置づけられているのか。沿革に触れ確認する。

1　「信託業のあり方に関する中間報告」

金融審議会金融分科会第二部会は平成15年（2003年）7月28日付で，金融審議会報告「信託業のあり方に関する中間報告」（以下「中間報告」という。）を公表し，信託業法の改正について，受託可能財産の範囲の拡大とともに，信託業の担い手の拡大を主要な見直しに係る主要なポイントとしている。中間報告は旧信託業法の基礎となったものである。信託業への参入基準の区分の考え方について，以下のように記述されている。

「信託契約や委託者の指図に従って信託財産の管理や流動化を行うような受託者の裁量性が限定されている業務と，信託財産を用いて運用・処分を行うなど受託者の裁量性が高い業務とでは，信託会社に求められる資質や能力が異なり，後者にはより高度なものが求められる。」として，

①　「維持管理型」信託
　受託者が自らの裁量で信託財産の形を変えたり処分をしたりせず，その財産の通常の用法に従って保存・維持・利用を行ったり，又は委託者等の指図に従ってのみ処分を行う信託
②　「流動化型」信託
　資産の流動化を行うことを目的として資産の受託を行う信託
③　「運用管理型」信託
　受託者が自らの裁量で信託財産の形を変えたり，運用や処分を行う信

託（①，②以外の信託）

の3つに区分している（以上中間報告9頁～11頁）。

以上によると，参入基準の区分のメルクマールは，信託財産の（広義の）管理における受託者の裁量性の高低にある。また，その下に，①「維持管理型」信託，②「流動化型」信託及び③「運用管理型」信託の3つに区分している。一方，旧信託業法は，①「維持管理型」信託を管理型信託業（信託業法2条3項）とし，③「運用管理型」信託を（運用型）信託業（信託業法2条1項）と整理した。②「流動化型」信託については，管理型信託業と信託受益権販売業とを合わせて行う営業として整理したとされる。[18)]

再度，①「維持管理型」信託を見ると，「受託者が自らの裁量で信託財産の形を変えたり処分をしたりせず，その財産の通常の用法に従って保存・維持・利用を行ったり」の部分が保存行為型管理型信託に，「委託者等の指図に従ってのみ処分を行う」の部分が委託者指図型管理型信託にそれぞれ対応する。区分のあり方や具体的な定義等について実態に即して検討を行う必要があるとされていたものの，中間報告による区分が，表現の違いこそあれ，そのまま旧信託業法に反映されていると見受けられる。この段階で既に，処分については委託者等の指図に従うことを要するとされている。

2 「中間論点整理～平成16年改正後の信託業法の施行状況及び福祉型の信託について～」

平成20年（2008年）2月8日，金融審議会金融分科会第二部会は，旧信託業法の施行状況の中で信託業の担い手の拡大として導入した管理型信託会社制度の状況とともに，福祉型の信託の担い手について確認・検討する文脈の中で，次のとおり記述している。

18）神田秀樹監修『新信託業法のすべて』（きんざい，2005）9頁

「○　信託財産の運用
・信託の財産分離機能（高齢者等が保有財産を詐取されないようにするために信託を利用）に重きを置けば，受託者は財産の管理のみを行うのではないか。
・受益者の生活支援や金融資産等の長期の受託を念頭に置けば，受託者には必要に応じた信託財産の処分や一定の運用が求められるのではないか。」（9頁）

受託者としての信託財産の管理事務が，管理のみで足りるか，処分や運用までに及ぶかについて触れている。ここでも，管理の場合と処分・運用の場合とを区分しており，現行の管理型信託会社と（運用型）信託会社の区分に拠っている観がある。処分は運用と並ぶものと位置づけられている。

第5　指図によらない管理型信託会社の裁量の限定

1　管理型信託業を認めた趣旨

管理型信託業が，（運用型）信託業と区別されて認められた趣旨は，立案担当者の著書によると以下のとおりである。[19)]

「信託業務は，受託する財産が財産権一般であり，管理，処分の方法についても，財産の単純な管理から利殖のために信託財産について高度な運用を行うものまで多岐にわたり，多様な業務が考えられることから，一律の参入基準ではなく，業者が具体的に営もうとする信託業務の裁量性に応じた資質や能力を求めることとされた。このため，裁量性の低い信託業として『管理型信託業』が規定されたものである。」

「『受託者ハ信託行為ノ定ムル所ニ従ヒ信託財産ノ管理又ハ処分ヲ為スコト

19）高橋・前掲注12）43頁

ヲ要ス』（信託法4条）とされ，信託行為において受託者が委託者の指図に従って信託財産の管理，処分を行うこととされている場合には，受託者が信託財産について高度な管理，処分を行うとしても，受託者に高い能力を求める必要はなく，委託者の指図どおりに管理，処分を行う能力があれば問題ないと考えられ（以下略）」

つまり，信託財産の管理における受託者の裁量が制限される信託であれば，求められる受託者としての資質・能力はその分限定され，参入条件も緩和できるということである。信託業法は，受託者の裁量に関する分水嶺を引き受け可能な信託の「管理型信託」への該当性に求めた。しかしながら，「管理型信託」によりFTを引き受けようとすると実務上，不都合が生じることは既に見たとおりである。

委託者指図型管理型信託において委託者等の指図に従い管理又は処分をしなければならない理由が受託者の信託財産の管理に関する裁量を制限することにあるのであれば，受託者の裁量を制限する方法はこれに限られないというべきである。

前記第3の事案①から③までにおいてそれぞれ以下の方法が考えられる。

2　受託者の関与なく時期・金額が決定する取引の実行（事案①）

複数の不動産鑑定士による評価額を基準価額として，これを複数の不動産仲介業者に提示し，最も高値で買い取る買主との間で管理型信託会社は売買契約を締結する。売却事由は，たとえばローンの期限の利益喪失や信託費用の不払い等信託契約において限定されており，当該事由の発生により上記手順による売却手続が進行し，売却価格は，信託会社の裁量が生じる余地なく自動的に決まる。この場合に，監督指針が定義する前述の意味での指図を要求する意味は乏しい。信託会社が自ら買主を探索する場合には，相手先や金額に関して信託会社の大幅な裁量が必要である。しかし，不動産鑑定士や仲介業者等の第三者の利用により，信託不動産の客観的な価値に見合った売買契約は指図が無くとも可能である。また，売却価格以外にも売却条件はあるが，高値での売却がこの場合の信託の目的に合致するのであるから，その他の売却条件について受益者に不利益を被らせることがないかの確認は管理型信託会社としての善管注意義務に含まれると整理してはどうか。[20)]

3　「委託者からの委託」の緩和（事案②）

指図権の委託は委託者からのものに限られるため信託契約にその旨を定めるほかない。この点，受益者に対して指図権を委託する旨を信託契約で定めることは困難ではない。委託者が受益権を取得した者に対して指図権を委託する旨を定めれば足りるからである。

問題は，受益者が障害者や浪費家であり，これらの者に対して指図権を委託しては，委託者の想いに反する結果を招くことが想定されるため，受益者に指図権を委託できない場合である。この場合に，たとえば，受益者の同居の親族や受益者の住む老人ホームの担当者等，受益者たる高齢者の生活状況について把握し，支援している立場にある者からの指図に従うことを許容するのはどうか。高齢者の生活スタイルやそれを支援する者は時の経過と共に変化するから，信託契約締結時において，これらの者を特定した上で委託者から委託する旨を定めるのは困難である。

ところで，何ゆえに，委託者や委託者から指図権の委託を受けた者からの指図でなければならないのか。受益者のための信託であるならば，受益者自身やその利益を代弁する者からの指図であれば，受益者の利益保護になりうるのではないか。管理型信託会社の裁量を制限するためであれば委託者を発

20）管理型信託会社も善管注意義務（信託業法28条2項）を負っている。たとえば，保存行為型管理型信託における保存行為としての請負契約の締結において，その請負先や請負報酬について管理型信託会社は受益者に損害を与えないように行為すべき義務を負っている。委託者指図型管理型信託においてさえ，信託業法66条に反する指図についてはこれに従ってはならない旨の見解があり（小出・前掲注7）307頁），この見解に従えば，信託業法66条・同法規則68条の各要件に該当するかどうかについて管理型信託会社は判断しなければならず，この点においてやはり裁量があると言わざるを得ない。管理型信託業は，受託者が全く裁量を有しない信託業ではない。

生源とする必然性はない。

4 信託外の債務についての閾値以下の払い出しの許容（事案③）

事案③においては，信託契約締結時において将来払い出すべき金額が特定できず，また払い出すべき時において金額を特定すべき者がいない。信託された金額が葬儀代金の額を上回っている場合，金額の特定がないため払い出せない。

このような債務の金額は，信託外で定まり，確定した債務に係る金額を支払うべきとされているのであるから，管理型信託会社に支払いに関する裁量はない。信託外の債務について信託行為において定めた閾値以下の払出しについては，請求と別途指図を求める理由がないように思われる。

5 「管理型信託」の本質

以上のように，管理型信託会社の信託財産の処分に関する裁量は委託者等からの指図に従う方法に拠らずとも制限することが可能であり，また，スキーム全体における役割から受託者の裁量がそもそも存在しないものがありうる。無理をして，委託者等からの指図に従う形式を採るよりも合理的な結果を得ることができ，受益者の利益にも資する。

「管理型信託」の本質は，保存行為等を超える管理又は処分における受託者の裁量の否定にある。管理又は処分をするに当たり委託者等からの指図に従うべきことは，その本質を堅持するための手段の一つに過ぎないというべきである。

第6 結びに代えて

現在，管理型信託会社は12社存在し，[21] その中には高齢者の財産管理や

21）2016年7月1日付「運用型信託会社免許・管理型信託会社登録一覧」（http://www.fsa.go.jp/menkyo/menkyoj/sintaku01.pdf）（2016年9月13日アクセス）

資産承継のための信託を提供するものも存在する。本稿は，その一つに勤務する者が実務において日頃頭を抱えている原因について改めて考えたものである。

裁量が必要であれば（運用型）信託会社の免許を取得すればよいという考え方もあるかもしれない。しかし，高齢者のための財産管理においては「運用」に必要なほどの裁量が必ずしも求められるものではないことは見てきたとおりである。

一方，反復・継続して受託者になる者の資格について，福祉型の信託の普及のために，これを拡大すべきとの意見があるが，[22] 信託実務経験者と共に働き，財産的基盤について常に配慮している立場にある者からすると，一定の人的構成や財産的基盤を要求されるのは致し方ないように思う。

“信託の担い手や受託者の担い手の拡大”を求める声を聞くたびに，不甲斐なさを感じる信託会社関係者は筆者だけであろうか。

新井誠教授は，FT（教授は「パーソナル・トラスト」，「民事信託」と呼ばれる。）を普及させるために親族が受託者となることは，信託の沿革から見て歴史に逆行するものであり，受託者像は親族・個人から専門家・法人へと変遷してきたと指摘される。[23] 信託会社に対する失望が信託の歴史に対する逆行を生んでいるとしたら，そのような流れを食い止めるべく「管理型信託」の再構成による管理型信託会社の活用が必要である。

（かなもりけんいち　ほがらか信託株式会社／弁護士）

※本稿中，意見にわたる部分は，筆者個人の見解であり，所属する団体の見解ではないことを申し添える。

22）金融審議会金融分科会第二部会第42回及び第46回の各議事録参照。

23）新井誠『信託法〔第４版〕』（有斐閣，2014）533頁以下

第3章

高齢者の資産承継と信託の機能

伊東　大祐

はじめに

信託が，高齢者資産の次世代への承継に活用できるという点は，かねて意識され，多くの検討がされてきた。

改正された信託法は，後継ぎ遺贈型受益者連続信託の存続期間の規定を91条に設け，信託を利用した後継ぎ遺贈が可能であることを示した。

そもそも，アメリカにおいて，遺言による相続がプロベイトという煩瑣かつプライバシーの保護のない手続に依らねばならないことから，それを回避するために撤回可能生前信託という方策が普及し，いまやむしろこれがスタンダードな方法となっているので，我が国においても信託を遺言に代用するという方法が注目されるのは当然であろう。

後継ぎ遺贈など，通常の遺言等によっては実現不可能な承継が実現できることももはや周知と言ってよい。

しかし，その他の点でも，信託を利用した資産承継には，多くの利点がある。

本稿においては，その点を遺産分割手続を行う場合と，遺言書による場合と対比して概観したい。

第1　信託以外の資産承継の方法と限界

1　法定相続の場合

(1)　遺産分割の手続

被相続人が生前に信託を組成したり，遺言をしたりしない場合は，資産の承継は遺産分割の手続による。

遺産分割は，相続人間の協議により行う（民法907条1項）が，協議が調わないとき，協議をすることができないときは家庭裁判所が審判により分割を行う（同条2項）。この審判に先立ち，家庭裁判所での遺産分割調停が行われることが通常である。

この遺産分割の対象になるかどうかという点が，預貯金等の金銭債権やそれに類似する金融商品についてかねて論議され，金銭債権は法定相続分に従って当然に分割されるという見解が通説判例をなしてきたが，平成28年12月最高裁は判例を変更し，預貯金等もひろく遺産分割の対象となる旨判示し，[1] 今後遺産分割の対象となる事案が大幅に増加するものと思われる。[2]

(2)　遺産分割手続の限界

相続人間の協議による場合は，当然相続人全員の合意が成立しなければ遺産分割ができない。遺産はいわゆる遺産共有状態におかれ，相続人は相続分については譲渡等の処分ができても，遺産を構成する個々の財産についての処分をすることができない。預貯金等の払戻も認められず，被相続人の金融資産に依存して生活していた配偶者などの相続人の生活に支障が生ずるほか，相続税が課税される場合の納税にも困難が生ずる。

家庭裁判所の調停・審判による場合も，手続に要する時間に鑑みれば，こ

1）最高裁平成28年12月19日決定（裁時1666号1頁参照）。なお，この判例変更は法制審議会家族法部会における方向性を超え，昭和29年以来とされる預金当然分割説を180度変更するものと思われ，今後その射程等を注目する必要がある。

2）これまでの家庭裁判所実務では，遺産が預金しかない場合は，相続人一同でこれを遺産分割の対象とする合意がない限りは，遺産分割事件としては受理しないことが通例であった。

の問題の解決にはならず，[3] そもそも調停は協議同様相続人間の合意が必要である。

さらに，家庭裁判所の審判においても，民法906条に遺産の分割の基準が「遺産の分割は，遺産に属する物又は権利の種類及び性質，各相続人の年齢，職業，心身の状態及び生活の状況その他一切の事情を考慮してこれをする。」と定められているとはいえ，相続分割合を法定相続分以外とする判断はなし得ないので，相続人の生活状況や被相続人の推定的な意思が法定相続分によらない遺産分割を望ましいものとする場合も，そのような解決はできない。

2　遺言による場合

⑴　遺言による事前対策

被相続人の財産の承継について，遺言によれば特定・包括遺贈（民法964条），相続分の指定（民法902条），遺産分割方法の指定（民法908条）等を決めることができるとされる。

いわゆる「相続させる」遺言は相続分の指定と，具体的遺産の帰属先も規定する場合は，遺産分割方法の指定も含んだものであるとされ，この方法によれば遺産分割を経ずに遺産は直接当該相続人に帰属するものとされる。

遺言者の最終意思を明確にするため，遺言書には厳密な方式が要求され（民法967条以下），方式に外れたものは無効とされる。

公証人に口授して作成する公正証書遺言という方式も準備されており（民法969条），自筆証書より確実性が高いことが予定され，公正証書の場合は検認を要せず遺言の執行を行うことができる（民法1004条２項）。

遺言者の最終意思を尊重するため，遺言の方式に従い，いつでも撤回ができる（民法1022条）。

兄弟姉妹しか相続人のない場合などは，兄弟姉妹には遺留分がないため

3）法制審議会家族法部会において論議されていた審判前の保全処分等の活用も検討する必要が生じてこよう。

（民法1028条），これらに相続させたくない場合は遺言をすることが重要な意味を持つ。子の無い夫婦において配偶者と被相続人の兄弟姉妹が相続人になることが予定されている場合などが，遺言が必要な典型とされる。

⑵　遺言の限界

ア　遺言の書き換え等

実務的に振りかえると，遺言による相続対策の最大の限界は，「遺言がいつでも書き換えられること」である。

即ち，民法は遺言をいつでも撤回可能とし（民法1022条），後の遺言・生前行為と抵触する遺言は撤回されたものとする（民法1023条）。

遺言は遺言者の最終意思を実現するものであり，また，負担付遺贈の負担が先履行された場合などを除き，相続財産の処分方法は相続人等の利害を考慮せずに被相続人の自由な意思に委ねられるべきものであることからの当然の帰結であるが，実際にはこの法原則のために引き起こされる紛争が後を絶たない。[4)]

高齢化に伴い，意識が清明なまま死を迎えることはほとんどなくなり，遺言者の意思能力が徐々に減退を続け，場合によっては全く失われる期間が長期化している。

この場合，遺言者は推定法定相続人や身近な他人の言動に左右されやすくなり，清明な意識のもとで熟考の上作成した遺言を撤回したり，変更することが起こりやすくなる。

また，遺言者が内心では違う意向を持っていても，身近な存在への遠慮・恐怖等からそれを貫けないこともままある。

そのようにして撤回・変更された遺言については，相続開始後，その有効性についての疑義が生じ，泥沼の争いに陥ることが通例である。

イ　状況の変化への対応

意思能力減退下での外部の圧力による撤回等が行われなかったとしても，

4）中小企業の事業承継については特別法が制定され，生前からのプランが覆滅されないような対処が可能になっているが，活用できる範囲が限られる。

遺言者をとりまく状況に変化が生じ，遺言の内容が遺言時の想定に即さなくなることもある。

その一つが，高齢化に伴い，施設入居・介護・病気等により老後の財産状況が変更を余儀なくされることが想定できなかった場合である。特に，遺産中不動産をある相続人に，金融資産を別の相続人になどと遺言したような場合，金融資産が老後の生活で想定外に費消されて減少するなどすると，遺言時に遺言者が実現しようとした遺産分割が事実上実現できないばかりか，相続人間の紛争を引き起こすというおそれがある。[5)]

もう一つは，近時浮上した問題であるが，成年後見人による財産処分との抵触がある。高齢化に伴い，必然的に生前に財産の管理能力が失われる期間が生じているが，その段階に対処する制度として，成年後見制度が設けられ，活用が促進されている。遺言の存在が知れている場合などには成年後見人の財産処分が遺言実現を妨げないように注意がされている[6)]が，遺言の存在が不明な場合には，成年後見人が必要に応じて財産を処分したことで遺言の実現が妨げられる状況が生じかねない。

ウ　なお，遺言に条件や期限を付すことも可能であるが，実務的にはあまり複雑なものは作成されず，また，遺産の処分についても遺贈や相続による権利自体の承継以外の複雑な方法は予定されていない。被相続人から遺産を承継した相続人から更に先の相続について，遺言でコントロールするいわゆる後継ぎ遺贈は，民法上は無効であるという見解が有力である。

第２　信託の活用による対処

以上の従前の法制度による資産承継と比較して，信託を活用した方法には多くのメリットがある。以下，生前対策としての遺言との対比について先に

5）この問題は，後述する信託を活用した場合も無視できないものである。
6）後見制度支援信託の適否の判断においても，知れたる遺言書との抵触がないことが必要とされている。

触れ，次いで遺産分割の手続に関する信託の活用を検討することとする。

1　遺言との対比

(1)　撤回不能の遺産処分準備

遺言についての問題点として挙げた「いつでも撤回・変更できること」に関しては，信託を活用すれば対処が可能である。

遺言に代えて信託契約を活用するいわゆる遺言代用信託については，信託法90条において受益者変更権の留保が規定されている。遺言代用信託は，遺言に類似するので，遺言の撤回自由になぞらえて，受遺者等に相当する受益者を信託契約後変更できることを原則としたものである。

しかし，この受益者変更権は，「別段の定め」を設けてこれをないものとすることも可能である（信託法90条１項ただし書）。

これにより，被相続人の意思能力等減退時の不測の撤回・変更，他からの圧力・影響による撤回・変更を回避することができる。[7)]

(2)　受託者への移転による成年後見人の影響排除

次に，生前に信託契約を締結し，財産を受託者に移転すれば，当該財産は被相続人の財産から離れ，仮に被相続人について成年後見が開始しても成年後見人の処分が及ばないものとなる。

これにより，成年後見人による不測の財産処分の影響を免れることができる。

むろん，この場合は，被相続人生前の財産管理として信託の内容が十分に配慮されている必要があるが，将来の相続を見越した全体的なデザインがさ

7）後に不測の変更がされることを防止するには，受益者変更に係る信託法90条１項ただし書の別段の定めのほか，信託の変更についての同法149条４項，信託の終了に関する同法164条３項の別段の定めなどの必要性を検討し，資産承継のデザインが破壊されないように目配りする必要がある。これら変更・終了についての別段の定めは，「変更・終了ができない」というような包括的な定めを置くとかえって動きが取れない危険性もあるので，何について，どのような別段の定めを置くかを更に綿密に検討しなければならない。契約条項を検討する専門家の技量が問われる場面である。

れていれば，[8] 被相続人の生活を守りながら死後の資産承継についての意向も十分反映することが可能になるのである。

(3) 受託者の権限と遺言執行者の権限

遺言の場合は，通常遺言執行者によりその内容が実現されていくこととなるが，信託を活用した場合は，受託者（及び指図権者等の意思決定権者）等により資産承継が実現されていくことになる。その役割は類似するが，信託の受託者等による実現の方が強力な側面がある。この点は，後記2において併せて述べる。

(4) 後継ぎ遺贈

信託の場合は，後継ぎ遺贈型受益者連続信託という方法を用いることで，被相続人からの直接の承継者から先の承継についても一定の範囲（信託法91条）でコントロールを及ぼすことができる。

2　遺産分割プロセスと信託

(1) 信託による資産承継目的の直接的実現

遺言代用信託の場合，被相続人が生前に有していた受益権はその死亡により消滅し，資産を承継すべきものとされる相続人等に新たに信託契約の定めに従って受益権が生ずるという規定がされる。

実質的には遺産の承継に相当する新受益者の受益権取得も，遺言代用信託契約に基づいて生ずるものであり，受託者において当該新受益者が契約所定の者であることを確認しさえすれば，その者を新受益者と認めて給付を行うことが可能である。

例えば，銀行預金であれば，仮に法定相続人間で遺産分割の合意をしても，そもそもそれら相続人らとの相続関係を戸籍・除籍等で確認をしなければ払い出しには応じてもらえない。戸籍等の取り揃え，金融機関の相続関係部署

8）この点，信託においても，①老後の財産ニーズの変化，②資産承継についての将来的な状況変化に十分な注意が必要である。あまりに長期にわたる後継ぎ遺贈型受益者連続信託の設計などは，十分慎重な考慮が必要である。

でのチェック等で，最低限でも1か月程度の期間を要することが通常である。

これに対し，資金を受託者に信託し，被相続人死亡後の受益者，又は被相続人死亡により終了する信託の帰属権利者として相続人等を指定しておけば，受託者は新たな受益者に対して自らの判断で信託給付を行うことができる。

この点のメリットは，新受益者の受益権について，分割給付等の工夫を盛り込むこともなく，一度限りの遺産分配のためのものであっても，相続関係の対外的証明が不要になる点で大きなメリットがある。

不動産の登記名義なども同様であり，受託者名義のまま新受益者に受益権に基づく給付をするのであれば登記名義の変更自体不要であり，早急に不動産自体を新受益者に帰属させるとしても，受託者とそれぞれの不動産が帰属すべき新受益者等が共同で移転登記の申請をするだけで名義変更が可能であり，手続が大幅に簡単になる。

(2)　遺言執行者を超える処理権限

遺言を作成し，遺言執行者を設ける等しておけば，ある程度は手続を簡単にできる。

検認が不要な公正証書遺言を作成し，遺言執行者を定めておくことなどで，次のような手続の簡略化が可能である。

①　特定の不動産を特定の相続人に「相続させる」遺言 → 当該相続人の単独申請で相続登記が可能。

②　特定の不動産を特定の受遺者に遺贈する遺言 → 遺言執行者が登記義務者となり受遺者と遺贈の登記の共同申請を行うことができる。

③　預金の解約払戻権限を遺言執行者に与え，その分配を定める遺言 → 遺言執行者が払戻を受け分配することが可能。[9)]

しかし，これらも必ずしもスムーズに進むとはいえない。

まず，民法1011条1項により，「遺言執行者は，遅滞なく，相続財産の目録を作成して，相続人に交付しなければならない。」とされており，更に同

9）東京地判平成24年1月25日判例時報2147号66頁は，遺言書に払戻権限が規定されていなくても遺言の執行に必要な行為（民法1012条1項）として払戻請求権があるとする。

条２項で「遺言執行者は，相続人の請求があるときは，その立会いをもって相続財産の目録を作成し，又は公証人にこれを作成させなければならない。」とされている。遺言執行自体との先後関係は規定されていないが，執行者就職，相続財産の調査，目録の作成交付を経て執行行為に至ることが通常であろうし，目録を交付する相手である相続人を，遺言執行者としても確認する必要がある以上は，相続関係の調査は必須となるので，執行を行うまでに相当の時間を要するものと思われる。

そのようにして執行に着手する以前に，遺言の内容に不満を持つ相続人からの対抗措置がとられる可能性がある。

不動産であれば，法定相続分割合による相続登記の申請は，保存行為として相続人の一人からでもすることができ，戸籍謄本等の相続関係を示す証明書類を揃えれば，遺言の有無等は審査されずに受理されることになる。後に遺言書に基づいて更正登記等を行うにしても，遺言執行者からの訴訟提起が必要となる。

預貯金についても，遺言の有効性等に疑義を呈する連絡が金融機関に寄せられた場合，金融機関が速やかな払戻に応ずるかどうかはわからず，金融機関が債権者不確知を理由として供託することも考えられる。供託金の払戻についても当事者間で合意するのでなければ訴訟が必要となる。

これに対し，遺言代用信託契約を行っておけば，受託者限りの権限で必要な手続をすることができるので，被相続人の意思の実現は格段に円滑に行うことができる。

⑶　相続人間の調整・将来的事情変更への対応のための信託活用

信託を活用した資産承継というと，撤回不能な堅牢な意思決定をしたり，後継ぎ遺贈型受益者連続信託の活用により，次代以降の資産承継をデザインする等のケースが思い浮かぶが，信託の活用は，相続分割合に差等を設けるなどの場合だけにとどまるものではない。以下は，いまだ試論のレベルを出ないが，次のような工夫は考えられないであろうか。

A　事業承継について生前から調整を行うケース

中小企業経営者が事業の後継者を相続人から定める場合，特定の相続人に自社株を生前贈与し，中小企業事業承継円滑化法に基づく除外合意や固定合意等の手続をとればよいが，推定法定相続人全員が同意するとは限らない。

そこで，自社株の事業後継者への集中を断念し，自社株自体は遺留分を侵害しない範囲で信託を活用して株式の受益権として分属させつつ，議決権行使の指図権を独立させ，事業承継者にそれを集中させるという解決策がとられることがままある。

この方策の有効性は基本的には肯定すべきと考えるが，事業の承継自体について兄弟間の主導権争いなどがあるケースでは，非承継者とされた側の不満は大きく，種々の法的紛争を惹起する危険性があると思われる。

そこで，生前に経営者の株式を自益信託しつつ，経営上の意思決定権（受託者への議決権行使の指図権）の帰属や，従前経営者の死亡後の受益権の帰属について，従前経営者やその信頼を受けた者（顧問弁護士や顧問税理士等が考えられる。以下「指定権者」という。）が決定権を持つようにし，これらの者が事業承継候補者間の調整を行う仕組みが考えられる。

できれば生前に事業承継候補者間の調整を遂げ，それらの者も信託契約を変更してそこに加わり，従前経営者死後の受益権の帰属について合意する形にする。

もし，従前経営者存命中に信託の一部変更が成し遂げられなかった場合は，種々の状況を指定権者が勘案し，調整・説得の上その権限をもって受益権の承継について決定する。法的には，この決定は信託法89条の受益者指定権の行使とみるべきであろう。[10)]

場合によっては，指定権者の権限発動に至らずに合意を成立させた方が経済的に有利になる誘因を組み込むことも考えられる。

この方法のメリットは，①中小企業事業承継円滑化法のような複雑厳格な

10）この指定は，相続の関係では民法902条1項の遺言により委託された相続分の指定の実施及び同法908条の遺言により委託された遺産分割方法の定めの実施と見るべきであり，信託契約とリンクした遺言も作成しておくべきと考える。

手続が不要であること，②事業承継候補者の意向調整を行い紛争を鎮静化させつつも，最終的には従前経営者の考えに依拠する決定が可能なこと，③事業承継候補者や企業の状況等の将来的変化に柔軟に対応することが可能なこと，などが挙げられる。

B　被相続人は相続人を平等に考えているが，相続人間に確執があり調整が必要な場合

企業や不動産経営などはしておらず，事業として一体的に引き継ぐものがあるわけではなく，被相続人も相続人を平等に扱うことを希望しているが，相続人の間に確執があって感情的対立から円滑な遺産分割が難しいと思われる場合がある。

このような場合，相続人間の遺産分割協議は困難であり，家庭裁判所の調停・審判を経ても合理的解決が難しいこともままあるが，受託者ないしは受益者指定権者等を立てて調整を試み，調整に応じない者にはペナルティーがあり得る定めをしておくことで，重みのある調整を可能とする方法が考えられる。

現実の遺産分割調停においては，当事者それぞれが自らの主張に固執し，まとまらないこともままあり，審判に移行したからといって審判官としては相続人間の平等を第一に考えざるを得ないので，柔軟性に欠ける結論しか出せないことは多い。ともに不動産の取得を希望する相続人のどちらにも与することができないので，競売分割や共有分割の審判を余儀なくされることもままある。

しかし，信託を基礎とした調整役としての受託者ないしは受益者指定権者等を設け，また，調整への理解・協力の程度によって，ペナルティーやメリットを定めることができれば，自らの主張のみに固執できず，歩み寄りを実現できる可能性がある。

仮に結果的に円満に合意に至らずとも，最終的な分割自体は調整役により実現される。

このような，受託者等の裁量に依拠した関係者の利益調整という機能も，

今後検討すべきではなかろうか。

おわりに

高齢者にとって，自らの人生が結実した資産の承継のデザインは，大きな意味をもつものである。

しかし他方で，熟慮の上決めたことを自ら変えてしまったり，長命化・老後の生活資金の必要や相続人らの側の予測しがたい事情の変更により，一片の遺言の作成のみでその意図を十分実現できないケースが増加しつつある。

遺言による最終意思の尊重という従来の資産承継についての自由な意思決定を補完し，充実させるために，信託という法技術，受託者という援助者の活用の研究が，今後重要性を帯びていると考える。

（いとうだいすけ　弁護士）

第4章

信託を利用した高齢者の財産管理システム

安藤　朝規

第1　認知症高齢者と成年後見制度

認知症高齢者の数は厚生労働省によれば，2012年では約462万人いるであろうと推計されている。[1)]現在では，さらに増えており，2025年には700万人を突破する見込みである。第三者による認知症高齢者の財産管理制度として成年後見制度がある。2015年12月末日時点における，成年後見制度（成年後見・保佐・補助・任意後見）の利用者数は合計で191,335人である。また，任意後見の利用者数は2,245人である。[2)] この利用状況からすれば，成年後見制度を利用していない認知症高齢者は，推計440万人を超えている状況にあるといえる。このように成年後見制度の利用者は潜在的な認知症高齢者全体の５％に満たない。そこで，成年後見制度によって見守られていない認知症高齢者の財産管理をどうするかが問題となる。

第2　今，何が課題となっているか

高齢者の財産管理について裁判上よく問題となるのが，親族ないし弁護士が認知症高齢者の代理人として認知症高齢者の多額の預金を引き出す際，銀

1）厚生労働省・社会保障審議会・介護給付費分科会資料・2014年11月19日
2）最高裁判所事務総局家庭局の成年後見関係事件の概況―2015年１月～12月―

行が認知症高齢者の意思能力に疑義を持っていた場合に預金者に意思能力がないことを理由にこれを拒めるかという点である。

銀行においては，財産帰属者である預金者と財産管理者である銀行との間の預金契約に関する重要な法的規制として，①犯罪収益移転防止法（犯罪による収益の移転防止に関する法律・平成19年３月31日法律第22号）と②振込め詐欺被害者救済法（犯罪利用預金口座等に係る資金による被害回復分配金の支払等に関する法律・平成19年12月21日法律第133号）の２つがある。

①の犯罪収益移転防止法は，銀行が預金者と預金契約を締結するに際しては，預金者から運転免許証の提示を受ける方法等により，氏名・住居の確認により預金者が本人であることを確認しなければならないとされる（同法４条)。また，預金者が銀行の行う本人確認に応じないときは，預金契約の締結を拒否できる（同法５条)。そして，銀行は，預金契約において収受した財産が犯罪による収益である疑いがあり，又は預金者が預金契約に関し組織的犯罪処罰法第10条の罪若しくは麻薬特例法第６条の罪に当たる行為を行っている疑いがあると認められる場合においては，速やかに，政令で定める事項を行政庁に届けなければならない（同法９条)。

②の振込め詐欺被害者救済法は，預金口座への振込みを利用して行われた詐欺等の犯罪行為により被害を受けた者に対する被害回復分配金の支払等のため，預金等に係る債権の消滅手続及び被害回復分配金の支払手続等を定める（同法１条)。銀行は，当該銀行の預金口座について，捜査機関等から当該預金口座の不正な利用に関する情報の提供があることその他の事情を勘案して犯罪利用預金口座である疑いがあると認めるときは，当該預金口座に係る取引の停止等の措置を適切に講じなければならない（同法３条１項)。その上で，当該預金口座に係る預金債権について消滅手続を執らなければならない（同法４条)。それればかりか，消滅手続により消滅した預金債権の相当額を振込め詐欺の被害者に被害回復分配金として支払わなければならない（同法８条)。

こうした法規制により，銀行の本人確認義務が徹底されている現状においては，高齢者に限らず高齢者本人以外の代理人による預金引き出しは極めて困難になりつつある。その結果，認知症高齢者が預金者であると，その引き出しには成年後見制度を利用せざるを得ない状況が生まれつつあるともいえよう。この傾向は今後も継続していくものと思われる。

問題は，成年後見制度を利用していない認知症高齢者の財産管理である。未婚の独身の認知症高齢者についてはもちろんのこと，配偶者も認知症高齢者である場合や配偶者に先立たれて独身生活を送っている認知症高齢者など要支援の状態にある認知症高齢者（以下，要支援高齢者という。）の財産管理のあり方である。とりわけ，認知症のため財産管理能力が衰退し独力で社会生活を送るには不安を抱えている要支援高齢者は，「オレオレ詐欺」や「悪徳商法」などにより財産を奪われるリスクが高い。悪質者は高齢者の財産管理能力が不十分なことを奇貨として様々な方法によって徹底的にその財産を奪い尽してしまうことが多い。実際，投資詐欺の被害にあって，それまで真面目に働いてコツコツ貯めた5,000万円もの多額の財産を一気に失い，わずかな年金だけで生活を維持している高齢者もいる。こうした要支援高齢者の財産をどのようにして守るか，判断能力が減退した認知症高齢者の財産管理システムの構築が現在求められている。

第３　要支援高齢者の財産管理の現状

１　日常生活自立支援事業の意義

社会福祉法は，平成12年に大幅に改正され，社会福祉事業を営む者は「福祉サービスを必要とする地域住民が地域社会を構成する一員として日常生活を営むことができるよう」に努めなければならない（同法４条）ことから，利用者保護を図るための制度として，民法の成年後見制度を補完する福祉サービス利用援助事業（地域福祉権利擁護事業）が創設された。この地域福祉権利擁護事業は，平成19年４月１日より，事業名称を「日常生活自立支援事業」に変更したが，注目すべき要支援高齢者の財産管理のあり方として社会福祉協議会（以下，社協という。）による日常生活自立支援事業を挙げることができる。

2　日常生活自立支援事業の概要

その概要は以下のとおりである。[3)]

例えば，独り暮らしの高齢者が，悪徳業者からその財産を狙われないために，どこか信頼できるところに安心して通帳などを預けることができて，しかも日常生活（特に消費生活に必要な金銭の出し入れ）についても援助が得られれば，高齢者の日常生活上のニーズに合致することになる。

このような場合には，居住している市区町村の社協を訪問して，日常生活自立支援事業の利用を申し込めばよい（社会福祉法76条等参照）。社協の専門員がこの制度について説明して，申込者が利用資格を有するか否かも判断してくれるはずである。判断能力を不十分ながらも有している者，すなわち，定型的な福祉サービス利用援助契約を社協との間で締結することができる程度の財産管理能力を有している者であれば，この制度を利用することができる。高齢者などは，これにより，社協が派遣する生活支援員の援助を受けることができる。生活支援員は，具体的には，公的年金関係の手続を手伝ったり，日常生活に必要な現金を銀行から引き出す手伝いをしたり，場合によっては，買い物の手伝いもしてくれる。

3　日常生活自立支援事業の実施主体

実施主体（都道府県・指定都市社会福祉協議会）には，責任者，事業の企画及び運営に携わる職員，専門員，生活支援員を置くことになっている。社協には，専門員（原則常勤）と生活支援員（非常勤）が配置され援助を提供する。専門員は社協等に常駐し，申請者の実態把握や本事業の対象者であることの確認業務，支援計画作成，契約の締結業務，生活支援員の指導等を行う。

3）田山輝明『成年後見読本』（三省堂，2007）85頁以下

生活支援員は利用契約上の回数，時間を勤務時間とする非常勤であり，専門員の指示を受け具体的な援助を提供する。

前述の社協は各市区町村に存在するものであるが，社協という名の組織は各都道府県にも存在しており，その全国組織として全国社会福祉協議会がある。

このように，社協とは，社会福祉法において，社会福祉に関する事業や活動を行うことにより「地域福祉の推進を図ることを目的とする団体」（社会福祉法人）である。

ところで，社協が定める利用料は利用者が負担する。生活支援員の賃金は補助対象外である。社協は，利用料を生活支援員に対する賃金に充てている。なお，社協が設定している訪問１回あたりの利用料は平均1,200円である。[4)]

4　援助事業の仕組み

事業の内容は具体的には以下の４点である。

①　福祉サービスの利用援助

②　苦情解決制度の利用援助

③　住宅改造，居住家屋の賃借，日常生活上の消費契約及び住民票の届出等の行政手続に関する援助等

④　①～③に伴う援助として「預金の払い戻し，預金の解約，預金の預け入れの手続等利用者の日常生活費の管理（日常的金銭管理）」「定期的な訪問による生活変化の察知」

なお，日常生活自立支援事業の平成26年度の実施状況は，実利用者数46,687人，新規契約件数12,349件，問合せ・相談受付件数1,577,103件となっている。[5)]

4）厚生労働省ホームページ「政策について」日常生活自立支援事業の欄

5）全国社会福祉協議会・年次報告書2014～2015年・18頁

第４　日常生活自立支援事業の課題

1　福祉サービス利用援助事業である日常生活自立支援事業は，上記のとおり，要支援高齢者の財産管理にとって非常に役立つ意義深いものである。しかし，財産管理に対する支援の範囲は現状「日常的金銭管理」に限定されており，要支援高齢者の財産管理全般に及ぶものではない。日常生活自立支援事業は，要支援高齢者の福祉サービス利用援助契約の申込みに基づき，契約を締結する建前となっており，要支援高齢者の意思に基づき，日常的金銭管理については福祉サービス援助実施主体の社協に委ねる契約を締結した上で，その範囲内での財産管理を委ねることとなっている。要支援高齢者が福祉サービスを利用するにあたっては，要支援高齢者のノーマライゼーションと自己決定の実現を図るため，要支援高齢者が事業者と対等な関係に基づき自らサービスを選択できるようになっているのである。

2　このように，日常生活自立支援事業は，判断能力が不十分な高齢者が利用主体であり，しかも社協との契約に基づくことになっているため，制度や契約内容に関する利用者本人の理解に時間を必要とすることになる。判断能力の不十分な者に制度の趣旨や契約内容を説明しなければならないから，ケースごとに相当な時間が必要となっている。これに対し，社協の専門員（この者が契約締結に関する事務を処理する。）の数も限られているため，利用者数の急激な増大は期待できないのが現状である。仮に，利用者の契約締結に必要な財産管理能力の判定について問題のあるときは，都道府県社協に設置されている契約締結審査会に相談し，そこが最終的な判断を行うことになっている。

3　こうした日常生活自立支援事業における要支援高齢者の財産管理は，そもそも日常的な財産管理を目的としており，オレオレ詐欺など要支援高齢者が直面している重要財産に対する危機的問題には十分対応できない。しかし，ここには要支援高齢者の適正な財産管理を実現するカギがあるように思われる。そこで，まず，あるべき要支援高齢者の財産管理を検討し，そこから，浮かび上がってくる課題について検討してみたい。

第５　要支援高齢者の探知と受け入れ

1　上記のとおり成年後見制度を利用していない認知症高齢者は，推計440万人を超えている状況にあり，日常生活自立支援事業の実利用者数が46,687人という現状においては，要支援高齢者の財産管理についての潜在的需要はかなり高いものと考えられる。そのような要支援高齢者を成年後見制度やこれから検討する財産管理制度に結びつけるためには，要支援高齢者の発見と支援（身上監護および財産管理）が重要な課題となる。ここでは，要支援高齢者の財産管理の問題について検討する。

2　要支援高齢者が探知される端緒となるのは，日常生活において要支援高齢者と接触する第三者の存在である。例えば，①要支援高齢者の身上監護を見守る地域包括支援センター，②要支援高齢者が口座を開設している銀行，③書留郵便を手交する郵便配達員，④面接して本人確認の上荷物を届ける宅配業者，⑤要支援高齢者を治療する医師，⑥要支援高齢者の歯を治療する歯科医等が要支援状態にある認知症高齢者を発見する機会がある。このように，判断能力が不十分であり，日常生活を送る上で財産管理について様々な支援を必要としているとみられる高齢者を発見した場合は，要支援高齢者を最寄りの社協に通告して支援できるシステムを確立すべきである。そのためには，要支援高齢者を発見した第三者が通告できる先の社協の連絡先を知っていなければならず，社協と関係機関（地域包括支援センター，銀行，郵便局，医師会，歯科医師会等）との連携が大切である。

3　問題は第三者の要支援高齢者に関する情報についての守秘義務をどうするかである。この点，児童虐待の防止等に関する法律（以下，児童虐待防止法という。）が参考になる。

◎児童虐待防止法第５条（児童虐待の早期発見等）

（略）弁護士その他児童の福祉に職務上関係のある者は，児童虐待を発見しやすい立場にあることを自覚し，児童虐待の早期発見に努めなければならない。

◎同法第６条（児童虐待に係る通告）

１項：児童虐待を受けたと思われる児童を発見した者は，速やかに，これを（略）福祉事務所若しくは児童相談所又は児童委員を介して（略）福祉事務所若しくは児童相談所に通告しなければならない。

３項：刑法の秘密漏示罪の規定その他の守秘義務に関する法律の規定は，第１項の規定による通告をする義務の遵守を妨げるものと解釈してはならない。

要支援高齢者は，判断能力の低下のため，自らの財産を適正に管理することができないのであるから，その財産を保護するため，社会の一員として要支援高齢者に対して公共的扶助義務を一般的に負っていると考えられる第三者は高齢者について支援（身上監護および財産管理）をする必要がある旨を関係機関に通告するようにすべきである。もっとも，この義務を法的義務まで高めることができるかについては第三者に相当の負担をかけることから躊躇を覚える。しかし，要支援高齢者の支援の必要性は，その社会的弱者の地位に照らして，虐待されている児童の救済に匹敵する重要な社会的課題であると思われる。児童虐待防止法第６条第１項が「通告しなければならない」と法的義務として規定しているのも，児童については虐待に対し自ら身を守ることができず，生命・身体の危険から救済しなければならない必要性が極めて高いからである。判断能力が減退した要支援高齢者についても虐待されている児童と同様，悪徳業者や悪質者から自ら大切な財産を守ることを要支援高齢者に期待することは十分にできない。要支援高齢者が喪失するリスクを負うのは，自らが将来のための生活保障として蓄えた貴重な財産である。保護されるべき財産は要支援高齢者にとって，その生命・身体と同様大切なものである。その財産を守るため，要支援高齢者に関わった第三者に社協への通告を義務づけることによって要支援高齢者を救済する必要は高いものと解する。

4　そこで，社会福祉法を改正して，児童虐待防止法と同様，判断能力が不十分な認知症高齢者を発見した者は，社協に通告しなければならないとし，その際，刑法の秘密漏示罪の規定その他の守秘義務に関する法律の規定は，この通告をする義務の遵守を妨げるものと解釈してはならない，という守秘義務の免除規定を設けるべきである。

第６　要支援高齢者の財産管理能力の程度と財産管理のあり方

1　成年後見制度と日常生活自立支援事業

認知症のため判断能力が不十分であり，福祉サービス利用援助契約の当事者として契約締結の意味を理解できない要支援高齢者は，自ら財産管理をすることができないので法定後見（成年後見，保佐または補助）制度を利用することになる。要支援高齢者の存在を関知し，その財産管理のあり方について検討するときに，社協は，まず，当該要支援高齢者について法定後見制度を利用するかどうかを決めることとなる。このような形で，成年後見制度の利用拡大が期待できる。

これに対し，要支援高齢者の中でも，判断能力は不十分であるが，日常生活自立支援事業の契約の内容について，その是非を判断でき得る財産管理能力を有していると認められる者は，判断能力が不十分ながらも残存しており，自己決定できる意思を有しているといえるので，契約当事者として社協との間で福祉サービス利用援助契約を結ぶことができる。これによって，要支援高齢者は，日常的な金銭管理を第三者である社協（具体的には，生活支援員）に委ねることができるわけである。

2　要支援高齢者の判断能力の程度と財産管理

ところで，日常生活自立支援事業の対象者は，判断能力が不十分な者でありかつ当該事業の契約の内容について判断し得る能力を有していると認められる者である。そうした要支援高齢者については，通常の任意代理の委任契約（以下，任意財産管理契約という。）を任意後見契約と同時に締結し，要支援高齢者の判断能力喪失前は任意財産管理契約に基づく財産管理等を行い，要支援高齢者の判断能力喪失後は任意後見監督人の監督による任意後見に移行し，任意後見事務を行うようにすべきである。このような任意後見契約の形態は，移行型任意後見契約といわれる。前者の任意財産管理契約は，要支援高齢者の財産管理能力が認められる場合に財産管理と身上監護の支援を行うことを目的としたもので，本人自らが身の回りのことや財産管理ができるときは，任意後見受任者は要支援高齢者の自宅訪問・電話連絡等の手段により，本人の健康状態や生活状況を見守りながら必要な相談に応じ，要支援高齢者自身で身の回りのことや財産管理を行うことが困難になったとき，必要な範囲でこれらの事務を行うことになる。

例えば，横浜市では，後見支援機関「横浜生活あんしんセンター」が利用者と任意後見契約を締結して，任意後見人に就任し，特に本人の身上配慮を旨とした後見業務を展開している。また，場合によっては，同センターが，法定後見人（特に補助人）に就任して身上監護の遂行にあたることもできるようになっている。これに，任意財産管理契約を同時に締結できるようにして，要支援高齢者の判断能力喪失前の財産管理および身上監護のサポートを加えるようにすればよいのではなかろうか。その意味では，要支援高齢者にとっては，移行型任意後見契約が支援のあり方として最も適合的といえよう。

もっとも，社協が自らすべての要支援高齢者の財産管理を行うことは現在の体制からするとあまりに負担が大きすぎるように思われ，現実的ではない。社協は，要支援高齢者の財産管理および身上監護については，あらかじめ確保しておいた任意後見受任候補者から要支援高齢者にふさわしい任意後見受任者を選任して任意後見契約の締結と後見開始までの任意財産管理契約を締結する仲介役を果たせばよいと考える。

3　移行型任意後見契約の適正化

任意後見契約に関する法律（以下，「任意後見法」という。）によれば，任意後見契約は，法務省令で定める様式の公正証書によってしなければならない(任意後見法3条)。それは以下の理由による。[6)]

① 公証人の関与により，本人の真意による適法かつ有効な契約が締結されることを制度的に担保するとともに，紛争の予防の観点から，契約の有効性の確実な立証を可能にする。

② 任意後見契約が締結された場合には，法定後見（補助・保佐・後見）が原則として開始されないという重大な効果を伴うので，本人の真意を確認するため，公証人の関与による確実な方式によることが必要である。

③ 公証役場において公正証書の原本を保管することにより，契約証書の改ざん・滅失等を防止することが可能となる。

④ 任意後見人の代理権の有無・範囲に関する公的機関の証明の必要性，法定後見の開始請求の審理における任意後見契約の有無の確認の必要性等の理由により，任意後見契約を登記することが必要不可欠であり，公正証書の作成を義務づけることにより，公証人から登記所に対する嘱託による登記を遺漏なく行うことが可能になる。

また，「法務省令で定める様式の公正証書」と規定されているが，任意後見人が代理権を行うべき事務の範囲について，定められた様式による用紙に記載しなければならない。その理由は，私署証書によると，任意後見人に授権された代理権の範囲が任意の様式に記載されることになり，明確性を欠く可能性があるからである。

この点，任意財産管理契約についてもその濫用を防止し，適正な契約が締結されるために任意後見契約と同様に公証人によるチェックと契約書の定型化が求められるので，移行型任意後見契約を要支援高齢者との間で締結するにあたっては，任意財産管理契約についても任意後見契約と併せて公正証書

6）新井誠ほか編『成年後見制度』（有斐閣，第2版，2014）197頁

の作成を義務づけるべきである。

また，社協の関与で要支援高齢者が移行型任意後見契約を締結する際，財産状態によって任意後見人の報酬を大きく変動させることなく，公平なものとするように配慮するべきである。これは，法定後見において後見人等の報酬を一定の基準で決定し，後見人等の間で不公平感のないよう家庭裁判所が決定している実務と平仄を合わせるようにするためである。全国社会福祉協議会は移行型任意後見契約の任意後見受任者の報酬について一定の幅を合理的範囲内では認めつつ平準化を行うべきである。この点は公証人の機関（日本公証人連合会）と協議し，統一基準を設ける必要があろう。もし，要支援高齢者の個別的状況に照らして報酬の定め方に特別な問題（高額な報酬を設定する場合など）があるときは，都道府県社協に設置されている契約締結審査会に相談し，そこが最終的な判断を行う。こういう形で社協が要支援高齢者と任意後見人との契約に介入し，事実上任意後見受任者の指導・監督を行うべきである。

もちろん，これら要支援高齢者に相当の資力が認められる場合は，社協は要支援高齢者者から福祉サービス利用料として一定の額の契約締結手数料を徴収し，その財政基盤に資するようにすべきである。

これに対し，要支援高齢者が生活保護受給者等財産状態により任意後見受任者に報酬を支払う余裕がない場合には，任意後見契約を締結せずに福祉サービス利用援助契約の締結により要支援高齢者の支援を行うほかない。そうした要支援高齢者が財産管理能力を失うこととなった場合は，あらためて法定後見制度を利用することとなる。法定後見人が選任されても要支援高齢者に法定後見人の報酬を支払う資力がない場合は，地方公共団体が報酬補助等を行うことが出来れば要支援高齢者の身上監護も行き届くことになる。

社協の活動の拡大に伴い諸費用支出の財源が必要となる。この財源として，上記任意後見契約および任意財産管理契約の契約締結手数料等を充てればよいのではなかろうか。後述の信託契約締結の手数料も徴収してよいと思われる。また，要支援高齢者が相続人不存在のまま死亡した場合に残された相続財産は国庫に帰属することになる（民法959条）。この場合，社協の請求により，家庭裁判所は社協を民法958条の3の「特別縁故者」であると判断して相続財産を分与すべきであろう。この場合，弁護士資格をもった任意後見受任者または任意後見人が家庭裁判所から選任されて相続財産管理人となって処理をする（民法952条）というのはいかがであろうか。

4　任意後見受任候補者の確保

任意後見受任候補者は，弁護士，司法書士のほか退職した公務員，銀行員など財産管理や身上監護について知識を有する者がふさわしいと思われる。弁護士や司法書士については社協が弁護士会あるいは司法書士関係団体と提携して，社協で関知している要支援高齢者の任意後見受任候補者について弁護士会あるいは司法書士関係団体から団体推薦を求めることができるものと思われる。また，退職した公務員や銀行員などの財産管理の実務に精通した任意後見受任候補者については，社協が公募して適任者を選別し，任意後見受任候補者名簿を整備した上で，候補者には任意後見受任候補者についての研修を義務づけるようにすべきであろう。そして，研修を終えた任意後見受任候補者から選任するようにすればよいのではなかろうか。

任意後見受任候補者は要支援高齢者と移行型任意後見契約を締結する場合，公正証書によってしなければならないので，社協のみならず公証人によって二重のチェックを受けることとなる。すなわち，公証人は可能な範囲で任意後見受任者に不適任事由がないかどうかを確認することとなる。その際，参考となるのは任意後見監督人の不適任事由を規定している任意後見法4条1項但書3号である。任意後見受任者が，①未成年者，家庭裁判所で免ぜられた法定代理人，保佐人または補助人，破産者，行方の知れない者，②本人に対して訴訟をし，またはした者およびその配偶者ならびに直系血族，③不正な行為，著しい不行跡その他の任意後見人の任務に適しない事由がある者である場合（要支援高齢者との関係から判断して適任とは思えない事情が認められる場合も含む。），不適任事由に該当する。公証人は，任意後見契約の嘱託人に対し，任意後見受任者に不適格事由があれば任意後見契約の効力が生じないことを説明し，その該当事実がないかどうかを質問し，疑いがあれば秘密保持が可能な限度で資料の提出を求め，関係者から事情を聴取するなどして調査することになる。このような形で適任とされる任意後見受任者の確保ができるのではなかろうか。

第7　要支援高齢者の財産管理のあり方と財産管理能力

1　要支援高齢者が財産管理能力を不十分ながら有しているため法定後見制度を利用する必要のない段階（以下，これを後見開始前の財産管理と呼ぶこととする。）において，要支援高齢者が任意後見受任者と任意財産管理契約を結んで要支援高齢者を代理して財産管理を行うこともありうる。これは，要支援高齢者が財産管理能力を有する場合，任意後見受任者に以下のような財産管理の事務を委任するのである。

①　要支援高齢者に帰属する預貯金に関する取引

②　定期的な収入（家賃，年金その他の社会保障給付）の領収

③　日用品以外の生活に必要な物品の購入および設備契約並びにそのための支払い

④　要支援高齢者に帰属する預貯金以外の財産並びにその果実の処分・変更（賃貸借契約締結・変更・解除）

⑤　上記各財産およびその果実の処分・変更（賃貸借契約締結・変更・解除）

⑥　税金の申告・支払い

⑦　医療契約，入院契約，介護契約，施設入所契約その他の福祉サービス利用契約等の要支援高齢者の身上監護に関する一切の契約の締結・変更・解除および費用の支払い

2　要支援高齢者と任意後見受任者との任意財産管理契約の委任事項には

上記のように日常的な金銭管理は含まれていない。要支援高齢者を援助する親族等の支援者が身近にいない場合は，社協との連携が必要となる。要支援高齢者にとって日常的な金銭管理等日常生活自立支援事業が必要となる時は，任意財産管理契約とともに任意後見受任者が要支援高齢者を代理して福祉サービス利用援助契約を締結して要支援高齢者が日常生活について支援を受けられるようにするのである。

3　要支援高齢者者が移行型任意後見契約を締結するときには要支援高齢者の財産管理能力は認められるのであるから，要支援高齢者の預貯金の残高が数千万円を超えるなど生活資金を使用しても相当な財産を維持できるような場合には，合わせて後見開始後における後見制度支援信託制度と同様に余裕のある要支援高齢者の資金について信託を設定する契約を，任意後見受任者が要支援高齢者を代理して信託受託者となりうる金融機関と締結するように要支援高齢者を説得すべきである。悪徳事業者への財産流出を食い止め，適正な財産管理をするためには信託の設定が必要と思われるからである。このように社協が要支援高齢者者と移行型任意後見契約を締結する際には，要支援高齢者の財産状態に応じて，上記のような「任意後見制度支援信託」（仮称）を合わせて設定することを提案したい。この任意後見制度支援信託は，要支援高齢者が日常生活で使用する分を除いた金銭を，信託銀行等信託受託者となりうる金融機関に信託することで，要支援高齢者の財産の散逸を防ぐ制度となる。これにより，信託財産を払い戻したり，信託契約を解約したりするには，要支援高齢者の指示書が必要になり，任意後見受任者が勝手に払い戻しや解約をすることができなくなる。

第8　要支援高齢者と任意後見結合型裁量信託

1　任意後見制度支援信託を設定するといっても，要支援高齢者が財産管理能力を有している点は後見制度支援信託と異なる重要な点である。後見制度支援信託の場合は，信託財産は元本が保証され，預金保険制度の保護対象になるが，信託することができる財産は金銭に限られるので，不動産等を信託することはできない。また，信託銀行のほとんどが最低1,000万円からの利用を前提にしているので，実際には本人に1,000万円以上の預貯金がある場合が対象となる。これに対し，要支援高齢者自らが信託契約の委託者となるので，要支援高齢者の置かれている状況に照らして，柔軟で適合的な信託を設定することができる。財産管理としての信託は，財産の不当な流出を防ぎ，要支援高齢者の財産を適正に管理できる「任意後見制度支援信託」を基本としつつ，要支援高齢者を取り巻く家庭環境の必要性（高齢の配偶者や障害を持った子に対する生活資金援助の必要や孫に対する教育資金の援助の要請など）に応じて多様な内容をもった信託の設定が可能である。すなわち，いわゆる福祉型信託の設定が可能となる。福祉型信託とは，財産を有する者が，本人または家族等の生活のために信頼できる者にその財産の管理・処分・給付等を託する制度である。[7)]財産を有しその管理等を託する者を委託者，その所有権等を移転してその管理等を託される者を受託者，その財産の収益と元本の利益を享受してその生活費等に充てることができる家族等を受益者とし，これら三者が信託を構成する基本的な信託当事者である。もちろん，要支援高齢者が所有する不動産を信託財産として信託を設定することもできる。その他，要支援高齢者の状況に合わせて様々な信託を設定することが可能となる。

2　要支援高齢者の財産管理の方法として信託を利用するのはもちろん，単なる財産管理・承継だけでないニーズこそ信託の利用価値が認められる。たとえば，法定後見では家族のために資産を使うのは限定的であるが，信託では本人および家族を受益者として資産を利用できるのである。高齢の配偶者への生活資金の提供や障害を持った子への資金援助を定期的にするために，配偶者や子を受益者にすることができる。もっとも，受益者となるべき候補者は事情によって変動する可能性があり，受益者となるべき要支援高齢者の

7）新井・前掲注6）458頁

援助の対象者を時宜に適うように変更する必要がある。それには受託者に一定の裁量権が与えられる必要がある。しかし，信託の受託者には相当の裁量権が理論的には与えられているが，わが国の信託受託者はこの裁量権を行使することはないのが現状である。すなわち，①わが国における信託商品のほとんどは自益信託であり，自益信託は民法上の委任と類似した法的性格を有しているので，受託者は自ら裁量権を行使することなく，委託者の指図に従ってのみ行動するのが一般的であること，②わが国における受託者は信託銀行であるのが一般的であり，裁量権の行使というと身上監護にわたることもあり，信託銀行は身上監護面に関する裁量権の行使によって家族間のトラブルに巻き込まれることをおそれて裁量権を行使するのに消極的であること，③裁量権を行使するためには法律，税務，会計，社会福祉，医療・介護等の多方面の総合的ノウハウを必要とするが，金融機関としての信託銀行にはそのような総合的ノウハウを備えておく必要はなく，また，法律・税務面の裁量権の行使については弁護士法，税理士法等の制約があること等，である。

3　そこで，新井誠教授は，「任意後見結合型裁量信託」を提案している。[8] これは，任意後見と信託を結びつけることによって実質的に裁量信託と同一の機能を創出させるものである。

たとえば，子も親族もいない，ともに75歳の老夫婦がいたと仮定し，夫は認知症が出始めた妻を介護しているが，夫も自分の健康に自信がなくなってきた。夫は相当の財産を有するが，高齢のため自ら財産を管理することは困難になってきた。夫が財産管理能力を有している間は夫を受益者とする自益信託であり，夫が財産管理能力を喪失した以後は，夫・妻が共同受益者となり，一方が死亡したときは他方を受益者とする裁量信託とする。信託の設定と同時に任意後見人を選任する。任意後見人は本人の意思能力が低下したり，それが喪失したりしたときに任意後見監督人が選任されることによって活動を開始するが，ここでは本人の特に身上監護面での決定を行い，それに基づ

8）新井誠『信託法』（有斐閣，第4版，2014）528頁

いて受託者に指図することとなる。受託者は，当該指図に従って元本・収益を交付する。妻にも任意後見契約締結能力があれば，妻も任意後見人を選任しておくことが望ましい。

そして，要支援高齢者が任意後見受任者と移行型任意後見契約を締結する場合に任意財産管理契約において，信託契約における受託者への指図権の行使を代理することができるようにしておけば，要支援高齢者が財産管理能力を喪失する前であっても，要支援高齢者の意向を受けて任意後見受任者が代理して受託者に指図することができる。

もっとも，この要支援高齢者の指図権の行使にあたっては，法律，税務，会計，社会福祉，医療・介護等の多方面の総合的ノウハウを必要とするので，信託契約を伴う移行型任意後見契約の任意後見受任者には弁護士の資格が必要となろう。また，要支援高齢者の指図権を任意後見受任者が適正に代理行使するためには，要支援高齢者が同行して受託者に指図するのが望ましいが，同行できないとしても受託者が本人確認をするため要支援高齢者自らが署

《任意後見結合型裁量信託の基本構造》（任意後見開始前も含む）

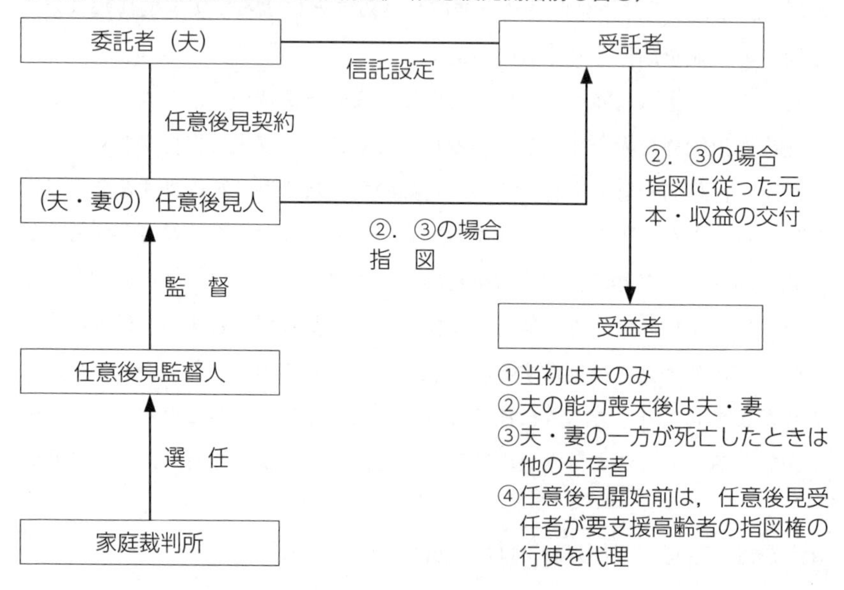

名・押印した指図書を作成し，これを受託者に提示する扱いとすべきである。その印影は信託契約書に押印したものと同一とすべきであろう。

これを図示すれば前頁の図のとおりである。

この任意後見結合型裁量信託における任意後見契約と任意財産管理契約については社協および公証人が要支援高齢者の意思確認と契約内容をチェックする。

信託契約については社協が要支援高齢者の意思確認と契約内容をチェックする。

第９　要支援高齢者の財産管理のあり方

ここで，これまで述べてきた要支援高齢者の財産管理システムを整理すると以下のようになる。

◎要支援高齢者の発見の端緒

要支援高齢者と社会的接触をする人・機関からの社協への通告

◎要支援高齢者の財産管理能力の喪失の有無

財産管理能力を喪失　→　法定後見制度の利用へ

財産管理能力は残存　→　任意後見契約＋任意財産管理契約を締結
必要に応じ福祉サービス利用援助契約の締結

◎要支援高齢者の財産状態

○資力に余裕がある場合

→　任意後見契約＋任意財産管理契約に合わせて任意後見制度支援信託契約を締結

○要支援高齢者に特定のニーズがある場合

→　ニーズに合わせた信託契約の締結（要支援高齢者の指図権の行使は任意後見受任者が代理）

○資力に余裕のない場合　→　任意後見契約＋任意財産管理契約を締結

○生活保護等資力がない場合

→　福祉サービス利用援助契約の締結　→　法定後見

このような財産管理システムを実現するためには,

①　要支援高齢者の社協への通告制度の創設

②　社協の人員（専門員および生活支援員）の拡充等受け入れ体制の整備

③　任意後見受任候補者の確保

④　公証人との連携（任意後見契約＋任意財産管理契約の定型化，任意後見人の報酬の平準化）

⑤　信託契約の定型化（全国へ普及できるような信託契約のモデル作成）

⑥　任意後見契約・任意財産管理契約および信託契約における要支援高齢者の財産管理能力はどの程度必要とされるのか。

⑦　信託契約における要支援高齢者の指図権を任意後見受任者が適正に代理行使できるための方策等様々な課題がある。

これらの課題については今後十分に議論する必要があろう。

（あんどうともみ　弁護士）

第5章

民事信託における受託者の拡充

大貫　正男

はじめに

民事信託への関心が高まっている。この背景には，わが国が超高齢社会となり，自ら財産管理や身上監護のできない認知症高齢者が急増していることが挙げられる。健常者の間でも，老後の漠然とした不安，介護や医療の確保，消費者被害への対策，遺産分割等に関心が高まっている。また，障害者の子を持つ親等の立場からは「親なき後」の障害者の生活支援や財産管理という深刻な問題に対する信託の効用にも目が向けられている。こうした文脈で利用される信託は，信託銀行が提供する貯蓄型やファンド型の信託商品や投資信託のように財産を増やすことよりも，現存している財産を保存する，そして生活支援や福祉の増進のために有効に使う，さらに次世代への「確実な継承を遂げる」ということに主眼がある。そういう意味で，民事信託が注目されるのは，ごく自然の流れと言えよう。

一方，民事信託を活用しようとすると立ちはだかるのが「誰を受託者にするのか」という古典的な課題である。民事信託を「利用してみたい」「もっと詳しく知りたい」という声が大きくなっているにも拘わらず，信託銀行や信託会社以外の「受託者像」はまだ見えて来ない。このテーマは，民事信託の解説書や論文に繰り返し取り上げられ，「新しい信託の担い手」についての議論がさまざまな視点から論じられているが，実務の現場では一向に先が見えて来ない。人々は，改正信託法の恩恵をまだ受けていない。

本稿は，さし当たって司法書士の取り組みについて述べるものである。司法書士の場合，その取り組みは日本司法書士会連合会（以下「日司連」という。），50の司法書士会，３つの任意団体，そして会員個人の実践的な取り組みから成り立っている。民事信託は，司法書士界全体で取り組まなければ「適正な担い手の確保」は到底無理だからである。

今後，単なる「民事信託ブーム」に終わらせないためには，研修会を開催するだけでなく，仕組みや団体を創り上げ，担い手を養成し，民事信託業務を司法書士業務として確立することが重要である。並行して，能力担保制度や倫理の確立も忘れてはならない。さらに，司法書士が専門職として担う以上，単なるビジネスとして捉えることは厳に慎まなければならない。まして，脱法や租税回避のための民事信託を横行させては，混乱を招くだけである。司法書士の責任はことのほか大きいのである。

本稿は，こうした観点から筆者の経験した民事信託実務と成年後見から学んだ実務を踏まえて荒削りを厭わず，論ずるものである。

第１　民事信託士の養成・供給

１　担い手への名乗り

民事信託の利用を阻む最大の壁が，民事信託の担い手の不足である。利用したくても相談相手がいないという現実がある。民事信託へのアクセスを閉ざしている。商事信託において，担い手たる信託銀行が大規模な宣伝・広告を行い，顧客に説明会などを開催しているのに比べると，民事信託との差は歴然である。民事信託の普及には，相談窓口や案内役がどうしても要るのである。では，いかに確保するのか。

民事信託の担い手不足を埋めるべく最も近い位置にある職能の１つが司法書士であると思う。司法書士は信託に関する一般的な知識を備えており（司法書士試験にときどき出題される。），従来の司法書士業務と関連しているところから，馴染みやすい面がある。したがって，一定の専門研修を行い，実務対応能力を獲得すれば，新たな担い手として名乗りあげることは十分可能である。それには，従来からの相続や遺言等で蓄積された司法書士の専門的実務能力を土台として創意工夫する姿勢が求められる。

さらに，16年にわたり実践されてきた成年後見業務の経験を生かすことが重要である。成年後見は，財産管理と身上監護のために本人から預貯金通帳，保険証，不動産権利証等を預かり，本人の権利擁護と日常生活の支援を行うものである。この実務において，司法書士は適正な財産管理の方法，身上配慮義務，善管注意義務，利益相反，判断能力の把握，家庭裁判所への報告，医師や介護関係者との連携の方法などを学んできた。これらの知識や組織の一員としての自覚などを民事信託のベースにする。成年後見をベースに出来ることは司法書士の強みであり，新たな担い手になれる証左でもある。

社会は，司法書士に民事信託の担い手になることを期待していると考えるが，それは成年後見実務で学んだ判断能力のレベルの把握，家庭裁判所への報告義務，そして職業倫理が民事信託の分野にも徹底されるから信頼に足りる，と考えられているからであろう。この脈絡から，社会は成年後見実務を経験していることを求めている，と考えている。[1)]

司法書士の行う民事信託業務は，「信託業法の適用を受けない民事信託に関して，当事者の依頼により，民事信託に関する相談業務やスキーム構築のほか，受益者保護や信託事務遂行の監督等の業務を行う者としての受益者代理人・信託監督人，信託事務処理代行者（信託法第28条）を担う業務である」と考える。現状では受託者になれないので，アドバイスやコンサルティングが中心の役務となろう。

2　民事信託士の登場

では，司法書士であれば，誰でも実務が可能かと言うと，残念ながら

1）伊庭潔「民事信託を巡る現状と課題」日本弁護士連合会『自由と正義』2015年８月号40～44頁。小原健「民事信託と弁護士」信託フォーラム2016 VOL.5 90～97頁

「否」である。たとえ，解説書を読み，通常の研修を行っただけでは技能の取得は難しい。理由は，①委託者・受託者，受益者が登場し，その三者による主体的な協力により仕組みが制作されること，②「信託法制」「相続遺言制度」「成年後見制度」「税制度」の４つの知識が必要とされること，③家庭裁判所の監督がないこと，④信託業法に抵触してはならないこと，⑤ビジネスにしてはならないこと，⑥しかも未開拓の分野で創意工夫が必要なこと，等の点で従来の分野とは異質である。簡単に言うと，「難しい」のである。[2)]

司法書士が専門職として民事信託分野に乗り出す以上，民事信託に特化した能力認定ないし実務能力担保措置がどうしても必要になるのではないか。これは「簡裁訴訟代理関係業務」や成年後見制度の経験から生まれる共通の問題意識である。

一方，司法書士会は民事信託の取り組みが進んでいない状況にあった。最近になって，民事信託に関心を持つ会員が増えたものの，一般的知識を得るための研修で終始している感があり，実務に踏み出すための後押しがどうしても必要であった。仮に，知識や経験が不足していながら安易に相談に応じてしまうと司法書士の社会的信頼を損なう恐れが考えられる。

こうした問題意識から，民事信託の普及と推進を図ることを目的として，2011（平成23）年９月14日，司法書士が中心となって任意団体の「一般社団法人民事信託推進センター」（以下「推進センター」という。）が設立された。日司連で手の回らない活動を自由闊達に行うことが狙いであった。会員は234名であり，弁護士，税理士，公証人等他の資格者も入会しているところに特色がある。推進センターの主催するセミナーには，毎回100名を超える受講者で溢れ活気に満ちた状況を呈していたが，さらに民事信託の適正活用を担う人材の育成の必要性を痛感した。

そこで，平成26年４月８日，推進センターが母体となり，一般社団法人民事信託士協会（以下「信託士協会」という。）を設立し，「民事信託士」（英語

２）遠藤英嗣『新訂　新しい家族信託』（日本加除出版，2016）３～17頁

名：Certified Trust Practitioner）という資格を創設することに至った。いわば推進センターの二階部分であり，「民事信託のプロ」の育成と能力の向上を目指す司法書士等からなる団体である。民事信託士は，一定の研修を受講し，検定に合格した司法書士と弁護士に限定している。役員には，第三者理事として弁護士，信託実務経験者等が就任している。

「民事信託士」を司法書士と弁護士に限定した理由は，司法書士施行規則31条に業務として行うことのできる法的根拠があるからとのことである。この結果，会員に司法書士倫理や法令遵守，そして，司法書士会との連携を深め易くなった，と考える。

民事信託士の意義は，担い手が存在していることを社会に知らせることができる点にある。どんなに民事信託の利用を勧めても，その担い手が存在していなければ空疎である。また，「民事信託士」を名乗るのは，司法書士と弁護士とし，一定の基準に達した者を認定することにしているということである。さらに，「民事信託士名簿」を作成し，継続研修と名簿の更新により，適正な活動を行うことを方向づけた。これでは十分とは言えないが，任意団体として現時点で可能な体制を用意したと言えよう。

幸い，民事信託は平成26年８月商標登録が認められた（発案者　鄭英模東京司法書士会会員）。国家資格者である法律家団体が民事信託士を管理することになり，その結果，不正な目的による活動を抑制することが可能となる。今後，民事信託士の活躍により民事信託の健全な発展にも貢献すると共に社会全体に対しても利益をもたらすものと考える。[3)]

日司連は，後述**第３**で述べるように株式会社設立を検討しているが，具体化した暁にはその業務の中心として活動することも想定している。日司連主導の株式会社と言っても，法的に整理された案件でないと受託するリスクが高い。この点，民事信託士という一定の能力に達した者が関与した案件であれば安心して受託が出来よう。

３）大貫正男「民事信託士の誕生に向けて」信託フォーラム2015 VOL.3 130〜133頁

◎　司法書士法施行規則

（司法書士法人の業務の範囲）

第31条　法第29条第１項第１号の法務省令で定める業務は，次の各号に掲げるものとする。

1　当事者その他関係人の依頼又は官公署の委嘱により，管財人，管理人その他これらに類する地位に就き，他人の事業の経営，他人の財産の管理若しくは処分を行う業務又はこれらの業務を行う者を代理し，若しくは補助する業務

2　当事者その他関係人の依頼又は官公署の委嘱により，後見人，保佐人，補助人，監督委員その他これらに類する地位に就き，他人の法律行為について，代理，同意若しくは取消しを行う業務又はこれらの業務を行う者を監督する業務

（３，４省略）

5　法第３条第１項第１号から第５号まで及び前各号に掲げる業務に附帯し，又は密接に関連する業務

3　民事信託士検定の実施

平成27年９月，２日間にわたり第１回民事信託士検定が実施され，18名が検定に臨んだ。方法は，応募者に対し２つの事例課題を出し，検定中は提出済の課題について進行役の指導のもと議論を行い，理解を深めるというものであった。形態は，３つのグループに分け，マンツーマンに近いやりとりを心掛けた。講師は，弁護士，信託実務家，そして司法書士が担当した。各受講者は，自ら設計したスキームや信託条項の誤りに気がついたり，よりよい選択肢があることを知るなど，意義深い検定になった模様である。なお，18名全員が民事信託士の認定を受けた。

第２回は，平成28年９月，２日間にわたり第２回民事信託士検定が実施され，40名が検定に臨んだ。方法は前回とほぼ同様であったが，注目度が高く

40名という定員を軽くオーバーした申込があったこと，３名の弁護士が受講したことである。地域で両者の連携がすすみ，民事信託普及の胎動が始まった観がある。第３回は平成29年10月に開催する予定である。

4　民事信託士検定の発展

現在認定した民事信託士は全体で35名と多くはない。社会的な役割を果たすには民事信託士の数を増やす必要があるが，今の体制では毎年の認定者はせいぜい50名程度である。その理由は，認定研修において，事務局体制，講師やスタッフの確保，財源などに限界が見られるからである。認定した後も，フォローアップ研修（名簿更新研修）は必須であり，加えて民事信託士からの実務相談にも対応策を考えなければならず，現状では，人員増加は難しい。

一方で，民事信託士の使命や民事信託士の発展という重さを考慮すると，このままの状態で良いのか，考えざるを得ない。将来は，「民事信託士」をさらにオーソライズした仕組みを考える時期にあるのではないかと思料するところである。

第２　福祉型信託を導入するための信託業法の改正

1　親族受託者・一般社団法人受託者への懸念

確認すべきは，司法書士はどんなに努力しても，また民事信託士としてスキルを高めても受託者になれないことである。周知のとおり，内閣総理大臣の免許・登録を受けた者以外は，業として信託の受託者となることはできない（信託業法第３条)。たとえ「福祉型信託」であっても反復継続して受託者になれば，営業とみなされる。現行法では，受託者となれるのは信託銀行または信託会社に限定されている。従って，受託者としては信託業法の適用を受けない委託者の親族等にするか，新たに反復継続しないという制約のもと法人を設立するかの選択をしなければならない。端的に言うと，民事信託士は信託のプロを目指しているにも拘わらず，民事信託の世界では脇役を演じるしかない。

それはやむを得ないとしても，実務において適正に親族が受託者に選ばれているであろうか。実務では，受託者に適している人かどうか，親族間に信頼関係が基本にあるか，受託者義務が果たせるか等を吟味せず，当然のごとく親族を受託者にする例があるという。また，委託者等が「ともかく受託者になって欲しい」と無理をして受託者を頼んだりして決めているケースがあるという。実務書には「信頼できる人」と簡単に解説していることも安易な受託者選びの一因ではないかと考える。もちろん，「信頼できる人」は基本ではあるが，さらに信認関係（fiduciary relation）が築けるかどうかも見極めなければならない。無闇に受託者を決めては欠陥のある信託契約の温床になりかねない。受託者は，委託者ないし受益者の信頼に応えるに足る一定水準の事務処理能力を備えたものでなければならない。[4)]

筆者は，後継ぎ遺贈型信託など信託期間が長期に及んでいたり，管理すべき不動産等が多く，また金融資産が高額である場合などは，永続性が期待できる共益型の一般社団法人受託者の設立という手法を推奨している。信託業法による厳しい規制等により受託者が極めて限定されている現状において，何とか民事信託を実現しようと窮余の一策として編み出された手法である。[5)] しかし，この方法にも「信託業法の受託者規制を回避するために新たな法人格を創出すれば良いという考え方には賛成できない」という批判がある。[6)]

親族受託者も一般社団法人も受託者にふさわしくないなら，受託者を拡充していく以外に方法はない。すなわち，福祉型信託の具体化である。

4）新井誠『信託法〔第４版〕』（有斐閣，2014）207～211頁

5）大貫正男「一般社団法人を受託者としたモデルの構築」新井誠・大垣尚司『民事信託の理論と実務』（日本加除出版，2016）157～182頁

6）伊藤大祐「弁護士における民事信託の取り組みと展望」信託フォーラムVOL.1（創刊号）63～65頁

2　日司連の会長声明

そこで，日司連は下記の会長声明を発表した。平成16年改正信託業法，平成18年改正信託法においてなされた衆参両院の附帯決議に基づき福祉型信託を信託業法の適用除外とするとともに，その担い手として非営利の公益法人，一般社団法人等の参入を求め，信託業法から外れた福祉型信託は社会福祉法制との連動を図り，高齢者・障害者の福祉につなげることを提言した。

1．福祉型信託の活用と普及を促進させるため，司法書士法人，弁護士法人，公益法人，NPO法人等の参入が可能となるよう，その取扱い等について，現行の信託業法の適用除外を規定した信託業法施行令第1条の2について，「高齢者・障害者の生活支援と福祉の増進を目的とする信託」も適用除外とする趣旨の規定を追加すること。

2．福祉型信託について，信託業法の適用を除外するとともに，老人福祉法，知的障害者福祉法，身体障害者福祉法などの福祉に関する個別の法制度において，「生活の安定と福祉を図るための財産の信託」に関する規定等を社会福祉法制の一環として組み入れるとともに，司法書士法人・弁護士法人・公益法人等の担い手の適格性や監督に関し法整備をすること。

適用除外とする理由は，まず，福祉型信託は，非営利なものであり，営業や商品として成り立ちにくいことが挙げられる。福祉型信託は受益者の生活支援と福祉の確保のためのものであるから，そもそも「利益」や「取引」という目的にはなじまないのである（次頁図参照）。

次に，信託財産が小規模であることが挙げられる。福祉型信託が想定する信託財産は，預貯金，居住用不動産，動産・債権等であるが，商事信託と比較すると概して小規模である。そして，これらの財産は生活と渾然一体となっているため，包括的に受託することが必要となる。なお，信託銀行では

図　福祉型信託のイメージ

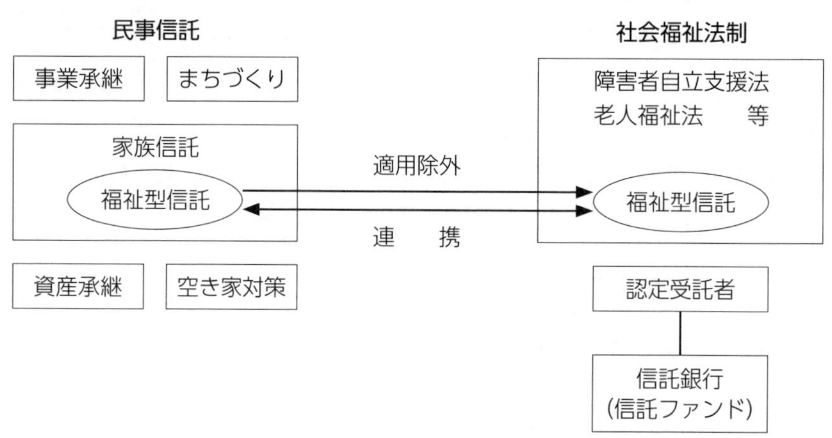

不動産管理信託は，ほとんど行っていないことから，信託銀行と競合することは少ないものと考える。もはや福祉型信託を信託業法の枠内に留めるのは無理があるように思えてならない。福祉型信託を営業や商品として扱うことが難しく，今後も信託銀行等は目を向けることは極めて少ないのではと考える。

成年後見制度と福祉型信託とは，本人（法定後見制度では成年被後見人等，信託では委託者ないし受益者を指す。）の判断能力が不十分かどうかという違いがあるものの，共に本人の生活支援や福祉のための財産管理制度である。現に法定後見制度を利用していても，さらに，信託制度を適正に併用することにより，二重の支援・保護体制が可能となる。また，福祉型信託を使えば，成年被後見人の財産を障害をもつ子に残すことも可能である。これは，成年後見制度にない機能であるから，福祉型信託は成年後見制度を補完する機能を持つ。したがって，成年後見制度の枠内における福祉型信託との連携は極めて自然な流れのように思える。

信託業法改正時における画期的な「福祉型信託」の登場から既に13年が経とうとしている。しかし，その附帯決議を具体化しようとする動きは政府には見られない。前述したようなニーズがあるにも拘わらず，である。

この間，司法書士，弁護士，税理士等の実務家は，研究会などを立ち上げ，社会への提言や，受益者代理人等を活用するなどの工夫を重ねて実務を行ってきた。また，一部の公証人は受託者に親族を充てる，などの職務上の運用を行ってきた。しかし，信託業法の壁は厚く，実務上の創意工夫や受益者代理人等の制度を活用するだけではどうしても限界がある。福祉型信託の活用を求めてやまない多数の人々に対して，附帯決議を確実に履行すべき時期に来ている。

3　スペシャル・ニーズ・トラスト

日本では，信託のもつ本来の機能を十分に活用できていない現状にあるが，アメリカ，カナダ，そしてアジアの台湾やシンガポールなどにおいては，福祉や障害者のための多様な民事信託のスキームを人々に提供している。この信託とは，福祉や障害者支援に特化したもので，Special Needs Trust（SNT）と呼ばれる。受託者は，非営利法人，家族，専門家，信託会社等であり，公的な支援を受けている点に特色がある。既に「適用除外」がなされており，日本は世界の潮流に乗り遅れてはならない。「福祉型信託」の登場から既に13年，早急に具体化のための審議会が再開されることを望んでいる。[7)]

第3　信託会社の設立について

1　なぜ株式会社を検討するのか

民事信託を普及・促進させるには，信託業法を改正して福祉型信託のための一般社団法人等の参入を求めるだけでなく，信託会社の設立も視野に入れる必要がある。法改正には相当の時間がかかることが予想されるからである。

7）黄詩淳「台湾における障害者・高齢者支援の信託」実践成年後見41号91～102頁。平成25年，日司連は台湾の民事信託を視察した。澁谷彰久，高橋弘，小此木清「アメリカ・カナダにおける成年後見と信託活用の最新事情」実践成年後見49号95～104頁。また，平成27年2月，司法書士の山北英仁及び高橋弘等がシンガポールのSNTを視察した。

筆者は，日司連財産管理業務対策部の部委員の末席を汚しており，その立場からこれまでの取り組みについて現状と弱干の私見を述べる。

日司連は民事信託の推進に大きな役割を果たして来たが，平成27年度からは，研究や提言だけでなく，強固な土台作りの方針を打ち出した。具体的には，「財産管理業務対策部」の設置であり，①遺産承継，②民事信託業務モデル策定，③団体設立準備の3つのワーキングチーム（以下「WT」という。）から財産管理業務の具体的な仕組みづくりを実践することになった。特に，③の団体設立においては，日司連主導による信託業法に則した信託会社の設立に向けた準備を検討しているところである。

具体的には，日司連は受託者として株式会社（以下「本株式会社」という。）の設立を検討している。断っておくが，日司連が出資するのではなく，司法書士個々人が出資し，株主となるのである。日司連は，設立趣旨に賛同することを表明し，司法書士個々人に対し設立趣旨に賛同のうえ出資することを希求するのである。とはいっても株式会社というと違和感を覚える方や，営業として扱うことに反発する方もおられよう。そこで，本株式会社を設立して民事信託分野に進出する意義を考えてみたい。

かつて，日司連は社団法人成年後見センター・リーガルサポート（現在は公益社団法人）を主導的に設立した経験を持つが，今回もその手法が参考になると思われる。

まず，親なき後の問題，老後の生活確保，葬儀・永代供養等の資金確保，事業承継，そして空き家対策など法的ニーズが多いことである。しかし，これらのニーズは営業として成り立ち難いことから信託銀行等はあまり扱っていないと思われる。そこで，家族が受託者となることが考えられるが，大多数はふさわしい受託者が見つからず民事信託の活用を諦めているのが実情と思われる。そもそも，信託できる受託者が不在のため，民事信託の活用自体がほとんど知られていない。本株式会社は，民事信託の活用を求めて止まない多数の人々に対して，選択肢の1つとして門戸を開くことになる。また，民事信託を知らない多数の人々にとってもその活用を勧める道が開けることになり，人々に民事信託の恩恵を受けてもらえることができる。

2　株式会社のイメージ

次に，前述した事案の多くは司法書士が接する日常業務から派生ないし関連して持ち込まれることを想定している。つまり，顧客は司法書士が関与した依頼に限定する。例えば，不動産売買代金，介護・医療費や相続財産の信託である。将来,「空き家」とならないための1つの対策ともなり得る。さらに，司法書士が成年後見人等として，本人の財産を，不正防止のためでなく，子や孫の生活支援や福祉を目的として信託することも視野に入る。

こうしたニーズに応えて，現在弁護士が中心になって設立された株式会社は2社，司法書士が中心になって設立された株式会社は2社である（平成26年12月31日現在における信託会社は18社）。資格者団体の主導によって設立された株式会社は見当たらない。なお，信託ではないが，税理士協同組合の出資を得て設立された「株式会社日税不動産情報センター」があり，税理士が関与した依頼者より持ち込まれる不動産売買案件を扱っている。

信託業法の定める信託会社は，運用型信託会社と管理型信託会社に分けられるが，本株式会社は内閣総理大臣の登録を受けた管理型信託会社である。管理型信託会社は，成年後見実務等から蓄積されたノウハウを生かし信託財産の管理行為のみを行う。信託業法によれば，最低資本金は5,000万円（純資産規制），営業保証金は1,000万円とされ，5年程度の運転資金を含めると，当面1億5,000万円程度の原資が必要となろう。本株式会社は，司法書士の社会的信用をバックに運営されるものであり，いかに「司法書士らしさ」を出すのかが鍵となろう。

WTが検討しているのは，まず，日司連が株式会社を選択する理由である。営利性の是非や事業目的との整合性等根本的なテーマから始まり，司法書士会との関係，どのような組織をつくるのか，会員はどのような実務をするのか，研修をいかに行うか等検討すべきテーマは広範囲に渡る。例えば，定款の目的は「委託者（顧客）の希望に沿える受託者として，忠実義務・善管注意義務など信託法や業法に基づく義務を誠実に履行し，財産の管理や承継業務を行うとともに，民事信託の発展に貢献すること」などを想定している。

事業として行う以上，事業形態を含め予想される民事信託業務の需要も把握する必要がある（いわゆる市場調査）。また，本株式会社を設立した場合，会員は入会するかどうかの意識調査を行う必要があり，平成28年5月全会員にアンケート調査を行ったが，回答者は大概受け入れに賛同していると考えられる。

また，会社設立に当たっては，金融庁が監督機関となるため，定款，業務方法書（信託業務の実施体制等），管理型信託業に関する知識及び経験を有する者の確保等の書類を提出しなければならない。金融庁は，過去において信託会社の倒産等があったため，新規の免許・登録申請に対して審査を厳格化しているという。

現在，WTは信託会社を設立し，実際に業務に携わった経験のある弁護士，司法書士等からそのノウハウを学んでいるところである。

3　任意後見制度の利用促進を支える

任意後見制度は，本人の自己決定権が生かせる制度である。判断能力が著しく低下して後見類型の対象となるより，早期に任意後見制度を選択することが，本人の意思や希望が生かせることになる。しかし，利用は芳しくない。

そこで，任意後見制度の利用促進が求められている。その方策は成年後見制度利用促進委員会で議論されているところであるが，「使って良かった」と言われるためには，より必要とされる機能を発揮を備えることにあると考える。

その1つが，任意後見制度に欠けている財産の長期的な管理機能を信託制度との連携により獲得する方法である。現状では，本人が死亡すれば，その相続財産は法定相続人に帰属し，遺産分割協議などにより相続人に引き渡され，それで財産承継が終了を迎えるのが基本である。たとえ，本人が「自分が死んだら妻に相続させ，妻が死んだら子へ，子が死んだら世話になった甥に相続させたい」と考えていても，それは叶えることができない。

この限界は，信託制度を並行して利用することにより克服することが可能である。信託制度を使うことにより，前述した民法では難しい後継ぎ遺贈型の財産承継が可能となる。成年後見制度に不足している財産の長期的管理機能を民事信託との連携により獲得するわけである。こうして，任意後見制度は高齢者・障害者への福祉や日常生活支援機能を備えたより使い勝手の良い制度になると考える。

図

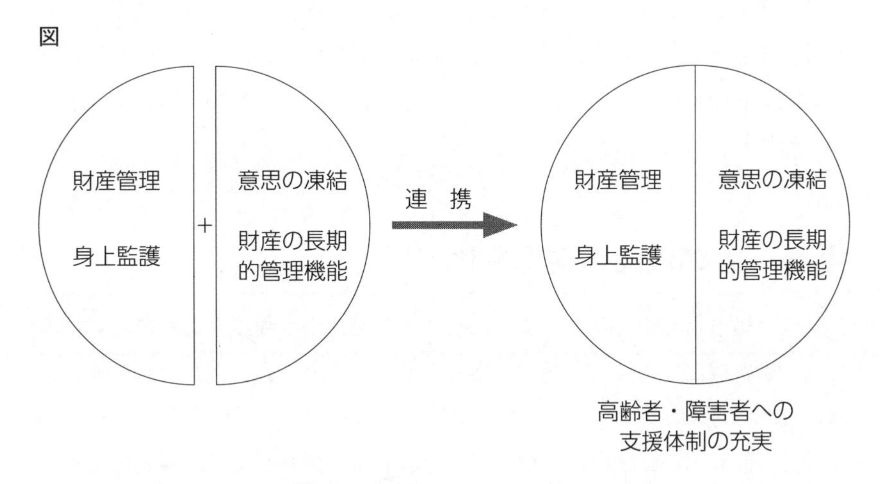

☆　成年後見制度にあって民事信託にないもの　身上監護
☆　信託にあって成年後見制度にないもの　財産の長期的管理機能

しかし，どんなに信託のメリットを強調してもそれだけでは民事信託との連携は実現できない。受託者をどう確保するかが最大の壁が屹立しているからである。そこで，この場合の受託者は本株式会社を想定している。信託財産が少額であっても不動産であっても，その引き受けは可能と思われる。本人（委託者）は，家族の福祉や日常生活支援のためにも安心して任意後見制度を利用できると考える。

図

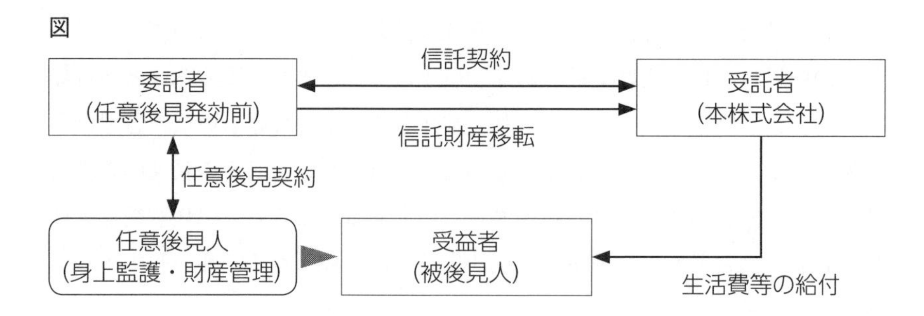

日司連による株式会社という事業は，初めてである。監督は金融庁のため，不慣れな点は否めない。日司連の目的規定に合致するか，事業ないし業務として成り立つ可能性などを含め，株式会社の設立の是非を問う議論を大きくわき起こしていただきたい。

第４　金融機関の対応変化

従来，民事信託の普及のネックになっていたのが，親族を受託者としたのでは，金融機関は信託口座開設に応じなかったことである。しかし最近，家族信託への理解が進み，「委託者○○○受託者○○○信託口座」という口座開設を可能とする金融機関が増えてきた。利用条件としては，本人確認書類に加えて，一定の資格者が契約締結に関与していること，公正証書による「信託契約書」であること等を挙げている金融機関が多い。

また，親族等の受託者への融資を可能としている金融機関も現れている。認知症高齢者の住宅建設やマンション購入の資金調達も出来，より柔軟な財産管理が出来そうだ。こうした金融機関の対応は，民事信託の普及にとって好ましいことであり，全国の各支店で一般に取り扱われることを期待する。その際重要なことは，誰がどんな資格で契約自体をサポートしているか，専門家による信託監督人を置いているか等であろう。民事信託は，あくまでビジネスには馴染まないので，営利を目的とした事案はふさわしくない。まして，脱法的な信託や税金逃れの事案は排除すべきであろう。

さらに，金融機関の関係者から，「後見制度支援信託」に並立・代替する新たな手法が提案されている。成年後見人による使い込みや横領を防ぐためなら，信託でなくても預金のままでも同じ目的を十分に達成できる，としている。例えば，後見人が受託者，被後見人が受益者，そして家庭裁判所が信託監督人となる「家族信託」契約を締結し，金融機関に受託者名義で「家族信託預金」を預け，この預金を引き出す際には，「後見制度支援信託」と同様に家庭裁判所の指示書が必要となる。しかし，高齢者はこれまでどおり近隣の金融機関を利用することが可能であるという。本人の権利擁護の確保と民事信託のみえる地平を切り開く注目すべき提案である。[8)]

「後見制度支援信託」に並立・代替する不正防止策を巡っては，内閣府における成年後見制度利用推進委員会でも前向きに検討されており，今後具体化に向けて踏み出しそうだ。

おわりに

民事信託に取り組んで，法律専門家の役割は何かを自問している。その一つに，混沌としている法律関係ないし法律状態の規格化・定型化にあるのではないかと考えている。この処理をする者がいなければ，混沌状態のままで放置されることになりかねない。その延長にあるのが「適正な受託者の確保」である。また民事信託の恩恵をより多くの人々に受けてもらえる手法を用意すべきである。

民事信託の世界は，需要があると言われながら人の手が入らない未開拓の分野（未踏の原野）のようなものである。新信託法の趣旨を忠実に実践し，創意工夫を凝らして誰でも使える民事信託の地平を切り拓くべきである。

（おおぬきまさお　司法書士）

8）吉原毅「超高齢社会における「家族信託」活用のススメ」金融財政事情2016年７月４日号36～40頁

第6章

高齢化した山間地域における交通ネットワーク確保と信託の活用

高橋　弘

はじめに

わが国における65歳以上の人口が全人口に占める割合は，全国平均ですでに26.7％となり，世界で最も高齢化率の高い国となっている。[1)]一方，一人の女性が一生の間に産む子供の数（合計特殊出生率）は全国平均で1.46人にとどまり，人口を維持できる基準とされる2.07人には程遠い数値ともなっている。[2)]こうした中，山間地域では著しい少子高齢化により，採算のとれなくなった公共交通機関の撤退が相次ぎ，高齢者や障がい者等で，判断能力が十分あり人々との交流や語らいを求めながらも，自ら運転ができず，あるいはそれが困難となった人々の交通ネットワークの確保が大きな課題となっている。こうした方々の中には，交通ネットワークさえ確保できれば，街中への買い物や，友人らとの交流を継続でき，楽しみに満ちた生活を送ることができるにもかかわらず，それが叶わぬために健康な毎日を失う結果となる人も少なくない。また，とりわけ，高齢者にあっては，健康な毎日を送ることができつつも，何らかの慢性疾患を抱えている人も少なくなく，病状管理，健康維持に向けた定期健診等のために地域に分散した診療所や病院への通院等のために，交通ネットワークを必要とする人の数が相当数に上るものと推定

1）総務省平成27年国政調査の抽出速報集計結果による。
2）厚生労働省平成27年人口動態統計による。

される。多くの自治体で，タクシー代の補助等を試みているが，いずれも代金の1割乃至2割程度の補助が精一杯であり，実効性がないのが実情であろう。

第1　交通ネットワークの欠如と山間地域の実情

1　見逃せない実情

こうした交通ネットワークの欠如は，地域の商店街の繁栄を阻害し（シャッター街などと呼ばれる商店街が全国各地に出現していることは今や周知の事実である。），診療所や病院等の医療機関にとっても，患者数の減少につながりかねず，その経営維持に大きな影響を及ぼす危険を孕んでいる。また，法務・税務・労務といった士業資格者の中には，地域に根差した事務所運営を長年にわたり継続してきた者も多い。これらの者の中には，まだまだ生かせる資格を保有しながらも，交通ネットワークの欠如による顧客数の減少からその事務所運営の維持に影響が出始めている者もいる。こうした状況を打開するべく，一時は，地域に設立された公益を目的とするシルバー人材センターが小型ワゴン車等による送迎サービスを展開し，相当程度の需要を有していたのであった。

だが，このサービスは，監督機関の指導により廃止された[3)]ため，今日では，資力のある商業施設や医療機関等が個別に送迎車両を用意し，運転手等の運行従事者を独自に雇用して，顧客や患者の確保を図るべく，送迎サービスを展開しているのが実情である。

2　サービスの重複による損失

しかしながら，商業施設や医療機関等が個別に車両を用意し，独自に運行

3）廃止の理由としては，高齢者が行う地域サービス業務としては青ナンバーを取得した地域の交通事業者によるサービスとの均衡を失し，危険性が高いことや，いわゆる民需圧迫などがその背景にあったものと推測される。

従事者を雇用して送迎を確保することによる負担は決して少なくなく，インフラの重複による無駄も多い。また，資力の乏しい商店街や診療所によっては，こうした送迎ネットワークを用意できないところもあり，士業資格者にあっては，用意できるところは皆無に近いといってよいだろう。何より，こうした送迎サービスでは，地域に住む高齢者や障がい者が自らの意思により行きたいところへ自由に移動し，買い物等に利用することができない。このことは，地域経済の衰退化や，医療サービスにおけるいわゆる病診連携（基幹病院と地域の診療所との連携）の円滑化を妨げる要因ともなり，山間地域に住む高齢者等の日常生活の維持に大きな障害・損失が生じているものと思われる。それどころか，運転が出来ない，あるいは困難となった高齢者が移動のための交通手段を手に入れることができないことは，彼らが高度経済成長時代を過ごした若き頃，高齢となる将来に備えて日夜働き自らの手で築き上げてきたはずの地域のインフラを，高齢となった将来が到来した今，活用することができないという矛盾にさらされる結果ともなっているのではないだろうか。

第２　矛盾の解消策

１　自家用共同交通ネットワークの確保

こうした矛盾を解消し，損失を防ぐためには，各商店街や医療機関等が個別に独自の送迎車両や運行従事者を確保するのではなく，地域に住む高齢者や障がい者自らが資金を出し合い簡易集中的な自家用共同交通手段を確保し，自分の方から自らの意思に従い自由に運行できる，地域の小規模需要を満たすのに必要十分な程度の，自家用共同交通手段による地域交通ネットワーク（自家用共同交通ネットワーク）の構築を図ることが有効ではないだろうか（図１参照）。こうしたネットワークの構築により，地域の高齢者や障がい者の活動範囲は格段に広がり，地域経済の活性化にも役立つように思われるからである。

図１　≪簡易集中的な自家用共同交通ネットワーク試案≫

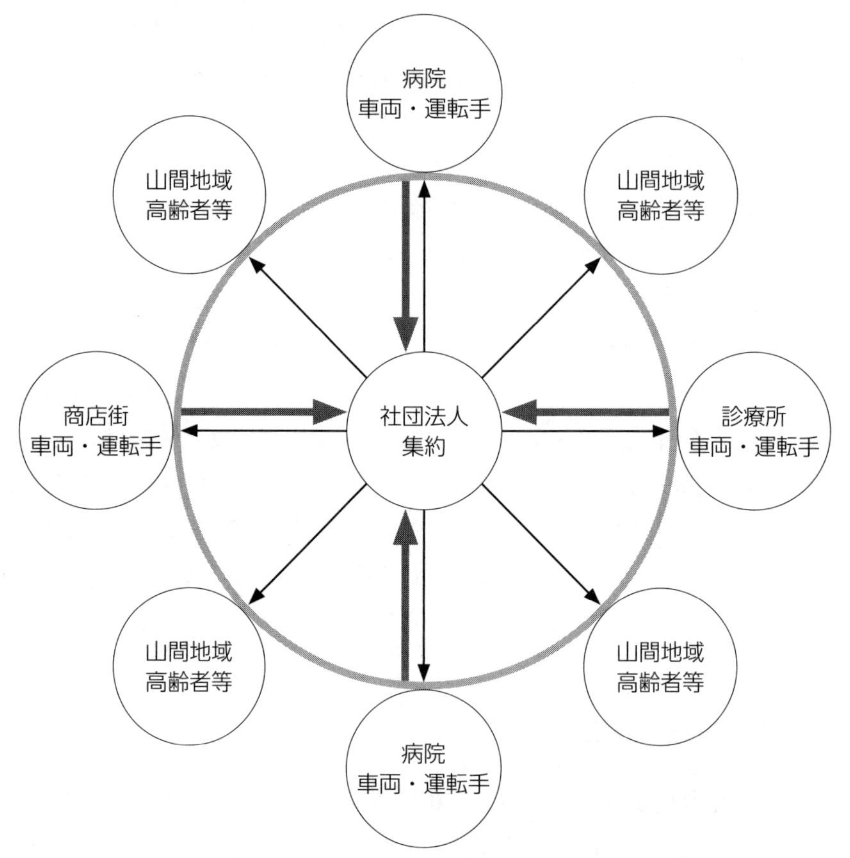

＊　商店街，商業施設や医療機関等毎に分散し重複している送迎車両や運転手等の人材を，地域の高齢者等が自ら設立する一般社団法人に集約し，コストを削減し効率化することが可能となる。

また，高齢者や障がい者の生活に欠くことのできない医療サービスへのアクセスにあっては，地域における病診連携がより活発化し，医療の質の向上にもつながるであろうし，それだけでなく，各医療機関の患者数の安定化，ひいては，経営の安定化にも資するところが大きいものと思われる。[4]

4）もちろん，資力のある商業施設や医療機関が独自の送迎手段を維持することを妨げようとするものではない。

2　内から外への方向転換

従来は，サービスを提供する側（公共交通機関や街中の商店街あるいは医療機関等）による交通ネットワークの構築を内にいて待っていただけであったことから，地域の高齢者や障がい者が，自らの手により自家用共同交通手段を確保し，自らのネットワークを活用して，自分の方から自由に外へと出かけて行く，いわば本来のかたちに方向転換を図るわけである。

また，山間地域ではあっても，インターネットやデジタル技術の普及は益々進むであろうから，こうした地域住民が共同使用することとなる自家用共同車両に，自治体等がデジタルサイネージ技術[5)]を利用したローコストの情報伝達装置を装備するなどすれば，自治体等からの地域住民への確実で効率のよい情報提供手段としても活用することが可能となり，山間地域の孤立化の防止や相互の見守り機能をも果たすことにつながるのではないだろうか。

第3　実現のためのポイント

これまで述べてきたインフラの集中化と地域住民自らが確保する自家用共同交通手段の実現のためには，法人を活用した権利義務の帰属主体の一元化と，既存インフラの活用による低廉な事業経営の実現が必要となるであろう。それとともに，山間の同一地域に範囲が限定されるとはいえ，何人もの住民が共同投入する多額の金銭について，その管理運用面における安全の確保が重要となろう。以下では，それらの具体的方法について，筆者の考える試案（以下「試案」いう。）を提示してみたいと思う。もっとも，具体的な方法については，多様な案が考えられるはずであり，また，本試案には交通関係法令上調整を要する点が残るであろうことを留保させていただくこととしたい。

5）デジタルサイネージとは，液晶ディスプレイ等カラーの映像表示が可能で，ネットワーク接続により外部からの情報を配信できる装置のこと。

第４　試案の概要

１　一般社団法人の活用

はじめに，山間地域住民のうち，交通手段を必要とする住民が集まり社員となり，必要経費（一般社団法人財産法人に関する法律27条）を分担して，車両の保有と送迎サービスを可能とする非営利型の一般社団法人を設立する（一般社団法人の仕組みと運営の詳細については他に譲りここでは触れないものとする。）。そして，同法人に集中させた資金（経費）を使用して，交通ネットワークを確保するための乗り合い可能な車両を購入するとともに，同法人が雇用する運転手により，法人の構成員（社員）となる地域住民の意思に基づく自由な運行計画に従い，高齢者や障がい者等交通手段を必要とする人々の生活の拠点（その付近）と街中を巡回させることにより，生活に必要な交通ネットワークを自前で確保しようとするものである。簡易な自家用共同交通ネットワークといえるものである。一般社団法人化することにより，高齢者や障がい者に対する自治体等からの支援だけでなく，法人に対する各種財団等からの助成や，地域住民をはじめとする民間からの遺贈・寄付，それらに向けたファンドレイジングによる運営資金の充実化も期待できよう。

２　既存インフラの活用による低廉な事業経営

法人の役員には，地域に密着した身近な弁護士・司法書士・公認会計士・税理士・行政書士・社会保険労務士等の法務・税務等関係の士業が地域への貢献活動（プロボノ活動）を兼ねて就任する。そして，必要となる運行計画立案等の事業経営，法務・税務・労務等を低廉な報酬で担当することが考えられる。都会地で事務所を営む士業資格者とは異なり，山間地域に近いところで事務所を営む士業資格者にとっては，山間地域の人々との間に構築されるネットワークへの参加が可能となることは，士業資格者にとっても，自らの職務に対する需要の開拓につながることが期待できるはずである。士業資格者らの事務所経営にとっても，負担となるどころか，むしろ経営の安定化に資することが期待できよう。

とりわけ，弁護士（法人）と司法書士（法人）にあっては，「他人の事業の経営」が法令上職務の一部とされている（弁護士法人及び外国法事務弁護士法人の業務及び会計帳簿等に関する規則1条1号，司法書士法施行規則31条1号）ことを，少子高齢化した地域社会への貢献というかたちで実践するチャンスにつながることともなるのではないだろうか。運転手については，地域に暮らす運転を業とした経験の持ち主を時給制で雇用したり，地域の交通事業者に委託（委任・請負）することなどが考えられよう。

3　交通関係法令による規制との調整

試案は，運行計画に従うとはいえ，山間地域の住民が，自らが構成員（社員）となる一般社団法人を通して，自ら（社団）が保有する自家用車両により交通ネットワーク（移動手段）を確保するものにすぎないのであるから，いわば，特定の会社の役員等関係者が，自ら（会社）が保有する自家用車両で様々な目的地に自由に移動するのと同様であり，既存の道路交通法その他の交通関係法令による規制と抵触する部分は多くないものと考える。もっとも，細部においては，前述したとおり，既存法令との抵触もありえようが，安全の確保と関係しない部分に抵触が生じる限りにおいては，規制緩和を検討すべき余地があるのではないだろうか。

第5　信託の活用による経費管理の安全確保

前述のとおり，試案では，山間の同一地域に範囲が限定されるとはいえ，何人もの住民が，自ら構成員（社員）となり設立する一般社団法人の経費として負担し投入することとなる合計すれば多額の金銭管理が必要となる。したがって，その管理運用面における安全の確保が重要となるわけである。筆者は，この安全確保のために有効な手段としては，信託の活用が最も現実的かつ有効ではないかと考える。そして，現時点においては，信託銀行に一般

図２　≪山間地域における交通ネットワーク確保のための試案≫
―法人・既存インフラの活用による効率化と信託による安全の確保―

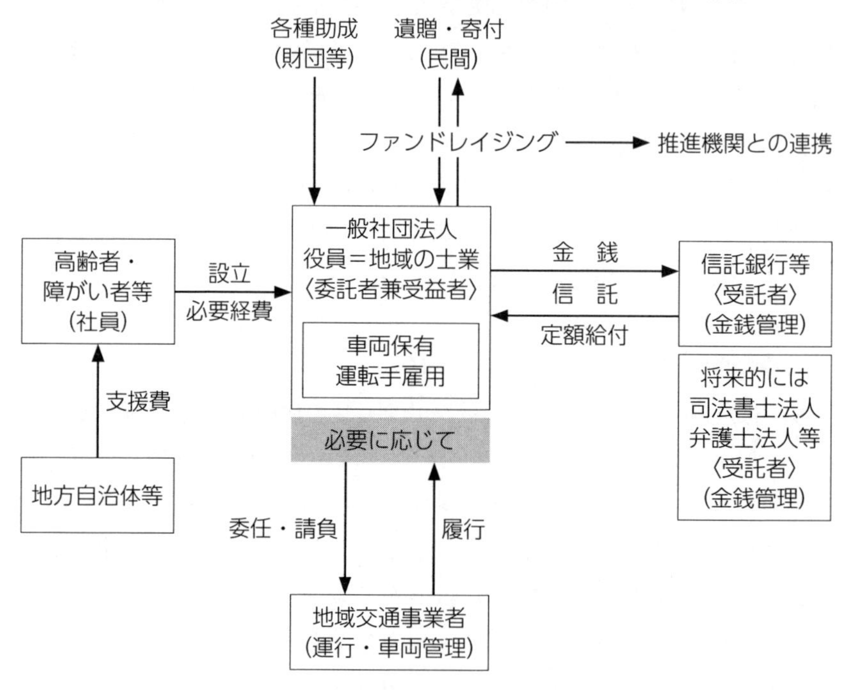

社団法人名義で預金口座を開設し，それを，同法人の役員が信託銀行関係者と相互に連携を図り監視し合いながら管理する方法，また，試案のような一般社団法人が多くの山間地域等で設立されるようになるようであれば，信託銀行において，元本補てん付の合同運用指定金銭信託の利用も可能となるであろうから，これを利用する方法も考えられよう。[6] さらには，将来において，高齢者や障がい者の生活を支援する福祉型の信託について，弁護士（法人），司法書士（法人），NPO法人等がその担い手となることが認められるようになるのであれば，地域の実情に応じた選択肢がより幅広く提供されることとなろう。

6）田村直史「民事信託の利便性向上に向けた信託銀行のインフラ活用について」信託フォーラム５号（2016）111～114頁参照

その結果，信託銀行，信託会社の営業信託との分業化が実現し，より身近できめ細かなサービスを通して，少子高齢化した山間地域にあっても，ニーズに叶う交通ネットワークの中で，高齢になっても障害があっても，誰もが自由に移動でき，さまざまなサービスにアクセスできる充実した毎日を継続することができるようになるのではないだろうか。

（たかはしひろし　司法書士）

第 7 章

後見と信託の融合による安全低コストな ホームロイヤーサービス実現のための組織の構築

小此木　清

第1　一人暮らしの認知症・高齢者が増えている

1　本稿の目的

高齢者と弁護士との間において，高齢者の判断能力がしっかりしている段階でホームロイヤー契約を締結しておく。その後，判断能力が不十分となった高齢者本人に代わって，本人にとって必要で十分な医療・介護・生活等サービスを適切に選択し，本人の財産活用をするために，「後見と民事信託を融合した，安全低コストなホームロイヤーサービス実現のための組織の構築」を提言する。

2　背　景

(1)　超高齢社会

ア　日本は，どの国も経験したことのない超高齢社会に突入している。平成27年65歳以上の人口は3,384万人であり，高齢化率26.7パーセントである。さらに，一人暮らし高齢者600万人に及んでいる。

また，約462万人が認知症高齢者であり，65歳以上の高齢者の７人に１人の割合となっている。軽度認知障害（MCI）と推計される約400万人とあわせると，高齢者の４人に１人が認知症またはその予備群との推計がある（厚生労働省「新オレンジプラン」）。

他方，後見利用者は，平成27年現在，約19万人にすぎない。認知症でありながら，後見を利用していない高齢者は約443万人に及ぶ。この443万人に対する権利擁護が求められている。

イ　なお，65歳以上世帯では，他の年齢階級に比べて大きな純貯蓄があり，同世帯の平均貯蓄額は，2,377万円で，全世帯平均1,739万円の約1.4倍となっている。貯蓄の主な目的は，病気や介護の備えとされている。

⑵　問題状況

このように高齢化が急速に進展している日本において，増加する高齢者等が認知症等の理由により，医療・介護・生活サービスの中から自分に必要なものを選ぶことやその契約締結を行うことなどができなくなる状況がある。医療・介護・生活サービス提供者もこれらの人達に，需要があるにもかかわらず，必要なサービスを適切に供給することが困難となる。結果として高齢者等はサービスによるQOLの向上の機会を失し，サービス提供業者は事業機会を逸することになる。この状況を放置することは，今後の日本において，社会経済活動の著しい沈滞を招くばかりか，高齢者が直面する生活上の困難を野ざらしにするという点において，広く人権問題を招来しかねない。

⑶　解決のための方策

ア　このような状況に陥ることを回避するためには，情報不足になりやすい高齢者と医療・介護・生活サービスとを，確実につなげることを可能にする方策が必要となる。そのための有力な方策として，成年後見や民事信託という仕組みをあげることができる。しかし，いずれの制度も利用実績が少ないのが現状である。

イ　また，後見実務に当たっては，従来のように「本人の財産を維持するという管理」だけではなく，本人の資産を増加させてこれを原資として充実した医療・介護，生活，旅行その他本人のQOLの向上に向けた事項の手配・支払（身上配慮）に重きを置く，「資産活用としての管理もしくは積極的な消費」（本人の希望をかなえることによって，その生活をより豊かにしていくための積極的な消費及びこのための管理）の実現をはかるべきである。

ウ　超高齢社会においては，成年後見制度それ自体に対するニーズはもとより，その周辺にある日常生活支援サービスなどの事業のニーズがあり，特に，金融機関において高齢者の預金取引支援ニーズ等の存在が明らかとなっている。金融機関の窓口において，高齢などの理由で判断能力が減退した者が，取引を一人では行えず，そのため金融機関の窓口業務が停滞して円滑な取引に支障をきたすのみならず，その高齢者が判断能力の減退ゆえに，財産権の行使を十全に行えないという人権問題が生じているのである。

エ　このような場合に，弁護士など法律専門家が，高齢者のホームロイヤーに就任して，

①　高齢者と医療・介護・生活のサービスとを確実につなげること（身上配慮）

②　高齢者の資産を活用して，本人の生活の質を上げること（財産活用）

③　代理人として預金取引を行うことなど（日常生活の契約）

が有益である。

なお，本稿では，財産管理・身上監護のみを中心として意思能力欠落後に突然選任される成年後見ではカバーできない部分を，意思能力減退前の段階からのホームロイヤーの関与によってカバーすることを推進するという意味で，

「財産管理」→「財産活用」（＝積極的財産管理）へ

「身上監護」→「身上配慮」へ

上記の言葉の使い分けをし，論考する。

第２　ホームロイヤー契約・業務について

１　ホームロイヤーとは？

(1)「高齢となっても住み慣れた地域で生活したい。」これが多くの高齢者の望みである。しかし，高齢となって地域で生活を続けるには，様々な不安

がある。医療・介護サービスはしっかり受けられるだろうか，訪問販売により詐欺の被害にあったりしないだろうか，亡くなった後の葬儀や財産の処分はどうすればよいのだろうか，などの不安を抱えている。例えば，一人暮らしとなった高齢者が，手術を受けることになると，これらの問題に直面する。つまり，医療・介護サービスを受けるにも「契約」が必要となる。高齢者に対する消費者被害は，増加の傾向にあり，住み慣れた地域で生活を続けようとするときには，契約や法的問題に直面する。

⑵　ホームロイヤーは，後見と信託を融合した「高齢者・障がい者の財産活用と身上配慮」の仕組みである。すなわち，ホームロイヤーとは，かかりつけ医の弁護士版，「かかりつけ弁護士」である。広義において，本人が判断能力ある段階において顧問となり，多様な法的問題解決に関わり，死後の委任事務・民事信託にまで対応する役割を持つ。

狭義のホームロイヤーとは，本人が判断能力ある段階において，日常の法的相談を受けるいわば個人の顧問として役割を有する者である。

本稿におけるホームロイヤーとは，狭義のホームロイヤーを含めた広義

図１　高齢者問題を解決するために〜ホームロイヤー

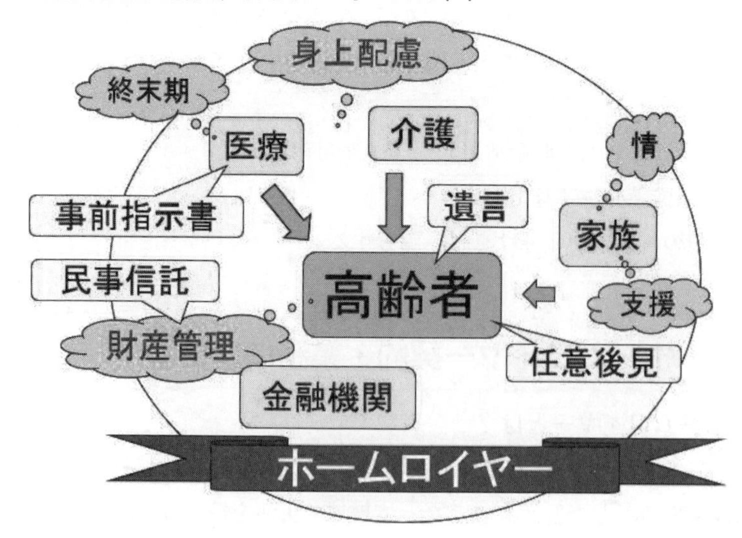

の意味において用いる。

2　ホームロイヤーの法的な論拠

⑴　広義のホームロイヤーは，委任（代理）にとどまらず，後見と信託を融合した法的基盤を有する。

⑵　まず，高齢者のための適切な財産管理のニーズに応えるため，委任（代理）と信託の制度がある。高齢者の多様なニーズに応えることができ，かつ利用者の保護に厚い仕組みが，目下，必要となっている。財産管理のニーズに応えるという点では，委任（代理）と信託の制度が最も汎用性があり，可能性があるからである。

⑶　委任も信託も判断能力の低下や自分の死後も財産をコントロールできる方法という意味では共通点がある。ただ，身上配慮に対応できるかという点が異なる。信託における財産管理では，あらかじめ決まったとおりに，本人に金銭を定期的に交付し，必要な支払をすることはできるが，交付された金銭をどう利用するかとか，本人の意思を踏まえて，本人の生活をどのように支援にしていくかというところまでは対応が出来ない等の相違がある。

それゆえ，後見法を根拠に本人の生活をどのように支援にしていくかが求められている。

⑷　広義のホームロイヤーは，本人が判断能力ある段階において顧問となり，財産活用をはじめとする多様な法的問題解決に関わり，死後の委任事務・民事信託にまで対応する役割を持つとともに，その間の身上配慮義務を負うのであるから，委任や信託の法理だけでなく，後見法理に拠ってたつべきものとなる。

3　ホームロイヤーとして，高齢者の適切な財産活用にいかに取り組むべきか

(1)　公証実務

公証実務では，高齢者の将来の財産管理と身上監護のために，①公正証書遺言，②任意後見契約，③財産管理契約を三点セットと呼ぶ。これに④死後事務委任契約を加え，「四点セット」として，すべての作成を薦める。

高齢者本人にとって，信頼できる子や親族が身近にいれば，これらの業務を担当する者を指示できるであろう。しかし，現実には，独り身の高齢者には，これらの業務を委ねることができる子や親族は存在しないのである。

(2)　信頼関係を築き上げる時期

弁護士が，高齢者に関わる段階として，60歳代・70歳代の元気なときを想定している。なぜなら，その時代こそが高齢者と弁護士との信頼関係を築き上げるに必要なときだからである。

ホームロイヤー（狭義）として，高齢者の日常の法律問題を解決し，信頼関係を築き上げることで，高齢者の財産活用や身上配慮に携わることが可能となる。

(3)　後見に至る前に

現在の法定後見制度は，本人のためというよりも，周りの家族のための制度であり，本人の財産をいかに保護するかという点が中心となっていて，本人の意思が尊重される支援や本人が自分の財産を使って充実した生活を送ることができるか，という点は二の次になっている。

しかし，本来，判断能力が不十分となっても，自分のことは自分で決める，自分の財産は自分のために使うことができるということが求められる。現実の問題として，軽度の認知症で，特に独り身の方の場合，銀行側が本人の預金支払いなどを拒絶するケースがある。本人が自分の財産を使って充実した生活を送ることを求める場合には，あらかじめ第三者に代理権を授与し，ホームロイヤーを活用することである。将来の判断能力の減退に備えて，準備をすることが有効となるのである。

⑷　ホームロイヤーにおける高齢者の身上配慮

では，ホームロイヤーは，どのように身上配慮に関与していくべきか。

ホームロイヤーでは，高齢者本人の意思・期待を受けた身上配慮が可能となる。ただ生活するだけの財産管理ではなく，高齢者本人が快適なシニアライフを送るための財産活用による身上配慮が可能となる。

さらに，診療契約や入院のための契約は，ホームロイヤーが代理可能である。

また，例えば，身体への侵襲を予定する手術などについては，一身専属的行為であるため，本人の医療同意を必要とする。このような医療同意についても，ホームロイヤーが事前指示書を得ておくことで，医療機関側から尊重を受け，手術を可能とすることができる。

⑸　ホームロイヤーの具体的業務

ホームロイヤーは，高齢者個人の顧問となり，日常的法律問題の相談業務を行う。

その後，信頼関係が形成され，高齢者の将来の財産活用と身上配慮のために，公証実務で掲げられた①公正証書遺言，②任意後見契約，③財産管理契約，④死後事務委任契約を加えたいわゆる四点セット契約を締結することになる。さらに，信託を利用した親亡き後の障がいのある子の生活保障を付する場合もあろう。

このホームロイヤー契約に基づく具体的業務は，次のとおりである。

ア　財産管理契約において，本人から，管理すべき預金通帳，キャッシュカードなどを預かる。本人に代理人キャッシュカードを発行してもらい，毎月，金融機関から生活資金（例えば30万円）を引き出して本人に届ける。また，生活に必要な各種支払いを行う。これは，社会福祉協議会が行っている日常生活自立支援事業における業務と同様である。

イ　本人と定期的に面談し，見守りとともに，本人のニーズを把握する。

ウ　入院等緊急時には，病院で入院手続き等を行い，費用の支払いを行う。また，緊急時の連絡先となり，その後の対応に備える。

図２　ホームロイヤーの具体的業務

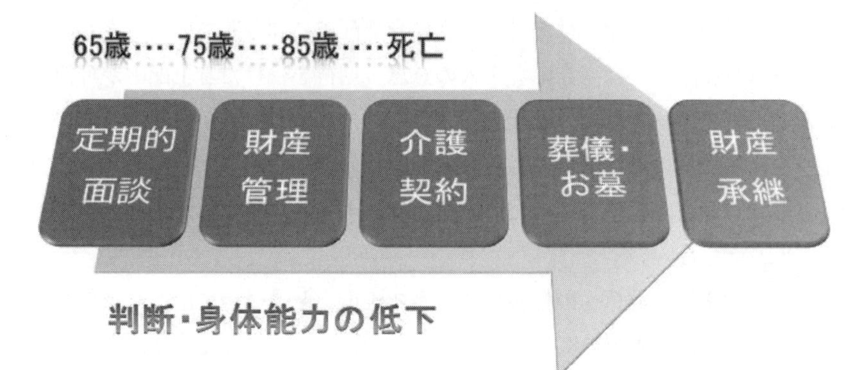

エ　身体能力が衰えるなどの問題が生じた場合には，施設入所を要することになるので，施設を探し，入所手続きを行う。

オ　判断能力が低下した場合には任意後見契約を発効させる（移行型任意後見契約）。

カ　本人が亡くなった際には，葬儀，埋葬を実施する。その際，施設・病院等の清算をして居室の明け渡しを行う。

キ　遺言に従って，遺言執行をする。

ク　認知症配偶者のための信託，知的障がいの子のための信託にもとづき，受託者に対する監督，助言を行うなどをする。

4　安全低コストなホームロイヤーサービスの実現を目指して

⑴　安全かつ低コストに利用できるサービス

まず，高齢者本人が，信頼できるホームロイヤーを選任できる環境が必要である。ホームロイヤーサービスは，安全かつ低コストに利用できるサービスでなければならない。

ア　そのために，判断能力ある60歳代から，日常の法律問題を相談しつつ，本人とホームロイヤーとの信頼関係を築き上げていくことが前提となる。

つまり，ホームロイヤーと契約する利用者本人が，自身で様々な情報を取

図３　ホームロイヤーの平均的コスト

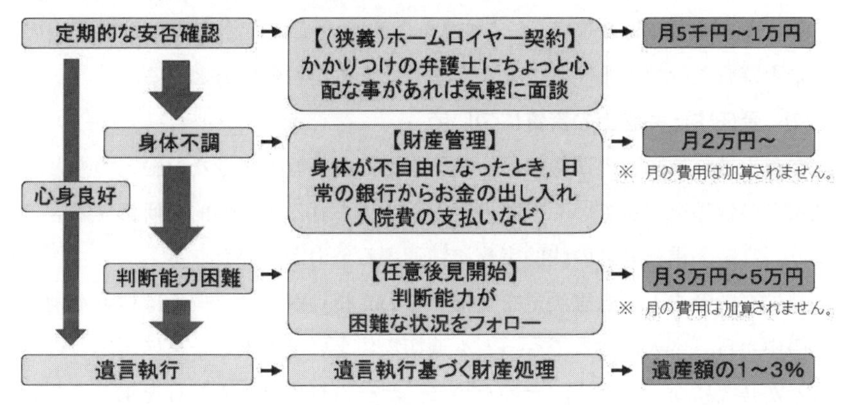

得し，分析し，安心して依頼できる弁護士をシビアに選択できなければならない。弁護士会は，高齢者がホームロイヤーにアクセスできる仕組み（ホームロイヤーバンク）を供給することが必要となる。

高齢者本人は，いわば個人の顧問として継続的な付き合いのある弁護士に，自身の財産活用と身上配慮を委ねることができるのである。

イ　ホームロイヤーの平均的コストは次の通りである。

高齢者がしっかりしているときには，個人の顧問として月5,000円から１万円で日常的な相談を行う。身体不調により銀行からのお金の出し入れを必要とする財産管理には，月２万円，認知症となった場合には，月３万円ないし５万円で判断能力が困難な状況をフォローする。いずれも，費用が加算されるわけでない。遺言執行費用は，遺産額の１から３パーセントである。

この費用に関しては，弁護士会が基準を定め，不当な金額にならないようにすべきである。

ウ　狭義のホームロイヤー契約を開始させたが，身体も元気で最後まで自分の財産管理ができた場合，他の契約はどうなるか？　狭義のホームロイヤー契約だけで，他の契約（財産管理・任意後見）は開始しない。一生ホームロイヤーの報酬（月5,000円～１万円）だけで足りる。広義のホームロイヤー契約（財産管理・任意後見を含む。）をして，かかりつけ弁護士の安否確認だけですませせることが，幸せな人生を送った方となる。

⑵　受任する弁護士の資質について

弁護士は，高齢者の期待に沿った仕事と途中で放り出さない約定のもと，利用者の信頼を守っていく不断の努力が求められる。定期的な研修受講等により，高齢，福祉分野の法的実務に精通する努力が必要となる。

特に高齢者本人の意思決定を支援していく視点からは，例えば様々な選択肢の中から，本人にとってもっとも適切な住まいを本人と一緒に選ぶということが必要になってくる。そのために，ホームロイヤーの職責を果たすためには，福祉分野に関する最低限の知識や情報をしっかり身につけていくことが必須となる。社会福祉士やケアマネジャー等の福祉専門職と連携できる関係を作っていく必要がある。また，定期的な面談など，本人とコミュニケーションをとる機会をしっかり取ることをこれまで以上に意識する必要がある。弁護士は財産の管理はするけど，本人の面談や福祉分野との連携については苦手にしていたが，望まれるホームロイヤーであるためには，この点を意識してしっかり対応していくことが非常に大切になってくる。

5　ホームロイヤー組織の構築

⑴　ホームロイヤーの仕組みの構築

質の担保された安心できるホームロイヤーを提供するためには，委任者と受任者任せでは限界がある。その仕組みを実現するためには，弁護士会が責任を持ってホームロイヤーを推薦・紹介するシステムとし，弁護士会が受任者を支援・監督し，定期的な報告，助言を受ける仕組みを構築しなければならない。

⑵　ホームロイヤーの質の担保

ホームロイヤーと高齢者とのマッチングの質の担保に対する仕組みが十分かどうかについて，事前・行為時・事後の各観点から検討する。

ア　事前の観点から，ホームロイヤーを養成・支援する弁護士会は，以下の仕組みを構築すべきである。

①　ホームロイヤー契約をする高齢者本人の意思が反映されている確認方策として，たとえば弁護士と本人との契約にあたり，事前に他の弁護士・医師・社会福祉士関与による本人の意思確認をする。

②　ホームロイヤー利用者が，自分に適したホームロイヤーを選択できるよう，個々の弁護士や弁護士会に関する適切な情報開示等のシステムを構築すべきである。

③　紹介する弁護士は，継続的な研修を受け，賠償保険に加入し，質が担保された名簿登載弁護士とすべきである。

イ　行為時の観点からは，さらに，弁護士会は「ホームロイヤーが不適切な行為を行わないようにするための抑止の仕組み」を構築すべきである。

①　弁護士会に定期的な報告を義務付け，弁護士会は報告内容を審査する。

②　弁護士会が作成した契約書書式を利用することにより，サービス内容の質を担保し，恣意的な取り扱いを認めない。

③　一定金額（例えば200万円）を超える預金の引き出しなど重要な行為については，弁護士会等の指示書を要するものとする。

弁護士会は，社会から求められているコンプライアンスの要請や，良質なホームロイヤー（弁護士）の品質の管理の要請に応えなくてはならない。これが不十分だと，組織の信用を失ってしまうことになる。弁護士会が，懲戒権を持って所属会員を規制する唯一の団体である以上，会員の非行は，その規制権能の失敗となってしまうからである。

ウ　弁護士会から推薦を受ける弁護士は，当該弁護士会に対して，ホームロイヤー業務について調査を受忍しなければならないなどの契約を締結する必要がある。

①　弁護士会が苦情対応窓口となることを契約書に明記する。

②　当初のホームロイヤーが死亡等により契約を継続できない場合には，弁護士会が後任者を斡旋し，本人の意思決定及び保護を継続する。

弁護士会は，ホームロイヤーを利用する高齢者が，ホームロイヤーから不適切な行為を受けた際には，利用者本人が苦情を申し出る能力が減退している状況にあるということを，肝に銘じるべきである。

⑶　ホームロイヤーが不適切な行為を行った場合の救済

弁護士会は，ホームロイヤーが不適切な行為を行った場合，その不祥事に対して，養成支援した責任において，一定額の被害補償の仕組みを検討すべきである。

例えば，高齢者の財産をホームロイヤーが横領した場合，故意行為ゆえ，弁護士賠償保険の適用外となる。それゆえ，過失責任のみならず故意担保特約を締結し，不祥事に対する保険対応により，弁護士会推薦ホームロイヤーと個別のホームロイヤーとの差別化となる。

弁護士会が推薦する以上，ホームロイヤーの消極面を今後フォローし，積極的に活用していくべきであり，弁護士会が責任を持って，いわば高品質のホームロイヤーを普及すべきである。

⑷　預かり金管理会規の強化と依頼者保護給付金制度

いずれも弁護士不祥事の根絶を目指す総合的対策として，日弁連において提案されたものである。

ア　預かり金管理会規の強化策として，預かり金口座の開設義務とともに，預かり金口座の届出義務が追加されることになる。また，預かり口座に対する，弁護士会の調査権付与とともに，調査権発動端緒の具体化規定が置かれることになる。

イ　依頼者保護給付金制度とは，日弁連が弁護士業務に伴う預かり金の横領等の被害者に対し，見舞金の趣旨で裁量的一定額の金員を支給する制度である。

この制度は，あくまで，不祥事対策の弥縫策に過ぎず，抜本的対策は今後の進展を待たなければならない。

第３　ホームロイヤーと金融機関

１　金融機関は，高齢者金融取引における多くの課題を抱えている

⑴　高齢者が金融取引に際して直面する問題やその問題をどのように対処すべきか具体的な事例に則して検討する。

高齢者Ｘ（当時94歳）は，軽度の認知症で記憶力に障がいがあるほか理解力・判断能力が弱くなっているため，日常生活に補助が必要なものの，日常会話には支障がない状態だった。

ＸはＹ銀行に普通預金800万円を有していたが通帳を紛失していた。

そこで，ＸはＹ銀行に行き，通帳再発行などの手続きをしようとしたが，数日前にＹ銀行の行員に面談したことや本件通帳の再発行を依頼したことを全く覚えていなかったため，Ｙ銀行では，Ｘの事理弁識能力が著しく減退していると判断し，成年後見の必要性を裁判所が判断するまで当該預金に関する取引は受け付けられないという対応方針で臨むこととし，Ｘの申し出を謝絶した（福岡高裁平成21年５月21日判決・判時2063号29頁）。

⑵　Ｙ銀行は，高齢者Ｘの預金取引を謝絶したが，銀行側のリスク管理という面から，本件を説明する。金融機関においては，顧客のニーズに応える，

図４　高齢者と金融取引について

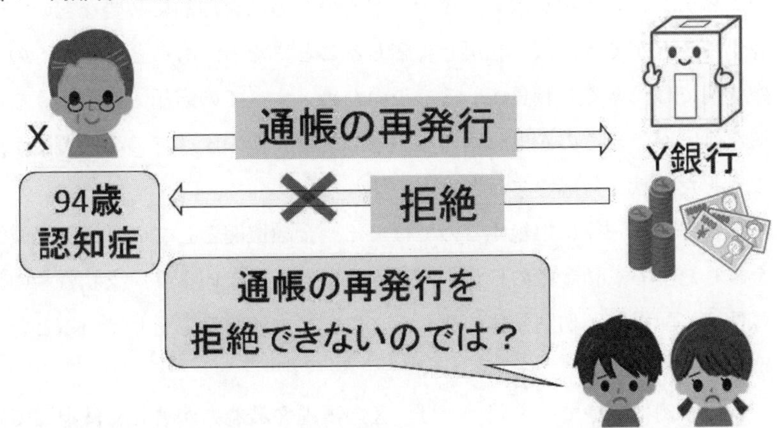

ということも極めて重要である。一方で，預金取扱金融機関は，顧客から預金としてお金を預かる以上，信用の維持が極めて重要である。このため，日々大量の事務処理を迅速にこなさなければならない中で，正確で誤りのない事務処理が必須となる。

本件では，通帳を紛失し，かつ，Xの事理弁識能力が疑わしいわけだから，一律に預金払戻し等の取引を制限する対応をとる金融機関もある。仮に，柔軟な対応を採る金融機関であったとしても，資金使途や金額の確認等が必要となり，円滑な払戻しに支障が生じる可能性も否定できない。

(3)　このケースで，本人の親族等が本人に代わりに取引を申し出たが，これまでの取引状況から考えて，本人の意思で取引の代行を依頼したとは思えないような場合，銀行としてはどのような対応をとるか？

念のため資金使途や金額等を確認するものの，本人の意思で取引の代行を依頼したとは思えない，という事情がある場合には，通常は，払戻し等の対応は難しい。

(4)　それでは，本人が急病などで意識がないけれども，入院費などの支払いのために，どうしても払戻しが必要だと，親族が訴えてきた場合には，どうか。

このようなケースの場合，ある金融機関においては，請求書や領収書等のエビデンスの提示を求め，預金者本人のために合理的に必要なものと確認することができれば，払戻しに応じることになる。もっとも，多くの金融機関では，多くの職員がいる。このため，すべての店舗でこのような適切な対応ができるのかは分からないし，また，他のすべての金融機関が，こうした柔軟な対応をするとは言い切れない。

(5)　銀行では，一律に拒絶するのではなく，金融機関としてのリスク軽減策を講じた上で，預金者の日常生活に支障をきたさないよう，支払資金の緊急性等に配慮し，個別具体的なケースに応じ柔軟な対応をしているといえよう。

本件事例において，Y銀行では，Xの事理弁識能力が著しく減退していると判断し，成年後見の必要性を，裁判所が判断するまで，当該預金に関する取引は受け付けられないとし，Ｘの申し出を謝絶した。認知症ということであっても，高齢者が預金の引き出しができない，ということは生活を維持する上でとても困ることになる。

2　ホームロイヤーによる解決

(1)　現実の問題として，軽度の認知症でも，特に独り身の方の場合，銀行側が通帳の再発行などを拒絶するケースがある。将来の判断能力の減退に備えて，準備をすることで有効的なものは何があろうか。

(2)　あらかじめ第三者に代理権を授与しておくホームロイヤー契約を締結することである。高齢者本人は，ホームロイヤー契約における財産管理に基づく代理権を設定して，ホームロイヤーを通じて，生活のための預金引出し等をする。

かつては，キャッシュカードの発行や本人確認などの点で融通の利かないことが多かったが，金融機関も，成年後見制度の利用のケースでは，かなり柔軟に対応するようになった。

しかし，ホームロイヤーなど任意代理の方法だと，まだまだ金融機関の方で柔軟に対応してくれるケースは少ない。例えば，権限証明文書として，財産管理契約書では足りないとか，代理人（キャッシュ）カードの発行が同居の親族に限定されており，支店で届出印による取引しかできない等により，スムーズに取引が出来ない実態がある。

これらの点が今後の課題となっている。

(3)　また，法定後見の場合，東京周辺の裁判所では，500万円以上の預金を有しており，それが日常生活に使われない預金である場合には，後見人の不正を防止するために，後見制度支援信託が勧められている。

これに対し，地域金融機関としては，営業区域内の高齢者の預金が地域外に流出することに忸怩たる思いを持っている。

信用金庫業界では，例えば，東京都品川区に店舗をおく５つの信用金庫

図５　弁護士会と地域金融機関との連携

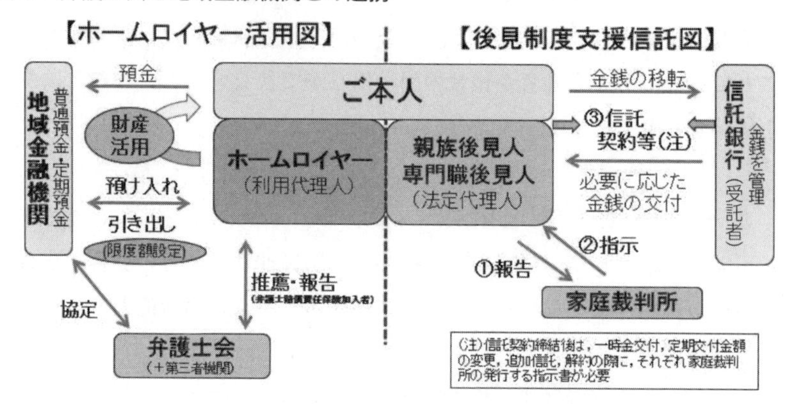

が主体となって，一般社団法人しんきん成年後見サポートが設立され，信用金庫の地域貢献という観点から，地域の中で，高齢者の財産活用や身上配慮を担おうとする具体的な取組みが行われている。

⑷　こうした動きを踏まえ，地域金融機関としても，例えば，弁護士会と協議の上で，後見制度支援信託に代わるものとして預金の払戻しに一定の条件を付すこと等に関する協定を締結するなど，地域の中で高齢者の財産活用等を行う仕組みを構築することについて，積極的に検討していくべきである。

⑸　**検討課題**

ア　ホームロイヤーの普及が将来にあるとき，金融機関との取引は，まだまだ壁があるのが現状である。金融機関側として，安心してホームロイヤーとの取引をするには，弁護士会との間において諸々の整備が必要となる。

イ　例えば，ホームロイヤーから，高齢者本人との間で財産管理契約がある，と申し出がなされた場合，金融機関としてはどのような対応をとってきたか。

ある金融機関では，任意後見契約と組み合わせた形での財産管理契約が締結されている場合，つまり，公正証書による契約が締結されている場合については，規定要領が整えられており，円滑に対応することができる。

但し，それ以外の場合には，規定がない。このような場合に適切・円滑に対処するための規定要領を整備していくべきである。また，こうした整備を検討するに当たっては，金融機関側の確認の簡便性や各金融機関の足並みのそろった円滑な対応を確保する観点から，弁護士会において，弁護士会共通の定型書式による契約書を策定し，使用することにすべきである。

ウ　高齢者との金融取引は，今後ますます重要度が増すことが見込まれる。

社会全体で高齢者を守るという観点から，預貯金規定などの約定内容の工夫，金融機関内部の事務手続き等の改善などの検討が必要になってきている。

弁護士会においても，各金融機関において円滑な対応をとってもらえるよう，仕組みづくりが求められている。

第４　高齢者問題と弁護士

1　高齢者問題の需要

超高齢社会は，高齢者問題の解決のための法的需要を喚起している。弁護士は，真摯にこれを受け止め，高齢者の人権擁護を果たさなければならない。それは，とりもなおさず，弁護士の経済的基盤を確保することにもつながる。そして，高齢者が日常利用している地域金融機関には，高齢者問題の需要が山積している。弁護士の敷居を低くし，そのアウトリーチ先として最適な場所である。

高齢者が金融機関との日常取引に当たり，障壁となっている問題をいかに解決するか検討し，弁護士会と地域金融機関との間において解決策を協定に盛り込むべきである。金融機関を通じて，ホームロイヤーを普及させ，超高齢社会における高齢者問題を解決に導くことが可能となるからである。

2　ホームロイヤーによる高齢者問題の解決

弁護士の多くが，ホームロイヤーとして医療・介護関係者と連携し，高齢者の方々を継続的かつトータルに支援することを学ぶことで，高齢者問題解決の要となりうるのである。

① 従来の成年後見による財産管理だけではない高齢者の身上を配慮することに目を配ることができるようになる。

② さらに，ホームロイヤーで，多くの高齢者と関わった弁護士は，高齢者を支援する担い手不足を肌で実感する。そこで，新たな高齢者支援の担い手として市民後見人を養成支援する専門職になってくれるであろう。

③ そして，ホームロイヤーが高齢者と判断能力ある段階で接点を持つことにより，必要があれば民事信託を選択し，本人・関係者に質の高い生活を提供することができよう。

④ ホームロイヤーとして，高齢者の身上配慮に目を配ることを学んだ多数の弁護士が，任意後見人・法定後見人としても活動することになり，財産管理だけではない身上に配慮できる，すなわち意思決定支援ができる，高齢者のための，真の権利擁護が可能となってくるはずである。

（おこのぎきよし　弁護士）

第 4 編

医療・福祉・看護編

第1章

認知症支援における 地域ネットワークの構築と看護職の役割

依田　純子

はじめに

高齢化の進展に伴って，団塊の世代が75歳以上の後期高齢者になる平成37年（2025年）には認知症の有病者数が最大で730万人[1)]と推計され，高齢者の5人に1人が認知症に罹患するという時代が近づいている。

近年の認知症施策としては，厚生労働省より平成24年9月に「認知症施策推進5か年計画（オレンジプラン）」が公表された後，さらに国家戦略[2)]として認知症施策を加速させるために，内閣官房及び関係省庁の協議によって，平成27年1月に，「認知症施策推進総合戦略（新オレンジプラン）～認知症高齢者等にやさしい地域づくりに向けて～」が公表された。その基本的考え方は，「認知症の人の意思が尊重され，できる限り住み慣れた地域のよい環境で自分らしく暮らし続けることができる社会の実現を目指す」とされている。

1）この数値は，糖尿病の頻度が2012年から2060年までに20％上昇すると仮定した場合の推計値である。二宮利治「日本における認知症の高齢者人口の将来推計に関する研究」平成26年度　厚生労働科学特別研究，厚生労働科学研究データベース

2）平成26年12月に東京で開催された「認知症サミット後継会議」における安部首相の「認知症施策を国家施策でつくる」という宣言のもと，「認知症施策推進総合戦略（新オレンジプラン）～認知症高齢者等にやさしい地域づくりに向けて～」が推進されることになった。「認知症施策推進総合戦略（新オレンジプラン）制定までの経緯と概要について」（WAM NET）http://www.wam.go.jp/content/wamnet/pcpub/top/

認知症高齢者は，疾患や障害を合併することも多く，生活に様々な困難を抱えやすい。認知症支援は，もはや病院・施設だけでは完結できないことは明らかであり，本人や家族が暮らす身近な地域を基盤とした継続的な支援ネットワークの構築が求められている。特に，認知症高齢者にとっては，これまでの生活の継続性が重要なケアの要素であり，健康な時から暮らしている日常生活圏域という地域性と，そこに暮らす住民の自発的で自由な共同生活という共同性の2つの要素[3)]を含むコミュニティにおけるケアの展開が必要である。

本稿では，まず，認知症高齢者が安心して生活できるための地域づくりに必要な要素を検討し，さらに山梨県内の認知症支援の取り組み事例等を紹介し，地域特性に応じたネットワーク構築とそこに携わる看護職の役割について述べる。

第1　認知症支援への地域住民参加の可能性

1　認知症発症による生活への影響

平成26年度のわが国の高齢者のいる世帯の状況[4)]をみると，高齢者夫婦世帯は30.7％，独居世帯は25.3％，老親と未婚の子のみの世帯は20.1％となっている。この状況において，高齢者が認知症を発症することになれば，介護力の弱さや介護者の不在，あるいは介護者の仕事継続の困難，経済的困窮など，家族の生活が不安定になることが容易に推測できる。

このような社会経済的問題によって，認知症高齢者は医療や介護サービスを利用できず，認知症の悪化につながりやすくなる。また，介護者の体調の悪化や抑うつ状態，さらには認知症高齢者への虐待，介護殺人や心中事件に至る事例も増えている。[5)] 近隣との関係性も希薄化している現在，認知症高

3）濱嶋朗・竹内郁郎・石川晃弘編「社会学小辞典」（有斐閣，2005）197頁
4）データは平成26年度のものである。「平成28年版高齢社会白書」13頁
5）湯原悦子「介護うつ：認知症介護における介護者支援のための課題―司法福祉の立場

齢者とその家族は孤立し，介護や生活全般により多角的な支援を必要としている。

2　認知症高齢者を包含した地域づくりの選択

認知症の人は，脳組織が壊れ，神経細胞が消失するという脳の病理学的変性によって，記憶・見当識・思考・判断・遂行機能などの認知機能が低下し，社会生活や日常生活にさまざまな支障が生じる状態にある。たとえば，物の置き忘れが多くなる，日にちがわからなくなる，聞いたことを忘れて何度も同じことを聞く等といったことから，次第に，食事をとった，あるいは友人と会う約束したというようなエピソードそのものを忘れるようになる。そのような状況になると，家族や身近な人々との間にトラブルが生じ関係が悪化する事態にもなりかねない。さらに，認知症はその原因疾患や病期あるいは周囲の環境にも影響され様々な反応を示す。焦燥，興奮，不安，うつ，妄想，暴言，暴力，徘徊，食行動異常などの行動・心理症状（以下，BPSD[6)]という。）をおこすようになると，周囲の戸惑いは大きくなる。

ひと昔前までは，認知症の人は“痴呆”[7)] と呼ばれ，“何もわからない人”ととらえられ，周囲からの否認や排除により“人”としての尊厳が保持できない時代が長く続いていた。近年ではメディアによる認知症キャンペーンなどの全国的な情報配信も行われるようになり，“認知症”という呼称も広く認識されるようになってきた。人々の認知症の理解は少しずつ進んでいるであろうが，今後，認知症が急増する中で，認知症になっても希望をもって生きることができる地域をつくるためには，住民が認知症高齢者の存在を必然と認め，おおらかに受け入れていく地域全体の価値観の広がりが必要に

から―」老年社会科学34巻4号525～530頁（2013）

6）BPSD：Behavioral and psychological Symptom of Dementia（認知症の行動・心理症状）

7）「痴呆」は蔑称であるとの反省から，「認知症」へと呼称が変更されたのは，平成16年（2004年）である。

なってくる。認知症高齢者をコミュニティの一員として包含した地域づくりを目指すか否か，そこに暮らす住民が相互に考え主体的に選択していく時代に入ったといえる。

3　認知症サポーターの育成と住民参加の課題

認知症になっても安心して暮らせるまちづくりを目指して，厚生労働省は，平成17年より，全国の自治体において認知症サポーターの養成を開始した。認知症サポーターは，「認知症について正しく理解し，認知症の人や家族を温かく見守る応援者」であり，「地域や職域で認知症の人や家族に対してできる範囲での手助けをする人」である。認知症サポーター数は，平成28年9月30日現在，全国で800万人を超え，各都道府県人口の3～12％を占める[8)]ようになっている。

さらに，近年では，認知症カフェなどで認知症の人と顔なじみとなったボランティアによる居宅訪問（「認とも」）[9)]や，認知症サポーターのうち意欲がある人が「見守り」や「傾聴」などの活動にあたる認知症上級サポーター[10)]の育成など，より積極的な住民参加を推進している。このような認知症サポーターのスキルアップのためには，地域住民が，認知症の人に応じたコミュニケーション方法や倫理的対応などについて学び，認知症の人に配慮した行動を身につける必要がある。これらの取り組みによって，住民が認知症高齢者への関わりに何らかの価値を見出し，認知症支援の主体的な担い手となり得るのか否かが，地域ネットワーク構築の重要な課題と考えられる。

8）認知症サポーターキャラバンホームページhttp://www.caravanmate.com/より

9）厚生労働省は，「認知症カフェ」で認知症の人と顔なじみで友人のようになっているボランティアを「認とも」と命名し，事情によりカフェに頻繁に通えない人の家に出張して話し相手になり，本人や家族を支援する事業を開始した。平成28年4月1日より，介護保険の「地域支援事業」を一部改訂して，認知症地域支援推進員がその調整役割を担うこととされた。

10)「認知症サポーターに「上級」　厚労省が支援」より　日本経済新聞　2016年4月30日付

4　認知症の人の視点への接近

認知症の人が，日々どのような体験をしているかを，自分自身の言葉で初めて語ったのは，クリスティーン・ボーデン氏[11)]である。アルツハイマー病と診断された絶望感・今後の自分自身がどのようになってしまうのかの恐怖，記憶障害による日々の不安・家族のいらだちと自身のストレス・自分を保とうとするための強い疲労感等々，彼女の想いを綴る著書[12)]が日本に紹介されてから，徐々に認知症の人が自分の体験世界を語るようになってきた。

平成27年，レビー小体型認知症の樋口直美氏の講演[13)]においては，幻視の例をあげて「もし，帰宅したら知らない人が自分の寝室で寝ていた（という幻視があって），……驚いて叫んだ場合，それが特に高齢者であれば，家族から，“頭がおかしいと怒鳴られ，説教され，馬鹿にされ，BPSDだと決めつけられる”。そして“病院に連れていかれ，抗精神病薬を飲まされる。”“慰められるどころか狂人扱いされる”……（本人は）言いようもない悲しみ・口惜しさ・孤独・不安・絶望を感じる」と述べている。幻視は，他者には理解されにくく，認知症の人は非常に誤解されやすくなる。しかし，樋口氏が「知らない人が自分の寝室で寝ていたら，叫ぶのは正常な反応」というように，その時の認知症の人は，非常に怖い体験をしていることに気づく。このように認知症の人の体験している世界に近づくことで，その行動の意味するところが見え，相手への具体的な配慮を考えることができる。

ここには，ケアリング（caring）といわれる共生の要素が存在する。ケアリングとは，人々の関わりの中で，「配慮」「気遣い」「関心」など，人が他の人のことを気にかけること，あるいは他の人に対して心を寄せて行動する

11）オーストラリア政府高官であった46歳当時にアルツハイマー病と診断され，その後の自らの体験を著書やケア・パートナーである夫とともに講演を通して広く伝えている。

12）クリスティーン・ボーデン「私は誰になっていくの？―アルツハイマー病者からみた世界」（クリエイツかもがわ，2003）

13）樋口直美氏の講演：2015/05/24に公開　2015年１月27日に開催された「レビーフォーラム2015　レビーなんてこわくない！もっと知ろう，レビー小体型認知症」（主催・NPO法人認知症ラボ）の録画より。http://www.youtube.com/watch?v=04jozzhqzlc

ことである。ケアリングによって「人はこの世界に真に安らぐことができる」。[14] また，ケアリングは，「関わりつつ生きること（in living）を意味する」[15] といわれるように，他者の立場・視点・感覚といったものを知ることに専念し，他者の真意に触れ，他者の世界から生きることに必要なものを探すことであり自己を他者と共に生きる存在へと進化させ，両者の共生を実現させていく。身近な人々のケアリングは，孤立した個人を再び結びつけ，あるいは支えるものとして機能し，人々の親密な関係性を保ち，コミュニティを強化していくものともいえる。認知症高齢者との関わりの中で住民が自らの安寧に結びつく要素を見出せることが重要である。

第2　認知症支援の地域ネットワークづくりへの挑戦

本項では，地域特性に応じた認知症支援のネットワークづくりの実践事例として，山梨県山梨市の主な取り組みを紹介し，認知症支援の地域ネットワーク構築の特徴と課題について述べる。

1　認知症支援ネットワーク形成への始動

山梨市は，山梨県北東部に位置する自然豊かな小規模市である。平成19年度に「認知症地域支援体制構築推進事業」のモデル地域として主体的に指定を受け，山梨県内で先駆的に認知症支援の地域づくりに着手した。市介護保険課の地域包括支援センター（市町村直営）が担当部署となり，所属の保健師が全体の企画・運営・評価までの事業の一連を担っている。当初より認知症支援ネットワーク会議（以下，ネットワーク会議という。）を設置し，年間5～6回程度の頻度で市内の認知症支援体制構築における諸々の検討を重ね

14) ミルトン・メイヤロフ「ケアの本質―生きることの意味」（ゆみる出版，1987）15～16頁

15) シスター・M・シモーヌ・ローチ「アクト・オブ・ケアリング―ケアする存在としての人間」（ゆみる出版，2006）37～38頁

てきた。

ネットワーク会議発足当時の山梨市は，人口38,885人，高齢化率は25.8％であり，認知症高齢者数は，772人（平成19年）という状況であったが，10年目を迎えた平成28年現在は，人口36,089人，高齢化率30.1％，認知症高齢者数1,215人であり，[16] 人口減少の中でさらに高齢化が進み認知症高齢者数も増加している。

平成20年，認知症要介護高齢者のいる家庭へのニーズ調査を実施し，「近隣の支援がない」57％，「周囲の理解がない」29％等の結果[17]から，地域への認知症支援の啓蒙とともに具体的な支援策の浸透が課題であることを確認し，支援体制の検討が開始された。

ネットワーク会議の委員（以下，委員という。）は，区長会（自治会連合会にあたる。）や民生・児童委員会，老人クラブなどの地域住民の代表者，認知症の人と家族の会の代表者，医師会・介護支援専門員協会・看護協会・歯科医師会の代表，社会福祉士などの医療介護福祉の専門職，警察署，消防署，郵便局，バスやタクシー会社，最寄り駅の鉄道会社の代表などの地域住民の生活を支える関係機関の代表者である。委員の役割は，認知症支援に関して，各所属機関の立場から発言するとともに，ネットワーク会議での検討内容を各所属機関の活動へ還元し，地域の認知症支援に貢献することである。また，専門委員として，認知症疾患医療センターの認知症専門医，弁護士，大学教員[18]がおり，各立場からのアドバイスを行っている。

現在では，全国的に地域ぐるみの認知症支援の動きがはじまっているが，平成19年当時において，住民組織やそれぞれの所属機関で活動している多様な専門職が一堂に会して，認知症支援というひとつの課題について長期的に

16）山梨市介護保険課提供資料

17）山梨市認知症高齢者調査

18）山梨県立大学看護学部地域看護学教授および准教授（筆者）の2名。当初からネットワーク会議に参加し，担当部署の保健師と協働して会議内容を事前事後に検討しながら事業運営のサポートを続けている。

話し合う会議は稀少なものであった。このネットワーク会議での合意によって，各事業（表1参照）が開始され，山梨市の認知症支援体制として徐々に定着してきている。

表1　山梨市の認知症支援構築体制構築の主な取り組み

開始年	内　　容
平成19年	山梨県「認知症支援体制構築推進事業」モデル地域の指定を受ける
平成20年～	認知症高齢者調査の実施 「山梨市認知症支援ネットワーク会議」の設置 「認知症地域資源マップ」の作成・配布 「認知症の見守りネットワーク」の検討 　介護施設による「認知症よろず相談」の開始 　医師による「もの忘れ相談」開始
平成21年～	「徘徊SOSネットワーク」の立ち上げ・情報伝達訓練の施行
平成25年・26年	「中牧地区生き生きを語る会」の開催・活動の実践
平成26年～	「認知症ケアパス」の作成・配布 「認知症初期集中支援チーム」発足 「認知症ほっとスペース（認知症カフェ）事業」開始

2　委員の連帯意識の醸成と役割認識

認知症支援のための地域資源の見える化を目指して，平成20年度には，認知症支援のためのホームページの開設とともに「認知症地域資源マップ」（以下，「資源マップ」とする。）を作成し全戸に配布した。「資源マップ」の作成において，認知症の基礎知識の情報を含める，分かりやすくするために市内地図に利用可能な支援機関等の資源を配置する，図やイラストを入れてカラー刷りにする，多くの市民の目に触れるように全戸配布版として冊子化する，家庭内で手に取りやすいところに掛けられるよう冊子の角に穴を開けオレンジ色の紐をつける等々，市民感覚の様々な意見がネットワーク会議で検討された。この「資源マップ」は，医療や介護の専門職の意見とともに，情報の受け手側の住民組織の意見が盛り込まれ，初期のネットワーク委員が一丸となって仕上げた成果物となった。その検討の過程で，委員が所属する各組織の住民サービスが情報交換され，認知症支援における資源として各機関の役割や守備範囲が“見える化”される機会となった。これまで，接点の少ない各機関や住民組織であったが，認知症支援という共通目標を持つことによって委員間の連携意識や連帯意識も醸成される機会となっている。

平成26年度には，認知症の進行状況に合わせて，適切に資源が利用できるように「認知症ケアパス」（以下，ケアパスという。）が完成した。「資源マップ」は平面的に山梨市内の認知症支援に関する資源の散らばりを市民が確認することができるものであり，「ケアパス」は，認知症の問題を抱えた市民が，資源にたどり着きやすいように認知症の重症度別に利用可能な資源を紹介するものである。「ケアパス」の完成後，老人クラブの委員によって速やかに会員へ冊子が配布され，市民への情報提供を住民組織の委員が主体的に担っている。

3　認知症支援の優先的課題の検討と倫理的課題の共有

徘徊SOSネットワークの検討は，ネットワーク会議発足当初から行われた。徘徊によって，認知症高齢者の行方不明や事故，寒暖の激しい季節には命の危険も考えられるため，その体制づくりは山梨市においても優先度の高い課題であった。

山梨市では，徘徊のリスクが考えられるケースは，介護保険課へ氏名・住所などを事前登録し個人情報を把握しておくことで，いざという時に即時に対応できる体制づくりを検討してきた。当初，家族は認知症の人がいることを表に出したくないため，事前登録者はほとんどいないのではないかという懸念もあったが，登録数は，初年度１名から，平成28年４月現在，累積登録数84名，徘徊が落ち着き中止となったケースや死亡したケースを除いた徘徊リスクのある登録者数42名となっている。

徘徊による行方不明が発生した場合，事前登録者であれば，行政と警察署の両方で情報を持っているため，警察による捜索が開始される一方で，防災無線で地域に情報を放送し，さらにFAXで市内のバスやタクシー協会へ情報が流れるというルートで捜索網が広がる仕組みとなっている。毎年，情報伝達訓練も行い，連絡が行き届く時間や連絡上の問題についても検討している。

事前登録がない場合は，家族から警察への捜索願を出すという段階を踏んでの捜索となる。山林地域などへの迷い込みの可能性があれば，警察犬や消防署，地域の消防団などの出動もある。このような捜索網は，交通・消防・警察などのネットワーク委員が各機関の機能について情報を提示し，意見を出し合った山梨市ならではものとなっている。

また，この検討過程において，認知症の人を発見しやすいように，“外部から見て分かるように服に名前を付けておく”という方法をとる方がよいとする住民組織の委員と，“直接服に名前を入れるのは，家族としてはできるだけ避けたい”とする家族の会の委員の意見が対立する場面が何度かあった。“捜索の手掛かりとなる情報はもっとオープンにすべき”という意見と“個人情報をオープンにしたくない本人や家族の心情に配慮して欲しい”という相互の意見が交換され，その場に参加していた委員は，本人や家族の安全を守ることと，認知症の人や家族への偏見や差別といった精神的危害の回避をいかに成り立たせるかを考える機会となった。このような倫理的対立（善行原則×無危害原則）[19]の検討によって，委員は，認知症の人や家族にとっての居心地の悪さを理解し，認知症の人や家族にとって真に居心地のいい地域や配慮とはどのようなものかを考える機会ともなっている。また，山梨県の「認知症の人と家族の

19）倫理4原則のうちの2原則，倫理原則の対立を認知症高齢者や家族の状況を考慮しながら関係者で十分に検討することによって，人権に配慮したより良い対応を導き出している。

会」で考案した「お帰りマーク」[20]〈前頁図〉は，認知症の人や家族への配慮から作成されており，その利用の薦めとともに，長年に渡って認知症の人や家族の視点から活動している「認知症の人と家族の会」の存在を委員に印象づける機会ともなった。

4　専門職連携による認知症支援ネットワークの強化

⑴　医師が行政保健師と協働して行う「もの忘れ相談」

平成20年度から，市役所において認知症サポート医や市内の内科医による「もの忘れ相談」が行われ継続している。市内の認知症の人，あるいは認知症の疑いがある人の家族や本人からの相談が寄せられ，１ケースにつき１時間程度の時間で話を聴き，医師のアドバイスや保健師からの情報提供などを行っている。これまでの相談対応件数は，年間22～35件であり，対応後の相談者からは，身近な場所で医療相談ができる心強さを感じるという声が多数聞かれている。

相談対応する医師にとっては，病院で出会う患者としてだけでなく，日々の暮らしの中で認知症によって様々な困難や苦悩を抱えている本人や家族の話をじっくりと聴く場となっている。

このように認知症支援の医療相談体制が即時的に組めることはそう容易いことではない。この背景には，昭和30年頃に市内の開業医等によって組織化された医師会が，事務局を市役所の旧保健課に委嘱したことを契機として，行政の保健師が市医師会所属の医師と連携し住民への保健医療活動を継続してきた経緯がある。このように保健師と医師の長期的な協働活動の積み上げによる「もの忘れ相談」の即時実現となっている。

---

20)「お帰りマーク」は山梨県の認知症の人と家族の会（あした葉の会）が考案したもの。１枚目に認知症高齢者をイメージしたロゴマーク布があり，それをめくると２枚目に連絡先が記入できるもの。安全ピンで付けることができる，連絡先や付ける場所は各家庭で話し合って決める。山梨県ホームページhttp://www.pref.yamanashi.jp/「認知症支援　県内の取り組みのご紹介」より

⑵　多職種協働による在宅の認知症高齢者支援

山梨市では，平成26年度から「認知症初期集中支援チーム」[21)22)] の活動を開始している。これは，医療や介護サービスにつながっていない認知症の人の自宅への訪問によって積極的に支援を進めようとするものである。当初は，地域包括支援センターの保健師や社会福祉士をチーム員としてスタートし，平成28年度からは委託病院（訪問看護ステーション部門）の認知症看護認定看護師もチーム員に加わり，訪問支援が行われている。訪問の対象者は，医療受診拒否，サービス導入拒否，入浴拒否などの医療・介護の導入が難しいケースが多い。訪問開始時には，認知症の人やその家族との信頼関係づくりが重要であり，まずは，対象ケースにとってチーム員の訪問が楽しみになるような段階まで関係性を築くことを目指し，悩みながら支援する事例が多い。

月1回行われるチーム員会議には，認知症疾患医療センターの専門医やサポート医，ケースワーカー等が加わり，専門的知見を結集してケース対応の検討を重ねており，各専門職の支援情報を共有し，チームとして目指す目標を明確化する場となっている。そこに参加する保健・医療・介護・福祉の専門職のほとんどは，これまでの地域ケア会議やサービス担当者会議，認知症支援事業等の取り組みによって相互に顔の見える関係となっているメンバーである。その関係性の中で専門職間の信頼関係がベースとなってコミュニケーションが促進され，相互の役割や訪問チームとしての目標が随時確認され，チームの総合力向上が図られている。このような多職種による専門職連携実践（IPW[23)]）の場によって，認知症支援ネットワークが強化されている。

21）この事業は，本来的には認知症の初期段階において適切な医療及びケアを提供し，認知症の進行を遅らせ，在宅生活をできるだけ安定的に経過できることを目指すものであるが，認知症が急増する現在においては，初期段階に限らず地域で生活する認知症の人で医療や介護サービスにつながっていない人が対象となっている。

22）鷲見幸彦「認知症初期集中支援チームとはなにか」老年精神医学雑誌26巻10号1077～1084頁（2015）

23）IPW：Inter Professional Work. IPWは，保健医療福祉の多職種専門職が課題に対す

5　小規模介護施設を起点とした支援ネットワークの可能性

山梨市では，平成20年より，市内4か所の介護施設において，グループホームを市民に開放する形で「認知症よろず相談」が行われている。各機関の年間相談数は5～25件で，内容は「認知症の人への対応方法」「介護サービスの利用方法」「入所希望相談」などである。グループホームで蓄積された効果的な認知症ケアの方法を，周辺地域の在宅の認知症介護に悩む家族に伝達し，在宅介護を支える役割を果たしている。

平成26年度からは，ほっとスペース事業（認知症カフェ）も実施されるようになったが，2年を経過する時点で，各回1～2名程度で参加者の伸びが少なく，事業を推進している地域包括支援センターの保健師は，参加者の事業所への交通手段がないことが影響していると考えている。山梨市は公共交通機関が発達していないため，住民の移動手段としてマイカーが多い。運転する人が認知症を発症することになった場合，その移動手段を失う。これは山梨県内全域の課題ともいえ，交通機関との連携も検討が求められる。

グループホームなどの地域密着型の小規模介護施設は，認知症高齢者と地域住民との接点をつくる場がある。

市民が，認知症になっても頼りにできる場，介護や福祉の情報を得られる場，具体的なケアの視点や方法を学ぶ場として，その機能を身近な地域の市民に拡大していく意義は大きい。今後は市民の移動手段の確保とともに，小規模介護施設への認知症ケアの専門性とコーディネート機能を持った人材の配置が必要と考える。

6　住民主体の地域ネットワークづくりの一例

山梨市中牧地区（平成25年度人口1,552人，高齢化率36.7％，出生数は5人程度で人口減少が進行している。[24]）は，ブドウ栽培を主とする農村山間地域であ

る解決策を共有し，各自の専門性を発揮しつつ，他の専門職と連携して活動するものであり，相互作用しあう学習のうえに成り立つ協働作業である。

24）山梨市介護保険課提供資料

る。過疎と高齢化が進むこの地区の将来に危機感を抱く区長などの有志と，長年この地区の保健活動を担当してきた地域包括支援センターの保健師との話し合いの後，平成25・26年度に「生き生きを語る会」の開催を決定した。参加者は，地区の区長，民生・児童委員，市役所の保健師などの30名程であった。この取り組みに当たっては，KJ法（質的統合法－写真分析法）[25] の手法を用いて，10年後の目指すわが地域をイメージしながら，生き生きと生活ができるために必要なものは何かを話し合い，各グループで実行する活動プランを決めた。

2年目は，認知症になってもこの地区で安心して暮らし続けられるために，認知症予防のためのウォークラリー，認知症高齢者を支える学習会，地域の声かけあい，高齢者ふれあいサロン開設などに取り組んだ。その経過を写真に撮り，成果と課題を報告し合った。活動の継続に負担感を感じた住民もいたが，地域への強い愛着や住民同士のつながりの重要性をほとんどの人が感じており，自らの主体的な行動と「楽しさ」の実感が，今後の地域づくりにつながることを認識する機会となった。

第3　認知症支援ネットワーク構築に関わる看護職の役割

1　保健師の役割

(1)　地域マネジメントと事業のコーディネート

高齢者支援の地域マネジメントを担うのは地域包括支援センターである。そこに所属する保健師は，日常の窓口業務や訪問によって，認知症高齢者等の健康状況を分析し，一方で医療機関や介護福祉機関などの資源，住民組織，NPOや各種ボランティア組織等を広く把握している。さらに，その情報を

---

25) 山浦晴男氏のKJ法（質的統合法）の分析手法のひとつで，現場の実態を深く把握する方法といわれている。今回の実施においては，山梨県立大学看護学部地域看護学教授がファシリテーターとなった。

もとに地域をアセスメントし，地域住民の健康ニーズと地域の特性に応じたケアシステムの全体像を描くことができる職種である。

地域包括支援センター職員に求められる能力として，地域に焦点を当てたアセスメントやプランニング（地域の支援計画作成）・プレゼンテーション（報告）能力やネゴシエーション（交渉）能力，会議運営能力等がある[26]といわれるように，山梨市の認知症支援においても，認知症高齢者調査によってそのニーズを捉えながら，事業計画案を作成し，関係機関に働きかけ，関係者に周知しながら事業の実現につなげている。認知症支援ネットワーク会議の企画運営や各事業の展開には，保健師が長年に渡って構築してきた住民や医師との地域ネットワークを生かして，山梨市の地域の特性に応じた認知症支援システムが構築されている。このように，これまでの保健活動の蓄積と将来への展望によって，新たな地域ネットワークの構築されていくものと考える。

また，保健師は，「徘徊SOSネットワーク」「もの忘れ相談」「認知症初期集中支援チーム」「中牧地区生き生きを語る会」などの各事業に関わる住民や医療・介護の専門職・ボランティア，地域の機関などを日常的にコーディネートし主体的に活動できるようにサポートしている。保健師は住民のニーズに必要な地域の資源を結び付けるだけではなく，資源間の連携を図る会議の開催などによって，関係者の発言を促し合意を得ながら認知症支援の地域ネットワークを強化している。

⑵　地域ネットワークづくりの評価

認知症高齢者が安心できる地域づくりに近づいているのか否かを評価するには，やはり認知症高齢者の視点が必要である。「京都認知症総合対策推進計画（京都式オレンジプラン）」では，平成30年の地域評価の指標として，自らが望む地域の中での自己像を，“認知症の私”を主語にした「10のアイ

26）神部智司「地域包括ケアの方向性と認知症ケア」日本認知症ケア学会誌11巻４号754～764頁（2013）

メッセージ」[27)28)]として示している。

山梨市においては，現在，認知症の人と家族の会の代表者が，ネットワーク会議の委員として当事者を代弁する意見が述べられている。今後，認知症高齢者を地域づくりの主体的な提案者として参加を求め，その語りを取り入れていくことも必要であろう。そのメッセージを，専門職や認知症サポーターが確認できることによって，支援者としての自らの役割をより明確化できる。保健師は，認知症支援の地域づくりの要となるため，当事者が語ることができる方法や場を検討していくことも必要と考える。

2　看護師の役割

認知症高齢者の日常生活圏域を地域と考えると，そこにある病院，訪問看護ステーション，介護施設は，その人にとっての一連の地域資源ということになる。したがって，認知症高齢者を直接ケアする看護師[29)]は所属する場の違いがあっても，一貫したケアを提供することが求められている。

⑴　生活機能障害を共通目標とした他職種との連携

認知症高齢者は，認知機能の障害に加えて，日々の生活を営む機能が障害される。初期には，食事の支度・電話の使用・買い物・金銭の管理・内服の管理などの手段的日常生活活動（IADL[30)]）が障害され，さらに，中等度以上の認知症では，排泄・食事・着替え・身だしなみ・入浴などの基本的日常生活動作（BADL[31)]）が障害され，身体介護が必要となる。そこに身体疾患

27）第3回京都式認知症ケアを考えるつどい実行委員会（代表：森俊夫）「認知症の人とその家族が望む「10のアイメッセージ」をかなえるための評価調査協力へのお願い」http://www.kyoto-houkatucare.org/ninchisho/orangeplan/

28）森俊夫「「2012京都文書」と京都式認知症ケア」老年精神医学雑誌24巻9号890～896頁（2013）

29）ここで述べる「看護師」は，認知症高齢者へ直接ケアを提供する看護職を指す。したがって，保健師であっても，山梨市の「認知症初期集中支援チーム」のチーム員などのように直接的なケアに携わっている場合は，「看護師」の中に含まれるものとする。

30）IADL：Instrumental Activities of Daily Living

31）BADL：Basic Activity of Daily Living

の影響が重なれば，より複雑な様相を呈するようになる。

また，認知症高齢者は，認知症の進行によって，しだいに自らの意思を言葉でうまく伝えることができなくなる。したがって，看護師は様々な生活機能障害を経験している認知症高齢者を良く観察し，そこに，認知機能障害がいかに影響しているか，加齢に伴う視力や聴力の低下による支障があるか，身体的苦痛や不快はないか，内服している薬の影響はないか，他に合併している疾患の影響はないか，周囲の物理的環境や人的環境による影響はないかなどを兼ね合わせてニーズを推論する。ここでは，あくまでも看護師自身のフィルターを通して解釈しているという自覚[32]も重要であり，本人に確認できることは確認しながら，その人の尊厳と個別性に配慮したケアを検討していく。

山梨市の「認知症初期集中支援チーム」に関わる看護師の場合も同様で，まず看護師の専門性からとらえた認知症高齢者のニーズを，チーム員会議において他の専門職に情報提供する。さらに，他職種から得た情報をもとに，自己の判断を見直したり修正したりしながら，チームとしての援助の方向性を明確にしていく。医療や看護・介護等の専門職にとって，重視する点は異なっても認知症高齢者の生活機能の維持は共通の支援目標となる。本人ができることは見守り，できないことを補うことで生活機能低下を予防する支援が必要である。認知症は比較的長い経過をたどりながら徐々に進行する慢性疾患であるため，関わる専門職が連携しその生活機能障害に応じて必要なサポートを継続的に提供できれば，長期的に安定した生活を目指すことも不可能ではない。特に看護職は，認知症高齢者の身近な専門職として，他の専門職の専門的判断の共有とともに，倫理的姿勢をも積極的に共有しながら，生活機能の維持を図ることが必要である。

(2)　認知症高齢者の生活をつなぐ看護師の連携

在宅で生活している認知症高齢者が入院治療を必要とする状況になった場

32）箕岡真子「認知症ケアの倫理」（ワールドプランニング，2010）20頁

合，病気からくる心身の苦痛に加えて，馴染みのない病院環境によるリロケーションダメージや治療処置や薬剤投与によって，認知機能の悪化を招いたりせん妄[33]を起こしやすくなる。入院時には，認知症高齢者の自宅での生活状況を病院看護職に伝え，本人ができるだけ安心できる生活の要素（例えば，家族やペットの写真など）を取り入れることも必要である。また，退院時には，退院前カンファレンスなどを利用して病院看護師が病棟での状況を，介護支援専門員や訪問看護師・介護施設職員等に伝え，認知機能の状況や必要な治療処置を継続できるようにする必要がある。このように，認知症高齢者の生活の場が変わっても情報が分断されないように，看護職間あるいは他職種とも情報を共有することによって，認知症高齢者の生活を継続的に支援するためのネットワークが強化されていく。

3　認知症看護の質の全体的底上げ

前述のように，看護師は日常的に認知症高齢者と関わる立場にあるが，認知症看護の実践は，全ての看護師に浸透している訳ではなく，緒に就いたばかりの発展途上にある。専門職として，認知症看護の質の向上を目指すことは，様々な現場の認知症支援ネットワークの構築にも貢献できる。

日本看護協会では，認知症看護の現場における看護の質の向上のために，平成18年から認知症看護認定看護師（以下，DCN[34]という。）の教育をはじめている。DCNは，日本看護協会の認定看護師認定審査に合格し，認知症看護分野において熟練した看護技術と知識を有することが認められた者である。この認定審査を目指すためには，看護師としての実務経験が５年以上あり，DCNの教育機関において６か月以上（615時間以上）を修了することが前提となる。筆者は現在，この教育課程に携わっているが，現場の認知症看護の脆弱さを実感し質の改善に向けた問題意識を持っている看護師が多い。認知

33）せん妄とは，軽度から中等度の意識障害に，幻覚・錯覚・不安・興奮などを伴う状態である。

34）DCN：Dementia Certified Nurse

症の人やその家族に対して，看護ケアの領域からできることを懸命に見出そうとしている人々である。

平成28年7月現在，DCN数は全国で810人である。DCNの主な役割は，認知症の人やその家族及び関係する集団に対して，水準の高い認知症看護を実践すること，現場の認知症看護実践の向上のために看護職に対して指導やコンサルテーションを行うことである。DCNの多くが病院所属であり，他の看護職への指導なども含めて，認知症看護実践を広げていく役割を持っている。特に病棟における認知症高齢者の身体拘束がなかなか減少しない問題もあり，その背景には，看護師等の医療従事者が，転倒などの事故につながるリスクを危惧しつつ，有効な手立ても検討できないまま日々患者に対応している状況がある。BPSDやせん妄予防などの認知機能を安定的に保つ策の検討と実践の蓄積が重要であり，DCNが役割モデルとして機能することで，周囲の医療者を触発しながら粘り強く認知症ケアを展開していくことが期待される。

平成28年4月の診療報酬改定では，認知症ケア加算[35]が導入され，認知症高齢者の状態を穏やかに保つケアが進められている。DCNは，この活動のリーダーシップをとり他職種との連携・協働によって，認知症ケアを推進して行く重要な役割を担っている。

また，病院以外に所属するDCNは，在宅や施設において認知症ケアの向上に貢献すべくそれぞれの所属で孤軍奮闘している状況である。

おわりに

平成28年3月の地域包括ケア研究会報告書[36]においては，団塊の世代が75

35)「認知症ケア加算」とは，認知症による行動・心理症状や意思疎通の困難さが見られ，身体疾患の治療への影響が見込まれる患者に対し，病棟の看護師等や専門知識を有した多職種が適切に対応することで，認知症症状の悪化を予防し，身体疾患の治療を円滑に受けられることを目的とした評価である。

歳以上の後期高齢者となる平成37年（2025年）から，それ以降の人口減少・超高齢多死社会を迎える平成52年（2040年）を見据えた地域包括ケアシステムの構築を，各自治体のマネジメントで実現していく提言がなされている。

本稿では，地域住民の認知症支援への参加の可能性を検討し，地方の小規模市の事例をあげながら，認知症支援における地域ネットワークの構築について述べた。

地域の特性に応じたネットワークを構築するためには，その地域アセスメントに基づいた認知症の支援計画が必要であり，それを縦軸と考えた場合，認知症の人や家族を中心として，支援に関わる専門職や地域住民・民間団体・NPO・ボランティアなどの関係機関や関係者を横軸として，相互の連携や連帯意識，住民相互のふれあいのあるネットワークを形成していくことが求められる。

また，誰もが認知症になる可能性があるともいえる時代においては，認知症の人の視点をいかに共有し，認知症の人への倫理的配慮を実行できるかがネットワーク形成の重要な鍵となる。

看護職は，地域マネジメントによって認知症支援の地域全体のネットワークを構築するとともに，認知症高齢者の生活の安定性を考慮した専門職連携を推進していく役割を担う。また，今後，認知症ケアの質の向上にDCNの貢献が期待できる。

（よだじゅんこ　山梨県立大学看護学部准教授）

36）三菱UFJリサーチ＆コンサルティングス：平成27年度老人保健事業推進費等補助金老人保健健康増進等事業　地域包括ケアシステム構築に向けた制度及びサービスの在り方に関わる検討事業報告書〈地域包括ケア研究会〉地域包括ケアシステムと地域マネジメント

第2章

認知症高齢者の財産管理能力について
—精神医学の立場から—

五十嵐　禎人

第1　高齢社会と認知症高齢者の財産管理

平成28（2016）年版高齢社会白書[1]によれば，2015年10月1日現在，我が国の65歳以上の高齢者人口は，過去最高の3,392万人となり，高齢化率は26.7％となっている。また，高齢者人口のうち，「65～74歳人口」は1,752万人で総人口に占める割合は13.8％，「75歳以上人口」は1,641万人で総人口に占める割合は12.9％となっている。現在の我が国は，４人に１人が高齢者，８人に１人が75歳以上という「本格的な高齢社会」になっている。

加齢は，認知症の最大のリスク因子であり，高齢社会の進展に伴い，認知症に罹患している人の数も増加している。最近の疫学調査[2]によれば，我が国の65歳以上の高齢者の平成22（2010）年時点での認知症の全国有病率は15（12～17）％，全国の認知症有病者数は約439（350～497）万人と推計されている。認知症とまでは診断できないが，近い将来，認知症になるリスクが高いと考えられている軽度認知障害（Mild Cognitive Impairment：MCI）の全国有病率は13（10～16）％，全国の軽度認知障害有病者数は約380（292～468）

１）内閣府（編）「平成28年版　高齢社会白書」（2016）
２）朝田隆「厚生労働科学研究費補助金（認知症対策総合研究事業）『都市部における認知症有病率と認知症の生活機能障害への対応』」平成23～24年度総合研究報告書（2013）

万人と推計されている。また，最近の政府による推計[3]によれば，認知症に罹患する人は，2025年には約700万人に及び65歳以上の高齢者の約5人に1人は認知症高齢者で占められると予測されている。

本格的な高齢社会において，増加する認知症高齢者の財産管理は，高齢者がその人らしく生きられる社会の実現のためにも重要な課題である。認知症高齢者の財産管理のための制度としては成年後見制度がある。成年後見制度は，認知症，知的障害や統合失調症などの精神障害のために判断能力の低下した人を保護し，その自己決定を援助するための法制度である。以前の禁治産・準禁治産制度では本人の財産管理が後見人等の主たる職務であったが，現行の成年後見制度では，本人の身上配慮義務（民法858条）が明示されており，身上監護に関する行為も成年後見人等の職務に含まれている。しかし，成年後見制度の鑑定において問題とされている「事理弁識能力」とは，自らの行う財産に関する法律行為の内容を理解し，その結果を予測する能力であり，また，単独で安全に「自己の財産を管理・処分する能力」である。つまり，ここで鑑定医に問われ，審判で裁判官が問題としているのは，事実上，欧米諸国でいわれる財産管理能力の有無・程度と同様のものである。実際，成年被後見人選挙権確認訴訟判決[4]では，「後見開始の許否の際に判断される能力は，その制度趣旨とされる本人保護の見地から『自己の財産を管理・処分する能力』を判断することが予定されているのであって，そのようないわゆる財産管理能力の有無や程度についての家庭裁判所の判断」と述べており，現行の成年後見制度の鑑定は財産管理能力の鑑定であることが明らかにされている。

認知症高齢者をはじめとした高齢者の財産管理を考える場合に，財産管理能力をどのように判定するか，また，認知症高齢者の財産管理能力に関する

3）厚生労働省「認知症施策推進総合戦略（新オレンジプラン）～認知症高齢者等にやさしい地域づくりに向けて～（概要）」http://www.mhlw.go.jp/file/06-Seisakujouhou-12300000-Roukenkyoku/nop101.pdf（2015）
4）東京地判平成25年3月14日判時2178号3頁

精神医学的知見にはどのようなものがあるかを把握しておくことは重要と思われる。以下の本稿では，筆者のこれまでの財産管理能力の判定に関する研究を紹介・再検討し，あわせて認知症高齢者の財産管理能力に関する精神医学的知見を紹介・検討する。最後に，信託契約に関する意思能力の問題について，精神医学の立場から若干の指摘を行うこととする。

第２　精神医学からみた財産管理能力の判定

1　財産管理能力の判定の構造

筆者は，これまで成年後見制度や意思能力の判定に関して，欧米諸国における成年後見制度やそこでの能力判定手法を比較・検討し，我が国の意思能力判定のあり方について，精神医学の立場から，①「機能的能力」(functional ability)，②「キャパシティ」(capacity)，③「コンピタンス」(competence)の３つのレベルに分けて考えることが有用であることを提唱してきた。[5] ここでは，筆者がこれまで提唱してきた３段階からなる意思能力判定の構造をもとに，財産管理能力の判定への適用について述べる。

2　「機能的能力」の判定

(1)　「機能的能力」とは

ある意思決定を行うときには，それが，自動販売機で缶ジュースを購入するという単純な意思決定でさえも，関連する種々の情報を収集し，得られた情報を理解し，論理的に操作し，さらに意思決定の結果を予測して，最終的にある意思決定の結果を表明するに至ると考えられる。「機能的能力」とは，関連する種々の情報を収集し，比較検討し，選択するという意思決定に至る

5）五十嵐禎人「成年後見制度と意思能力判定の構造」老年精神医学雑誌14巻10号1228頁以下（2003)，五十嵐禎人「意思能力・行為能力・事理弁識能力の判定について―精神医学の立場から」(小林一俊＝小林秀文＝村田彰編『高齢社会における法的諸問題（須永醇先生傘寿記念論文集)』(酒井書店，2010）129頁以下

心理過程の各段階において必要とされる精神機能を指している。

意思決定に関する「機能的能力」の中核をなすのは，AppelbaumとGrissoが医療行為に対する同意に関する研究や判例の分析をもとに提示した，①意思決定に関連する情報を理解する（理解：understanding），②得られた情報を論理的に操作する（論理的思考：reasoning），③意思決定の行われる状況や意思決定の結果を認識している（認識：appreciation），④意思決定の結果（選択）を他者に伝達する（選択の表明：expressing a choice），の4つの能力であると考えられている。[6)]

①　理解（understanding）

意思決定に関連する情報の性質と目的とを一般的な意味で理解していること。意思決定に関連する情報をわかりやすい一般的な言葉でいいかえること，可能な選択肢を提示することによって確認される。

②　論理的思考（reasoning）

意思決定に関する様々な選択肢の利益とリスクを比較すること。意思決定の結果そのものではなく，意思決定のプロセスに焦点をあてた評価が必要である。意思決定の結果は，内的に首尾一貫したものであり，その人が元来もつ信条とも整合性のとれたものである必要がある。

③　認識（appreciation）

意思決定の行われる状況や意思決定の結果を認識していること。理解と似た概念であるが，理解が，その意思決定に関連する情報をわかっていることであるのに対して，認識とは，ただ情報をわかっているだけではなく，その

6）Appelbaum, P. S., Grisso, T., Assessing patients' capacities to consent to treatment. New England Journal of Medicine 319: 1635-1638 (1988), Fazel, S., Competence. Psychiatry in the Elderly. 3rd ed, Jacoby, R. and Oppenheimer, C. (eds), pp941-950 (Oxford University Press, 2002), Grisso, T., Appelbaum, P. S., Assessing Competence to Consent to Treatment.: A Guide for Physicians and Other Health Professionals (Oxford University Press, 1998)；北村總子＝北村俊則訳『治療に同意する能力を測定する――医療・看護・介護・福祉のためのガイドライン』(日本評論社，2000)，Marson, D. C., Loss of competency in Alzheimer's disease: conceptual and psychometric approaches. International Journal of Law and Psychiatry 24: 267-283. (2001)

情報を，その意思決定を行う時の我が身の状況に置き換えてわかっているということである。

理解との差異を明確にするために例をあげると，認知症という病気があって，認知症の人にはどのような症状があり，どのような治療・ケアが必要かということをわかっているということは，認知症という疾患に対する理解である。これに対して，実際に認知症に罹患している人が，記憶障害をはじめとした症状を自覚し，また，それに伴う社会生活上の問題を現実の問題として正しく把握しているということが，自らの認知症に対する認識である。

④　選択の表明（expressing a choice）

ある意思決定の結果を他者に伝達することができること。この基準では，意思決定の結果を単純に他者に伝達できるということだけでなく，意思決定の結果が一定である必要がある（この部分を情報の保持（retain）として独立した要素としてとりあげる考え方もある）。二律背反した考えをもっている場合，決めたことを理由もなしにころころ変えるような場合には，選択の表明ができないと考えられる。

ある意思決定を行うためにどのような「機能的能力」が必要とされるかは，その意思決定の内容や予測される結果（利益や危険性）によって異なる。缶ジュースを買う場合と不動産を購入する場合とを考えてみればわかるように，これは意思決定の各過程において処理する必要のある情報の質や量の相違によるものである。つまり，処理すべき情報の質・量の相違によって，その意思決定に必要とされる「機能的能力」は異なったものとなるのである。

「機能的能力」とは，知能のように，精神医学や心理学で通常行われる認知機能評価によって判定可能な能力であり，連続量として測定される次元的（dimensional）現象である。いいかえれば，「機能的能力」とは，精神医学的・心理学的に客観的に評価することが可能な認知機能としての意思能力である。

⑵　財産管理に関する「機能的能力」判定のための評価尺度

財産管理に関する機能的能力は，WAIS-Ⅲ（Wechsler Adult Intelligence Scale-Third Edition）のような全般的な知能検査，改訂版長谷川式簡易知能評価スケール（HDS-R）やミニメンタルステート検査（Mini-Mental State Examination：MMSE）などのような認知機能検査，認知症のための障害評価票（Disability Assessment for Dementia：DAD）などのような日常生活動作（Activities of Daily Living：ADL）の評価スケールや手段的日常生活活動尺度（Instrumental Activities of Daily Living Scale）などのような手段的日常生活活動の評価スケールの成績と一定の相関関係をもっていると考えられる。しかし，より領域特異的に財産管理能力の判定を行うためには，財産行為に焦点をあてた面接法や認知機能検査の施行が必要である。さらに，一般の人が通常の社会生活を営んでいく上で必要とされる代表的な法律行為（日常の買い物，預貯金の出し入れ，公共料金の支払，不動産の売買，株式の取引，など）を同定し，それらの法律行為を行うために必要とされる機能的能力を評価するための認知機能課題を設定すれば，財産管理に関する機能的能力評価のための認知機能検査や評価尺度を作成することも可能である。

こうした財産管理能力に特化した評価尺度[7]としては，アメリカ合衆国のMarsonらのグループによるFinancial Capacity Instrument（FCI）[8] がある。FCIは，コミュニティで自立した生活を送る高齢者に必要とされる財産管理能力を評価するための評価尺度である。FCIは，①基本的金銭スキル，②財産管理に関する概念的知識，③現金による取引，④小切手帳の管理，⑤銀行口座計算書の管理，⑥財産に関する判断，⑦請求書の支払，⑧自分の財産状

7）Grissoは，実証的な研究に基づいて信頼性や妥当性が確立されている特定の法律行為に焦点をあてたアセスメントツールを司法アセスメントツール（Forensic Assessment Instruments：FAIs）と呼んでいる。

8）Marson DC, Sawrie SM, Snyder S, et al：Assessing financial capacity in patients with Alzheimer disease: A conceptual model and prototype instrument. Arch Neurol. 57:877-884, 2000, Griffith HR, Belue K, Sicola A, et al：Impaired financial abilities in mild cognitive impairment: a direct assessment approach. Neurology 60:449-57, 2003

況に関する知識，⑨投資に関する意思決定の９つの活動領域に関する18の下位課題（質問項目）から構成されている。

アメリカと我が国とでは日常生活に必要とされる財産行為には相違がある。松田らは，我が国の経済取引等の状況を考慮して，金銭管理能力を，「人が自らの金銭や財産を計画的，合理的，かつ適切な方法で管理する能力である。」と定義したうえで，金銭管理能力を測定するツールとして，Financial Competency Assessment Tool（FCAT）を作成した。FCATでは，６領域の能力が評価され（①基本的金銭スキル，②金銭概念，③金融機関の利用，④物品購入，⑤金銭的判断，⑥収支の把握），各領域得点と，合計得点を算出し，全体的なプロフィールを把握できるようになっており，全般的な金銭管理能力の指標である合計得点は最高37点である。FCATについては，信頼性・妥当性の検証が行われており，[9] カットオフ値を20/21（20点以下を金銭管理能力なし，21点以上を金銭管理能力ありと判定）に設定した場合に，FCATは，感度（金銭管理能力のない人にFCATを施行したときに，FCATで能力なしと判定される人の割合で，FCATがどれだけ敏感に能力のない人を検出できるかの指標）0.82と特異度（金銭管理能力のある人にFCATを施行したときに，FCATで能力なしと判定される人の割合で，FCATが能力のない人に対してどれだけ特異的に反応し，能力のない人を能力なしと判定できるかの指標）0.88と十分な数値が得られている。

従来の知能検査や認知機能検査と比較して，こうした評価尺度は，財産管理に関する機能的能力をより直接的に評価でき，また，評価手続の斉一性が担保されるために評価者による判定のぶれが少なくなるという利点がある。しかし，これらの評価尺度は，現段階では，知能検査におけるWAIS-Ⅲなどのような標準化は行われていない。また，すでに指摘したようにcapacity，competencyという名称が与えられてはいるが，これらの評価尺度はあくま

9）櫻庭幸恵・熊沢佳子・松田修「Financial Competency Assessment Tool（FCAT）の作成と検討　信頼性と妥当性の検討」東京学芸大学紀要・第１部門・教育科学55集131頁以下（2004）

でも機能的能力（functional ability）の評価尺度である。[10]

3 「キャパシティ」の判定

⑴ 「キャパシティ」とは

「キャパシティ」とは，医療保健福祉専門家によって判定される臨床的状態であり，その人がある意思決定に関して，その人の置かれている状況のもとで，意義のある意思決定を行えるかどうかに関する評価を指す。つまり「キャパシティ」は，次元的現象である「機能的能力」とは異なり，「あり」か「なし」かの二分法で判定される範疇的（categorical）現象である。

一般に，「機能的能力」のように連続量として測定される次元的現象を，「キャパシティ」のような範疇的現象へと変換するためには，連続量のどこかに閾値（区分点）を設定し，その閾値を基準として能力「あり」・「なし」と分類する必要がある。こうした次元的現象を範疇的現象へと変換する作業は，医学でもしばしば行われている。医学では，次元的現象（たとえば血圧値）を範疇的現象（たとえば高血圧症として治療の対象とするかどうかの判断）へと変換するための閾値の設定は，多数の人を対象とした研究を行い，治療が必要な人と不要な人とを鑑別するためには連続量のどこを閾値とするのが最も合理的であるかを検討して決定される。

意思能力判定についても，判断能力に支障のない一般人の平均的な「機能的能力」を基準にして能力の有無に関する閾値を設定することも不可能ではないかもしれない。しかし，こうした方法で能力を判定するとすれば，認知症や知的障害の人のほとんどは「能力なし」と判定される可能性が高い。確かに，「機能的能力」の4つの下位能力（理解，論理的思考，認識，選択の表明）のそれぞれが平均以上であることは，その人が「キャパシティ」を有していることを示す所見といえよう。しかし，「機能的能力」が平均以下であ

10）Kim, S. Y., Karlawish, J. H., Caine, E. D.,：Current state of research on decision-making competence of cognitively impaired elderly persons. American Journal of Geriatric Psychiatry 10：151-165, 2002

ることは，その人が「キャパシティ」を欠く可能性を示唆する所見ではあるが，そのことだけで「キャパシティ」がないと判定することはできない。「キャパシティ」の判定は，その人の背景要因を検討した上で，決定されなければならないのである。[11] つまり，「機能的能力」から「キャパシティ」への変換にあたって必要とされる閾値は，一般人の平均的な「機能的能力」を基準にして設定されるものではなく，その人の背景要因を考慮した上で個別に設定されるべきものである。意思能力判定においては，こうした個別の臨床的評価こそが「Gold Standard」である。[12]

「キャパシティ」の判定は，一般に意思決定の種々の背景要因を検討し，本人の自己決定の尊重（自律性）と本人の最善の利益（保護）という２つの要素のバランスを考慮して決定される。ただし，ノーマライゼーションや自己決定の尊重に重要な価値が置かれている現代の社会では，より自律性を重視した判定が必要とされており，自律性と保護のバランスをとる「判断能力の秤」は，最初から自律性を重視するように支点が設定されている。[13] そして，自律性という要素には当然，本人の趣味・嗜好・信条などといった本人の価値観が，そして，保護という要素には，社会一般の価値観，より正確にいえば評価者自身が社会一般の価値観と信じる価値観が，程度の差はあれ反映される。その意味でいえば「キャパシティ」の判定には価値判断的な要素が含まれる。しかし，それはあくまでも法律的な意味での規範的な判断とは異なる次元のものである。

⑵　財産管理に関する「キャパシティ」の判定で考慮されるべき背景要因

財産管理に関するキャパシティの判定において考慮されるべき要素としては，以下の４つの要素を考慮する必要があると思われる。[14]

11）Grisso, Appelbaum, supra note 6；北村總子＝北村俊則訳・前掲注６）192〜194頁
12）Fazel, supra note 6
13）Grisso, Appelbaum, supra note 6；北村總子＝北村俊則訳・前掲注６）132〜133頁
14）五十嵐禎人「諸外国における能力判定　精神医学の視点から」新井誠・西山詮編『成年後見と意思能力　法学と医学のインターフェース』（日本評論社，2002）260〜266頁

【要素Ａ：本人の医学的あるいは精神医学的状態】

たとえば，年齢，知的機能，認知機能，罹患している疾患など。機能的能力の判定では，精神障害の有無や種類は直接影響しない。しかし，キャパシティの判定では，精神障害の有無や種類は重要な要素である。たとえば，現在の機能的能力の判定結果が同一であったとしても，アルツハイマー病の人と甲状腺機能低下症による二次性認知症の人とでは，キャパシティの判定結果は異なることになる。後者の場合には，甲状腺ホルモンの補充療法等を行い，認知機能の改善がみられるかどうかを十分に確認したうえで，財産管理能力の評価を行うべきである。

【要素Ｂ：財産管理に関する本人の思考・行動】

財産管理に関する本人の思考・行動を過去・現在・未来にわたって評価する。判定基準は代行決定（自己決定尊重の視点）であり，本人の価値観，嗜好，信条，意向・希望などを考慮する必要がある。財産管理に関する過去の行動については機能的能力の判定の際にも評価するが，その場合の評価基準は社会通念に基づく客観的な基準であり，本人の価値観や信条などは考慮しない。しかし，キャパシティの判定では，本人の価値観，思考，信条，意向，希望なども考慮した判定が必要になる。たとえば，自分のお金は全部自分で使って死にたいという人もいれば，自分は多少苦しい思いをしても，ぜひとも子どもに財産を遺したいという人もいる。あるいは，自分は爪に火を点すような生活をしていても，自分が信仰している宗教団体には多額の寄付をしたいという人もいるかもしれない。同じ宗教団体に多額の寄付をするという行為でも，以前から信仰のために多額の寄付をしてきた人が，これまでと同様に寄付をするのであれば，それは財産管理能力がないことを示唆する所見とはいえない。しかし，今まで寄付などしたことのない人が，突然，多額の寄付をするということであれば，これは財産管理能力が失われている可能性を示唆する所見である。

【要素Ｃ：本人の経済状況等に関する客観的な事実】

本人の財産の規模・形態，財産の管理・運用の現状，財産管理のリスクなどについて評価する。ここでの判定基準は本人の最善の利益（本人保護の視点）である。

【要素Ｄ：社会的関係】

社会の他の構成員との関係について評価する。具体的には本人の財産管理が周囲へ与える影響，搾取の危険性，適切な援助を受けられるか否か，本人が援助を受け入れるか否かなどを評価する。

こうした４つの要素を総合的に判断して，さらに自己決定権の尊重と残存能力の活用という理念と法的保護の必要性という理念とのバランスを考慮して，その人のための閾値を設定し，最終的にその人の能力の有無を判定する必要があると考えられる。

4　「コンピタンス」の判定

「コンピタンス」とは，法律家，特に裁判官によって判定される法的身分であり，その人がある法律行為を単独で行うために必要とされる能力を備えているかどうかについての評価を指す。「コンピタンス」は「キャパシティ」と同様に「あり」か「なし」かの二分法で判定される範疇的現象である。「コンピタンス」の判定は，通常，医師による「キャパシティ」の判定結果に基づいて行われることになる。しかし，医師による「キャパシティ」の判定結果は，あくまでも裁判官の判定のための参考資料のひとつであり，両者が完全に一致することを必要とするわけではない。また，「キャパシティ」の判定においては，その人個人の背景要因のみが考慮されるのに対して，「コンピタンス」の判定では，法律の規定や判例などをも考慮した規範的，かつより普遍的な判定が必要とされる。

第3　認知症に罹患している人の財産管理能力に関する精神医学的知見

1　高齢者の経済行為と加齢による変化

松田は高齢者の経済行為と心理検査に関する総説[15]のなかで，高齢者の経済行為について，以下のように述べている。

「食料品や日用品の買い物では，今必要な物はなにかを考え，それを記憶し，必要な金銭を用意し，所持金と予想金額とを照合して，ATMや金融機関の窓口で現金を引き出し，会計の際には，指示された金額を一時的に記憶のなかに保持しつつ，財布の中の硬貨や紙幣を計算する。これら一連の行為には，ワーキングメモリー，言語理解計算等のさまざまな認知能力を要求される。

書面による契約締結を伴う重要な財産行為の遂行には，さらに高度な能力が必要である。契約締結場面では，契約書に記載された膨大な情報のなかから『契約内容が自らのニーズに合致したものかどうか』『契約締結によって自らが負わねばならない責任はなにか』『途中で契約を解除するにはどうしたらよいか』等を理解し，自らの意思を決定しなければならない。時間見当識に問題があれば，契約書に記載されたクーリングオフの期間や支払日を正しく認識することはできない。エピソード記憶に問題があれば，契約内容はもちろん，契約した事実さえも忘却し，場合によっては，同じ契約を締結してしまう事態に発展することもありうる。投資や株式売買といった経済行為には，その分野に関する高い専門的知識と経験が必要とされるが，こうした知識と経験が豊富であっても，能力低下のために自らの知識や経験を現実場面の問題解決に活用するのが困難な高齢者もいる。実行機能やメタ認知が低下すれば，自らの意思決定を監視し，必要に応じて中止することが困難となる。」

15）松田修「高齢者の経済行為と心理検査」老年精神医学雑誌22巻10号1132頁（2011）

認知症と診断される人はもとより，そのように診断されない高齢者であっても，認知機能，注意，感覚機能の加齢変化は，高齢者の意思決定に大きな影響を及ぼす。[16] 老化により，情報処理速度が低下し，ワーキングメモリー容量は低下し，いったん賦活化された情報の消去は困難となり，抑制機能が低下し，さまざまな情報から重要な情報とそうでないものを取捨選択し，妥当な行動を起こすための判断をしなければならないような，現実的な場面での判断能力が低下する。加齢により，注意の障害も生じ，落ち着いて行われる鑑定時の検査成績と，一人暮らしの住居内で契約を迫られる事態のような特殊な状況下での認知機能，注意機能との間に，大きな落差が生じる。また，眼，耳などの感覚受容器の老化により，視力，聴力等の間隔機能が低下し，受容できる情報量の低下や情報の質の低下もみられる。

現在，我が国で最も広く使用される知能検査であるWAIS-Ⅲでは，平均が100，標準偏差が15の正規分布になるような偏差値（標準得点）が設定されている。知能指数は特定の年齢集団内における個人の相対的な位置を表しており，知能指数が100という人の全般的な知的水準は，同年齢集団の平均に位置している。一般には，知能指数が80～119の範囲内に当該年齢集団の約80％が分布しており，この範囲内の知能指数であれば，「年齢相応」または「平均的な」知的水準と判断されることになる。しかし，知能指数がこの範囲にあるということは，あくまでもその人の知能が「年齢相応」であるということを意味するだけである。WAIS-Ⅲでは，知能指数を算出するために，13種類の認知課題を実施し，その得点を評価点と呼ばれる偏差値に換算し，さらにその評価点を合計した得点を知能指数と呼ばれる偏差値に換算する。つまり，元々の認知課題の得点，すなわち，粗点はまず評価点と呼ばれる偏差値に換算され，次に，知能指数という偏差値に換算されるのである。この２段階の換算にあたり，最初の換算である粗点から評価点への換算の際には，本人の年齢を含む日本人の標準的なサンプルの得点分布を基に作成さ

16）齋藤正彦「高齢者の精神機能，責任能力，意思能力」司法精神医学６巻１号36～37頁（2011）

れた換算表が使用される。したがって，評価点が同じ10点であっても，80歳の人と50歳の人とでは粗点には大きな差が生じる。つまり80歳で知能指数が100であることは，80歳の「年齢相応」のことができるということを意味しているだけであり，粗点で示される能力（＝実際にできることは），50歳の人の「年齢相応」よりは低いレベルに止まっているのである。つまり，高齢者と青年者や壮年者との間には粗点に歴然とした差があり，正常加齢の範囲内であることは，財産管理能力を初めとした意思能力に支障がないこととは必ずしも一致しないのである。[17)]

2　認知症に罹患している人の財産管理能力

認知症には，様々な種類のものがあるが，そのうち頻度が多く，重要なものは，アルツハイマー病（アルツハイマー型認知症），レビー小体型認知症，前頭側頭型認知症，血管性認知症の4つである。このうち，アルツハイマー病は，患者が最も多く，また，健康保険で承認された治療薬が存在しているように，変性性認知症のなかではもっとも研究が進んでおり，臨床経過に関する知見も豊富にある。FCIやFCATなどのようなFAIを作成し，認知症に罹患している人の財産管理能力に焦点をあてた研究が行われるようになったのは，比較的最近のことであるが，今のところ，それらの知見のほとんどは，アルツハイマー病に罹患している人に関してのものである。

アルツハイマー病や軽度認知機能障害（MCI）に罹患した人の財産管理能力についての総説[18)]によれば，財産管理能力は最初に障害を生じる手段的日常生活動作能力[19)]（instrumental activities of daily living：IADL）である。

17）松田修「民事意思決定能力の心理学的評価」村田彰先生還暦記念論文集『現代法と法システム』（酒井書店，2014）176～179頁

18）Widera E, Steenpass V, Marson D, et al: Finances in the Older Patient With Cognitive Impairment “He Didn't Want Me to Take Over”. JAMA. 305(7)：698-706, 2011

19）買物・調理・清掃・電話の使用・料金の支払・交通手段や金融機関の利用など，生活環境を維持するために必要な活動のことで，高齢者や障害者が単独で生活する能力の基準となる

MMSEが24点以上のMCIであっても財産管理に関する概念的知識，銀行口座明細書の管理，請求書の支払に障害を生じている。軽度（mild）のアルツハイマー病患者では，通貨を数えるという単純な行為から請求書の支払や小切手帳を決算するなどの複雑な行為にいたるまで障害を生じており，多くの事例で一年程度という短い期間のうちに急速に財産管理能力の障害は進行する。中等度（moderate）のアルツハイマー病患者では，財産管理能力が包括的に障害されており，通常，自分独りでは財産管理を行うことができない。しかし，少数ではあるが，中等度のアルツハイマー病患者であっても，財産行為に関する技能や判断が保持されている者がいる可能性があり，それらの人の財産管理能力がないと判定する前には，MMSE以外のより財産管理能力に焦点をあてた手法による評価が必要であるとしている。重度（sever）のアルツハイマー病患者は，財産管理能力を完全に失っている。

前述の総説は，主にアメリカ合衆国において行われた研究を中心に述べられているが，我が国でも松田らのグループは，Financial Competency Assessment Tool（FCAT）を用いて，アルツハイマー病に罹患した人の金銭管理能力，および金銭管理能力と認知機能との関連を検討している。[20] 彼らは，アルツハイマー病患者をMMSE得点19点以上の軽度アルツハイマー病群とMMSE得点18点以下の中等度アルツハイマー病群とに分類し，認知症のない高齢者群と比較した。FCATの群比較の結果から，MMSE 19点以上という軽度のアルツハイマー病患者でも，非認知症高齢者よりも，金銭管理能力の成績が低いことが示された。また，非認知症群ではFCATのカットオフ値である合計得点20点以下を示したものは１人もいなかったが，中等度アルツハイマー病群では全員が，そして，軽度アルツハイマー病群では，７割の患者がカットオフ値を下回った。６領域の下位検査のうち「収支の把握」の成績において有意差が認められ，軽度アルツハイマー病群は非認知症

20）熊沢佳子・松田修・櫻庭幸恵ほか「アルツハイマー型認知症患者の金銭管理能力と認知機能の関連―Financial Competency Assessment Tool（FCAT）による検討―」老年精神医学雑誌15巻10号1177頁以下（2004）

群よりも有意に成績が低かった。これらの結果から，アルツハイマー病患者は，比較的病初期の段階から，自らの金銭を管理する能力が低下し，とりわけ，自らの金銭行為の現状把握が十分でない可能性が示唆された。

FCATを使用した研究は，前記のものだけのようであるが，MMSEやHDS-Rなど我が国の日常臨床で比較的よく使用される認知機能検査と財産管理能力に関する研究があるので紹介する。

松田ら[21]は，96人の認知症高齢者（アルツハイマー病87人，血管性認知症６人，前頭側頭型認知症３人）を対象に，生活機能評価尺度[22]で測定した各行為の遂行状況と，ウェクスラー成人知能検査改訂版（WAIS-R）によって測定されるIQ（IQ90以上の患者をIQ高群，89以下の患者をIQ低群に分類），MMSE得点（23点以下の患者をMMSE低群，24点以上の患者をMMSE高群に分類），日本語版コグニスタット（COGNISTAT：Neurobehavioral Cognitive Status Examination）の下位検査得点[23]（各下位尺度得点が８点以下の場合には障害域群，９点以上の場合には正常域群に分類）の成績分類との関係について検討した結果を報告している。彼らによれば，IQおよびMMSEの成績分類と財産行為の遂行状況との一致率は低く，IQが90以上の患者の約80％で財産行為の遂行に問題があった。コグニスタットの下位検査成績と財産行為の遂行との関係を分析すると，見当識と「土地や建物の権利書等の不動産や財産の管理」，見当識と「不動産や宝石類など，高額な買い物」，記憶と「車の運転」の３

21）松田修・斎藤正彦「認知症高齢者の権利擁護と能力評価―知能検査および認知機能検査の成績と財産行為を含む生活行為の遂行状況との一致度の検討―」老年精神医学雑誌22巻６号723頁以下（2011）

22）松田らが作成した評価尺度で，高齢者の日常生活に必要な35の生活行為を列挙し，それぞれの遂行可能性を５件法で，患者の家族ないしは患者の様子を最もよく知る人に評定させる評価尺度。Matsuda O, Saito M.: Functional competency and cognitive ability in mild Alzheimer's disease: relationship between ADL assessed by a relative/ carer-rated scale and neuropsychological performance. International Psychogeriatrics 17 (2)：275-88, 2005

23）COGNISTATの下位検査項目には，見当識，注意，言語理解，復唱，呼称，構成能力，記憶，計算，類似，判断の10項目がある。

項目との間に一致がみられたと報告している。

また，松田[24)]は，96人のアルツハイマー病患者を対象として，HDS-R得点と「土地や建物の権利書等の不動産や財産の管理」，「借金，賃貸，売買などの契約」，「不動産や宝石類など，高額な買い物」，「食料や雑貨など，日常品の買い物」の遂行状況について4件法で家族に評定させた結果の合計得点（事理弁識得点）との関係を分析している。その結果，①HDS-R得点は，事理弁識得点との間に弱い正の相関関係があること（$r=0.27$，$p<0.01$），②個別の行為とHDS-R得点との相関係数をみると，HDS-R得点は，「土地や建物の権利書等の不動産や財産の管理」と「食料や雑貨など，日常品の買い物」との間に弱い正の相関関係があること，③「借金，賃貸，売買などの契約」と「不動産や宝石類など，高額な買い物」については，HDS-Rでは正常域とされる21点以上の患者であっても，その約8割以上でこれらの行為の遂行が不可となっていた。

これらの結果から，IQやMMSE，HDS-Rの成績が正常域であっても，財産管理能力に問題がないとはいえない可能性が示唆されている。

以上，アルツハイマー病を中心に，認知症高齢者の財産管理能力に関する現時点での精神医学的知見を紹介した。認知症高齢者では，財産管理能力は最初に障害を受ける手段的日常生活動作能力であり，MCIや軽度のアルツハイマー病でも障害されている可能性が高い。また，IQやMMSE，HDS-Rの成績が正常域にある患者であっても，財産管理能力に障害を受けている患者は少なくない。ただし，FCATのようなFAIを使用した研究は我が国にはまだほとんどなく，今後，FCATのような財産管理能力に焦点をあてた評価尺度を使用した研究を進めていく必要があると思われる。また，コグニスタットの下位検査項目と財産行為の遂行状況との関係を分析した研究のように，一般に使用されている知能検査や認知機能検査の成績とFCATで測定される財産管理能力との関係を分析する研究も必要であろう。特に，各種検査の下

24）松田修「成年後見鑑定における神経心理学的検査の活用に関する研究　改訂版長谷川式簡易知能検査の解釈」生存科学B24巻71頁以下（2014）

位項目と財産管理能力との関係を分析していくことは，財産管理能力の障害機序の解明につながる可能性があると思われる。

第4　信託契約における意思能力の問題

信託とは，特定の者（受託者）が，財産を有する者（委託者）から移転された財産（信託財産）につき，信託契約等に基づき，一定の目的に従って財産の管理または処分およびその他の当該目的のために必要な行為をすることである（信託法2条1項）。すなわち，信託契約に基づき，委託者の財産が受託者に移転し，受託者が信託財産の名義人となり，受託者が信託財産を長期にわたって管理処分することになる。

認知症高齢者の財産管理と信託制度との関係でいえば，平成24年から導入された後見制度支援信託の制度がある。後見制度支援信託では，一般的な信託とは異なり，信託契約の締結，一時金の交付，信託の変更，解約の手続などは，家庭裁判所の指示書にもとづいて行われる。後見制度支援信託の利用者本人は行為能力がないので，法定代理人である未成年後見人や成年後見人が実際の信託契約を行う。後見制度支援信託は，成年被後見人の財産を適切に管理・利用するためのやや特殊な形態の信託制度のように思われる。

最近では，高齢者の財産管理に関して，受託者が信託報酬を得ないで行う，民事信託の活用が謳われており，中でも家族・親族を受託者とする家族信託が注目されている。また，福祉型信託制度導入の必要性が指摘されている。信託業務を監督する仕組みとしては，信託監督人の選任（信託法131条）などの仕組みがあるが，信託監督人の選任は，必須のものではない。信託監督人を設けずに親族による財産的虐待の道具として民事信託を濫用される危険性も指摘されている。

今後，民事信託の活用を考えていく場合に，信託契約を締結するために委託者に必要とされる意思能力とはどのような能力であり，その判定はどのような方法で行われるべきかについて考えておく必要はないのであろうか。筆者は精神科医であり，信託法の分野でどのような議論が行われてきたのかについては詳しくない。同様の指摘はすでにあるのかもしれないが，精神医学からの立場からあえて指摘しておきたい。

これまで述べてきたように，認知症高齢者はもとより，認知症と診断されていない高齢者であっても，加齢の影響で財産管理能力が低下している可能性は否定できない。信託契約は，自らの財産を信頼できる人に託する制度であり，その契約に必要とされる意思能力は，単独で財産管理を行うために必要とされる財産管理能力と同一である必要はないと思われる。しかし，契約行為である以上，一定の意思能力は必要である。信託契約のための意思能力を検討するためには，信託契約を締結する際に，委託者が，理解し，認識し，論理的に操作して，契約を締結するという意思を表示する際に必要とされる情報とはいったいどのようなものであるかについての検討が行われるべきであろう。任意後見契約の悪用・濫用事例の存在を考えれば，財産管理能力が低下している可能性の否定できない高齢者の財産管理の手段として信託制度の活用を行うためには，信託契約締結に係る意思能力に関する検討は避けて通ることはできない課題のように思われる。

（いがらしよしと　千葉大学社会精神保健教育研究センターシステム研究部門教授）

第3章

高齢障害者の財産管理について
―親亡き後の問題を考える―

河西　俊文

第1　障害者の高齢化に伴う課題

高齢化が急速に進む中で，障害者の長寿・高齢化についても，顕著な様相を示している。高齢期に病気等で障害を有するに至る者が多い一方で，先天的な障害を有する者の高齢化も進んでいる。障害の原因となる疾患について十分なケアができず，短命とされてきた障害者であるが，医療の進展に伴い，高齢障害者が多く見られるようになってきた。

障害のある高齢者が増加する中で，障害者の親亡き後を見据えた生活や財産管理のあり方が，より一層課題となっている。障害を持つ者の生活支援は，多くの場合，その親が行っている。ところがその親が病気になったり，認知症になったり，また亡くなったりと，支援ができなくなったとき，誰が親の代わりに障害者の面倒をみてくれるのか，親の不安は年を重ねるごとに増大していく。

高齢障害者は，福祉サービスを利用していても，一人の生活にさまざまな困難をきたしている。病気や身体的な負担が増え，個別支援のニーズが増える一方で，施設等での集団生活のむずかしさが現れるなど，様々な問題があげられる。また，本人のライフスタイルに合った「その人らしい暮らし」の実現は，所得保障，住まい，社会参加や地域との関係性，さらには介護保険制度と障害者福祉施策からくるサービス利用の継続性に関する課題など，高齢障害者を取り巻く様々な問題が多岐にわたっており，困難を極めるのである。

ここでは，まず高齢となった障害者が，地域でどのような暮らしをしているのか，そこではどんな課題があるのかを考察したい。

1　地域で暮らす障害者

(1)　精神疾患のある男性Ａさん（68歳）

20代後半に統合失調症を発症し，これまでに５回ほど入退院を繰り返している。その間に仕事に就くこともあったが，長続きせず，そのたびに病気の再発を繰り返してきた。55歳頃から母親と同居することができ，また月１回程度の通院で病状も安定していた。３年前に母が他界したことから，今は公営住宅に一人住んでいる。日常生活はおおむね自立しているが，母亡き後の生活は，生活介護施設に週５日通所し，週２回の家事援助の訪問介護を利用しながら，これまで維持されてきている。

しかし，近頃，腰痛に悩まされ，施設に通うことすら辛くなっている。いつまで施設への通所ができるのか不安である。また日常生活では，住宅の階段の昇り降りや食事，衣類の片付け，寝具の出し入れ等に負担を感じ，家事援助の訪問介護を増やしたいと考えている。施設では，仲間と会えるのが唯一の楽しみであり，できるだけ通所を続けたいが，通所が困難になれば，高齢者施設への入所も考えなければならない。

今後，一人でできていた日課もできなくなり，さらに生活面での不安を抱え，精神的なストレスから新たに「うつ状態」や「ひきこもり」になるなど，不健康な状態となることが予想される。

(2)　知的障害のある女性Ｂさん（63歳）

知的障害者であるが，てんかんがあり，また右片麻痺の状態にある。10年前に父が死亡し，昨年，老人ホームで生活していた母が死亡したことから，今は，残された家屋で一人暮らしをしている。幸い近くに母の妹家族が住んでおり，叔母（母の妹）やその甥が日常的に食料品などを届けてくれ，何とか生活ができている。

日常生活では，授産施設の作業所へ週４日（９時から16時まで）通所し，身体介護と家事援助の訪問介護を週１日利用している。加齢に伴い，また母が亡くなってからというもの，身の回りのことに手がつかない日も増え，決まった時間に家を出るといった生活ができなくなってきた。

作業所では，職員も他の利用者も自分のことをよく理解してくれ，みな親身に関わってくれているが，最近では月10日ほどしか家を出ることができなくなった。

身体的には，内科疾患等の疾病はなく，てんかん発作も落ち着いている。右片麻痺はあるものの，日常生活はほぼ自立している。しかし，入浴は，浴槽への出入りが困難となり，シャワー浴で済ませている。調理や洗濯は一応自立しているが，掃除はヘルパーさんにお願いしている。買い物が好きだが，一人で買い物に出ると不用品を購入したり，不要な契約をしたりしてしまうこともあり，買い物には必ず妹が同行している。

しかし，今では歩行が不安定となり，転倒の危険もあるので，買い物の回数も減っている。また短時間の外出でも疲れやすく，この先いつまで作業所に通所できるのか，叔母とも相談している。今後は，身体機能の低下から明らかに見守りや介護が必要となり，今の生活を改めて，新たな生活を再構築する必要がある。

2　地域で暮らす高齢障害者の抱える問題

障害のある者が高齢化することにより，その生活の変化は，個々の障害特性とともに，多様な展開を示している。加齢に伴う心身機能が低下し，新たな生活障害を作りだしていることが分かる。日常生活での主な身辺動作や社会への参加など，急激な変化はないものの，少しずつ不自由さや困難さが加わり，見守りや介助などの支援が不可欠となり，早い人では40歳代から高齢症状が出現する。さらに，全体として体力や運動機能の低下，病気への耐性が弱くなるなど，新たな病気やけがのリスクも高くなっている。

また精神面での変化として，軽い記憶障害や高齢者うつ病，認知症などの発症も少なくない。このような生活の変化は，障害のある者が，それまで何とかうまく対応してきた生活や暮らしについて修正や変更を余儀なくされることになる。

いろいろな支援を利用しても独居生活の維持ができず，また家族に介護者がいないため個別支援が増加し，施設等での集団生活ができなくなるといった，これまで家族や支援者らが培ってきた多様な生活の再構築が必要となる。そのためには，障害者をめぐる環境，具体的には生活支援のための法制度やサービス，それを支えるための人材や施設，さらに年金などの経済的支援，住まいなど住環境等々，公共や民間の社会資源が実情に応じて用意され，提供される仕組みが必要となっている。

障害者のライフステージに沿った支援として，諸々の障害者施策は有効なものとなっているのか，改めて再考する時期に来ていると実感する。長年，障害と向き合い，自分にあった生活をしっかり築き，歩んできた人でも，高齢期を生きていくためには，より一層，他者の支援が必要である。また高齢になってもその人らしく住み慣れた地域社会で安心してその人生の終末期を迎えることができるよう，そのための支援が地域では不可欠となるのである。

（参考）障害者の高齢化施策について

我が国における障害者福祉施策は，障害者の高齢化並びに高齢期を迎えた障害者に対する支援，障害サービスのあり方等について，制度上多くの課題を抱えている。

平成15年に支援費制度が導入され，「措置から契約へ」と自己決定や利用者本位の理念を踏まえた制度上の大きな転換期となった。さらに平成18年には「障害者自立支援法」が施行され，３障害（身体，知的，精神）のサービスの一元化や，応益負担方式による利用料の定率負担や「障害程度区分」が導入された。

そして平成24年には，「障害者総合支援法」が制定され，障害者に難病等が追加される等，障害者の自立支援，社会参加に向けた施策が総合的に進められてきた。

平成25年に「障害者総合支援法」が施行されるにあたり，その附則には施行

３年後を目途とした見直し規定が設けられ，高齢障害者に関する事項が検討されることとなっていた。そこで障害者総合支援法施行３年後の見直しとして，以下の点が検討され，今後の取り組み課題となっている。

1　新たな地域生活の展開

障害者総合支援法（平成25年４月施行）の附則で，施行後３年を目途として障害福祉サービスのあり方等について検討を加え，その結果に基づいて，所要の措置を講ずることとされていた。これを受けて，社会保障審議会障害者部会では平成27年４月から計19回にわたり検討を行い，今後の取り組みについてとりまとめた。

（社会保障審議会障害者部会報告書概要／平成27年12月14日）

(1)　本人が望む地域生活の実現

①　障害者が安心して地域生活を営むことができるよう，地域生活支援拠点の整備を推進（医療との連携，緊急時対応等）する。

②　知的障害者や精神障害者が安心して一人暮らしへの移行ができるよう，定期的な巡回訪問や随時の対応により，障害者の理解力・生活力等を補う支援を提供するサービスを新たに位置付ける。あわせてグループホームについて，重度障害者に対応可能な体制を備えたサービスを位置付ける。また障害者の状態とニーズを踏まえて必要な者にサービスが行き渡るよう，利用対象者を見直すべきであり，その際には，現に入居している者に配慮するとともに，障害者の地域移行を進める上でグループホームが果たしてきた役割や障害者の状態・ニーズ・障害特性等を踏まえつつ詳細について検討する必要がある。

③「意思決定支援ガイドライン（仮称）」の作成や普及させるための研修，「親亡き後」への備えも含め，成年後見制度の理解促進や適切な後見類型の選択につなげるための研修を実施する。

(2)　常時介護を必要とする者等への対応

入院中も医療機関で重度訪問介護により一定の支援を受けられるよう見直しを行うとともに，国庫負担基準について重度障害者が多い小規模な市町村に配慮した方策を講ずる。

(3)　障害者の社会参加の促進

①　通勤・通学に関する訓練を就労移行支援や障害児通所支援により実施・評価するとともに，入院中の外出に伴う移動支援について，障害福祉サービスが利用可能である旨を明確化する。

②　就労移行支援や就労継続支援について，一般就労に向けた支援や工賃等を踏まえた評価を行うとともに，就労定着に向けた支援が必要な障害者に対し，一定の期間，企業・家族との連絡調整等を集中的に提供するサービスを新たに位置付ける。

3　障害者の抱える不安

我々が普通に生活していても，自分の病気や老後のこと，家族の健康や生活上の問題など，生活に何らかの不安を感じている。高齢になればなるほど，健康や生活の面での不安はますます増大する。まして，障害者にとっては，障害があるがゆえの生活のしづらさや孤独感を抱え，将来に対する不安はより一層大きなものである。

(1)「日常生活」に対する不安

障害者の日常生活における支援や見守りは，ほぼ全面的に親により支えられている。しかし，親が亡くなると誰が親の代わりに障害者本人の日常生活を支えてくれるのか，その不安は大きい。役所の窓口や相談支援センターなど，相談できる窓口は確かに増えている。しかし，相談するためには，本人が窓口に出向き，自分が何に困っているのか，どうしたいのかを伝えなければならない。そこで親は，本人とともに関係機関の窓口に出向き，本人に代わって手続一切を行うのである。どんな生活をするのか，どこの施設を利用したいのかを決めるときも，親が様々な情報を集め，その集められた情報をもとに，本人の希望を確認しながら，決定しているのである。

さらに親は，地域の中で本人が安心して暮らしていくために，隣近所の人に様々なことをお願いし，地域の方との切れ目のない関係を作っている。もちろん障害の種別・状況や生活環境によって親のかかわり方や関係性は異なるが，親は，本人の生活全般のコーディネートをしているのである。しかし親だからといって，本人の思いを100％代弁できるわけではないが，それでも懸命に本人の希望に添った支援をしようと，必死に生活の見守り役を果たしている。

そのような親が担ってきた役割を，次に誰がどのように担うことができるのかが問題である。親の代わりとなって単独で担うよりは，ここは何人かのチームで担う仕組みが必要である。支援チームで，本人の日常生活を見守り，本人に寄り添いながら，本人が地域の中で希望をもって生活できるように，本人を支援するのである。そこでチームのメンバーとしては，本人の状況に応じて，定期的に訪問し，普段から本人の状況を把握できる者が不可欠であると考える。

⑵ 「将来を見通せない」ことに対する不安

本人は，自分の自立に向けて，今後どんな生活を送ることができるのか，将来に対する漠然とした不安を抱えている。しかし，その不安も具体的なものではないため，誰に相談していいのかわからないのである。役所や相談センターなどの相談機関に対して，話を持ち掛けても，相談機関では，漠然とした不安にはなかなか応じてもらえない。そのため，親が亡くなって初めて，相談機関に問題が持ち込まれるケースも多い。将来に対する漠然とした不安については，身近に何でも気軽に相談できる人がいるかどうかが大きな鍵となる。相談する人がいないと，将来についての見通しが持てないことから，将来に対する不安はますます大きくなっていく。この将来に対する不安を誰がどのように受け止めていくのか，しっかり考えておかなければならないのである。

また，親が亡くなってからでは，本人の状況や希望を把握することは，ますます難しくなる。親が元気なうちに第三者が関わり，親が亡くなっても，地域で自立した生活を送ることができるイメージを親，本人とともにしっかり持てるようにすることが必要である。

本人が将来にわたって地域で安心して暮らしていける姿が描けるようにするために，漠然とした将来に対する不安への相談を受け，親が元気なうちに，本人の希望や目標を含めた情報を聞き取り，将来設計をともに考える体制を作ることが必要である。

(3)「権利擁護」に対する不安

本人の人権や財産管理等，権利擁護に対する不安がある。日々の暮らしの中で，福祉サービスの利用に関する契約や，親族の死亡に伴う遺産相続，その他一般的な財産管理など法的手続きが必要な場面がある。また，本人の意思が十分に伝えられず，不利益を被るのではないかといった不安があり，実際に高齢者や障害者を狙った詐欺等の被害を受けてしまうことにもなりかねないのである。親は，日常生活の中で，本人の行動に気を配り，不当な扱いを受けていないか，困った状態になっていないかなど，本人の権利が守られるように配慮している。

また，契約や財産管理は，親が実際に行っていることも少なくない。本人が成人に達すると，親であっても契約や財産管理などの「法律行為」をすることができないことから，その後の対応が問題となる。

そこで，本人の権利を守る法的仕組みとして，成年後見制度がある。しかし，大半の親は，成年後見制度について「聞いたことはあるが，詳しい内容はわからない」という。たとえ成年後見制度を利用するに至ったとしても，「本人を本当に理解してくれる後見人が選ばれるか，不安だ」という声も聞く。障害者における成年後見制度の利用は，当面の財産管理よりも，本人が望む人生を実現するため，後見人がいかに障害の特性を含めた本人を理解してくれるかが重要なのである。それがなければ，なかなか本人の後見を委ねることにはならないのである。

そのため，後見人等に対する期待としては，「いかに本人の生活実態を把握するのか」が求められる。親としては，障害のある本人を理解してくれることを前提とした後見活動を期待しており，そこに実態とのギャップを感じている。さらに，それまで福祉とのつながりが薄かった成年後見人には，個人の力だけですべて対応するには限界があり，行政や福祉関係者（機関）との連携は不可欠であると言える。

この問題に対して，現行の成年後見制度は，障害者の親亡き後の問題にどのように対応することができるのか，また障害者の親亡き後の問題に対応するため，どのような制度である必要があるのかを考察したい。

第２　成年後見制度の必要性について

障害者の親亡き後の支援について，成年後見制度に寄せられる期待は大きいといえる。成年後見制度の利用の理由を見てみると，「金融機関取引のため」や「保険金受領のため」といった財産管理がメインであるが，その実質は，親亡き後の問題のためであるといえる。

しかし，その一方，成年後見制度について，家族会や当事者団体ではあまり話題に上がらないようである。成年後見制度を利用していない家族の中には，「管理しなければならないほど多くの財産はないので，成年後見制度そのものの利用は考えられない」という意見や，「成年後見制度の必要性は承知しているが，利用に向けた一歩が踏み出せない」といった意見もある。その理由としては，「後見人を家族の一員が行うのであれば，現状と何ら変わらない。むしろ家庭裁判所に対する報告事務等の手間が負担になるだけだ」，また「障害者や障害特性をきちんと理解している後見人はほとんど皆無である」「後見人に対する報酬の負担が大きい」「後見人だけでは，支援がまだまだ不十分である」などといった意見が出され，現行の成年後見制度の利用しづらさが際立っている。親が一緒に暮らして，生活そのものに支障がなければ，成年後見制度は急いで使わなくても何とかなるというのである。

成年後見制度により親亡き後の本人を支えるためには，①財産があり，②それを管理する成年後見人等が存在し，③本人が安心して生活できる場が確保されることが不可欠である。それがそろってはじめて，④それを支える様々な制度と⑤正しい知識や理解により，実現が可能になるといえる。その中で親は，親亡き後の問題に対応するために，自分の不在を前提に，自分に代わる人の存在を求めてきた。これが成年後見制度に対する期待感なのである。

1　身上監護に関する問題として

また，成年後見人が行う身上監護については，①生活維持や介護に関する事項，②住居の確保に関する事項，③施設の入退所や異議申立て等に関する事項，④医療に関する事項，⑤教育・リハビリに関する事項が挙げられている。さらに各項に関する契約の締結にとどまらず，相手方の履行の監視（施設入所後，施設内の処遇の監視，見守り）といった事実行為をも含まれると解されている。そしてこれらを行う際に，本人の「心身の状態及び生活の状況」に配慮すべき義務（身上配慮義務）を負っており，それらの法律行為に関連する限り，異議申立て等の公法上の行為を行う際にも，当該義務を負うものと解されている。

しかし，これだけでは「親亡き後の問題」への対応には不十分である。

第１に，障害者に対する後見活動は，対象年齢が広い範囲にわたることから，長期の支援が必要となる。これにより，身上監護における支援は，年齢とともに変化していき，財産の支出状況もそれに伴い様々な影響を受けることになる。

第２に，障害者の場合は，高齢者に比べて，自分の意向を表示することができる者も少なからずいることから，本人の意向を十分汲み取りながら，本人の意思を尊重した後見活動が求められる。

第３に，障害者の様々な権利侵害を防止し，被害の回復を図ることは当然であるが，さらに本人によりよい生活を創造するための活動が求められる。今ある限られた財産を消費しつつ，より積極的に被後見人の幸福感を満たすような身上監護が求められる。

この点を考えると，後見人には家族の一員としての役割が求められることになるが，第三者の後見人には，家族としての身上監護の行使は困難であるといえる。そこで親族との「共同後見」を行うことは，身上監護決定にとっては有意義であるといえる。

さらに，後見人を法人とする「法人後見」といった方法も考えられる。法人後見では，スタッフが複数体制で，支援が組みやすく，障害特性に応じた後見活動ができる。障害者の成年後見は，長期にわたる場合が多く，支援の継続性が求められるので，法人であればそれも対応可能となる。しかし，その一方で法人後見を行う団体はまだまだ多くないことが課題である。これらのことから，親亡き後，誰が本人の生活を支え，契約や財産管理といった権利擁護を行うことができるのかが不安である。

そこで地域で暮らす障害者の権利を擁護するためにも，成年後見制度について広く周知を図るとともに，その利用を促進して，必要とする者に必要な制度が結び付くことが求められる。さらに，障害のある本人をよく理解したうえで，適切な後見事務が行われるよう，人材や団体，法人の育成などの支援が必要である。さらに，成年後見人と福祉関係者等のネットワークを作り，双方が連携して互いの役割を果たすことが重要である。

そのためには，①本人や親，福祉関係者に成年後見制度に関する講演会・個別相談会を実施したり，また成年後見人と福祉関係者とのネットワークを作るため懇談会を開催したりすること，②成年後見人等が障害特性をきちんと理解するための研修などを実施すること，③法人後見を担う福祉団体やNPO法人等の支援を行うことが必要である。

2　財産管理に関する問題として

成年後見制度においては，被後見人の財産は，被後見人のために維持・管理されるべきものである。成年後見人には，保有する財産を厳格に管理する責務があることから，被後見人の財産から何らかの支出をする場合，必ずその必要性が求められる。必要性が説明できない支出や処分行為等は，被後見人に損害を与えたとして，家庭裁判所において，損害の賠償が求められ，さらに後見人を解任されるといった事態に陥るのである。つまり，被後見人自身にメリットがない親族の相続税対策や生前贈与，借入金を前提とした賃貸物件の購入や建設，不動産の買換えなど，原則できないのである。

また被後見人名義の土地や建物の処分や建替え等は，家庭裁判所の許可が必要となり，これについても被後見人が今後居住する見込みがない等といった合理的な理由がない限り，家庭裁判所は許可しないというのが建前である。

障害を持つわが子に対して，親はできるだけ多くの資産，預貯金を残したいと考える。金額の多寡はともかく，それが親の気持ちである。しかし，せっかく親が残した財産をその子が使い切ることなく亡くなった場合，その財産をどのように分配するのかまで，親の遺言で指定することはできない。遺言は，2次相続以降の資産の承継についてまで想定していないのである。結局，その財産は民法の規定に従った分割（法定相続）に委ねられ，法定相続人に分配される。もしその子に法定相続人がいない場合には，家庭裁判所において相続財産管理人が選任され，相続財産管理人の手続きにより，最終的に残った相続財産は，国庫に帰属することになる。その子の亡き後に，親がその子が世話になった方に対して，相続財産を手渡したいと考えても，親の希望はかなえられないのである。

3　現実的かつ切実な問題として

障害のある子に兄弟姉妹や親戚（叔父・叔母，いとこ等）がいたとして，どこまでその子の面倒を託することができるのかを考えたとき，「何とかしなければとの思いはあっても，現実的に自分には家族があり，たとえできることがあったとしても，時々様子を見に行く程度の最小限の負担に抑えたい」というのが，兄弟や親戚の本音ではないだろうか。

たとえ血を分けた兄弟姉妹であっても，「親の代わり」はそう簡単に務まるものではない。幼いころから介護や看護で苦労している親の様子を見ているからこそ，親と同等に関わることは難しいのである。できることなら，兄弟としても一定の距離は保ちたいと考えることは決して責められたことではないのである。まして親戚だと，普段接する機会も少なく，そもそもわが子を託せるだけの関係にはないと思われる。

そこで例えば，信託銀行や信託会社など，財産管理の受託を業とする企業や会社に，「子どもの将来の生活や親の想いを託する」といった選択肢はあるのかということになる。当然のことながら，商事信託のみでは，障害のある子の身上監護まで担うことはできないが，親亡き後の問題に応えられるような財産管理の仕組みを考えると，商事信託と成年後見制度の併用は必須になってくると思われる。しかし，障害のある子どもをもつ親の想いや願いまでを柔軟に対応することができず，制度の内容や限界を学習する中で，実際には諦めてしまうのがこれまでの現状であった。

第３　「家族信託」の利用について

そこで考えられたのが，「家族信託」である。家族信託とは，民事信託の一つで，家族の財産管理や承継に信託の仕組みを利用するものである。これは，平成19年に施行された信託法により可能となったものである。信託法では，遺言代用の信託に関する規定や後継ぎ遺贈型の受益者連続に関する規定などが整備されたことによって，個々の家族の事情に合わせて，生存配偶者や子女の生活保障，個人事業の承継等を実現するための手段として一つの有用な選択肢として考えられている。

「家族信託」のメリットとしては，受益者のために，委託者と受託者との間で自由に信託内容を決めることや，生前から死後に至るまで効果が及ぶことが挙げられる。また実際の利用にあたっては，信託銀行の商品として利用できるほか，弁護士や司法書士などを信託監督人として公証役場で信託契約を認証する方法もある。

例えば，遺言代用信託を利用すると，委託者が受託者に財産を信託して，委託者を生存中の受益者とし，自分の配偶者や子などを死亡後の受益者とすることによって，自己の死亡後における財産分配を信託によって達成することが可能となるのである。なお，委託者が死亡後受益者を変更することができることや，死亡後受益者は委託者が死亡するまでは受益者としての権利を有しないことが明記されている。

また，後継ぎ遺贈型信託では，夫が生前は自らを受益者とし，夫の死亡後は妻を，妻が死亡後は長男を連続して受益者とすることが可能な信託となっている。なお，信託法においては，遺留分制度に服することを前提とした期間的な制約を課している。

そこで，**第１・１・⑵**に挙げた事例Ｂさんについて，母親所有の自宅があることから，この財産を信託財産として考えた場合，どんなことができるかを検討したい。

事例の整理

・Ｂは生まれながらにして知的障害及びてんかんがあり，右片麻痺の状態にある。
・母親は，10年前に夫が他界してからは，Ｂと自宅で生活していたが，認知症を発症し，自分の生活がままならなくなったことから，３年前に老人ホームに入ることとなった。
・母親には，夫が遺産として残してくれた現金及び自宅がある。
・母親は，遺産と遺族年金で生活を賄うことができ，経済的な不安はなかった。
・Ｂも障害年金で施設等の利用料は賄うことができている。
・母親は，死亡する５年前に，自宅でＢと生活するのが不安になっていた。
・近くには母親の実妹が住んでおり，その妹には息子（母親の甥，Ｂのいとこ）がいた。

１　母親の希望

母親としては，近い将来，自分が老人ホームに入所した後においても，自宅の管理やＢの生活のサポートは継続できるようにしたいと考えていた。近くに住む妹や甥にはいろいろと世話をかけることになるが，できる範囲でお願いできればと常々口にしていた。

また経済的には，何とか遺産と年金で生活費を賄うことはできるものの，自宅については，Ｂが相続してもいずれＢも施設に入所することになれば，空き家となってしまうことからタイミングをみて売却してほしいと考えていた。

さらにＢが亡くなった際の相続財産については，Ｂには推定相続人がいないことから，妹や甥に，また長年Ｂの世話をしてくれた社会福祉法人に寄付できればと考えていた。

2 「家族信託」を利用する

この場合，母親が「家族信託」を利用すると，「委託者兼当初受益者」は母親となる。さらに「第２受益者」としてＢを，「受託者」には母の妹の息子である甥にお願いすることになる。「受託財産」としては，母の所有する現金及び自宅であり，また母親およびＢが死亡した際の残余財産の帰属先としては，甥及び社会福祉法人を想定する。

第一受益者である母の存命中は，母の年金収入と毎月の老人ホームの利用料等の支払を行うものであり，すべて銀行口座を通じて行われることから，受託者たる甥に係る負担はほとんどない。しかしながら，母親の入院費用等相当の額の金銭を用意しなければならなくなり，自宅を売却する場合には，受託者が売主となって自宅の売却手続きを行うことが必要である。しかしこの場合でも，売却が済んで，入院費等の支払いを済ませ一定の金銭が残れば，その残金を受託者が信託財産として引き続き信託専用の銀行口座にて管理することになる。しかし，この場合，Ｂの生活場所をいかに確保するかが問題となる。施設等の入所を検討することになろう。

母親の死亡後については，第二受益者たるＢが，今まで通り自宅または施設で生活することができ，障害年金等で身の回りの出費を賄うことができれば，基本的には母親と同様に信託専用の銀行口座を通じた管理を行うことになり，受託者の財産管理上の負担はほとんどないものといえる。ただ，受託者に対しては，その苦労に報いるため，毎月定額の信託報酬を渡したり，あるいは自宅の売却等を行った場合の特別な手間に対して報酬を支払うなどの取り決めを信託契約の中で設定することができる。

また，受託者に対する監督人としては，開始当初において弁護士や司法書士等を信託監督人として指名し，監督を実施することができるが，母親に身体的な衰えが見えてきたところで，Ｂの成年後見人を考えることが妥当である。さらに成年後見人であれば受託者の監督も可能になってくることから，成年後見人が選任されたところで，信託監督人には退任してもらうことになろう。

さらに，第二受託者たるＢが死亡したところで，信託契約は終了する。信託終了後の残余の信託財産について，当初の母親の遺志に従い，遺産の分配を確実にするためには，清算受託者が，信託契約に基づいた清算手続きを行うことになる。

3　「家族信託」を利用するにあたり検討しておくこと

Ｂが死亡することにより，Ｂ自身が保有している障害者年金やＢ名義の預金などの財産が残存してしまうと，相続人がいないことから相続財産管理人が選任されることになる。そこで，残存する財産が最小限になるよう，Ｂ固有の財産から優先的に消費し，国庫に帰属する財産を最小限にすることを念頭に置いておく必要がある。

また母親が元気なうちに，母親が信頼できる第三者をＢの成年後見人に就任させることで，Ｂの将来についても安心が持てるといえる。

この家族信託と成年後見制度を活用した長期にわたる財産管理と資産承継の仕組みは，依頼者と受託者，信託監督人や成年後見人との間の信頼関係があってこそ実現できるものである。委託者の想いを実現したいという強い意思と能力を持つ者である必要がある。家族信託と成年後見制度については，通常制度を熟知した専門家が望ましいと考える。

しかしながら，「家族信託」はそのニーズの高さに対して，まだまだ実際に取り組まれた事例が少ないといえる。その原因としては，①受託者のなり手となる者が少ない，②障害者の親亡き後の問題に対応できるだけの知識がなく，また③親族に受託者をお願いするといったことから，実際には手間に見合っただけの報酬が与えにくい，さらに④親子二代の長期にわたり関わり続けるには相当な覚悟を要するとともに，支援の継続性が求められることに負担感があるいった理由が考えられる。

資　料　障害者数とその高齢化（障害者白書　平成28年度版より）

身体障害，知的障害，精神障害の３区分で障害者数の概数をみると，身体障害者393万７千人，知的障害者74万１千人，精神障害者392万４千人となっている。

これを人口千人当たりの人数で見ると，身体障害者は31人，知的障害者は６人，精神障害者は31人となる。複数の障害を併せ持つ者もいるため，単純な合計にはならないものの，国民のおよそ6.7％が何らかの障害を有していることになる。

なお，この数値の身体障害者及び知的障害者は，「生活のしづらさなどに関する調査」によるもので，精神障害者については，医療機関を利用した精神疾患患者数を精神障害者としていることから，一過性の精神疾患のために日常生活や社会生活上の相当な制限を継続的には有しない者も含まれている可能性がある。

障害別に状況をみると，身体障害における施設入所者の割合1.9％，精神障害者における入院患者の割合8.1％に対して，知的障害者における施設入所者の割合は16.1％となっており，特に知的障害者の施設入所の割合が高い点に特徴がある。

１　身体障害者

在宅の身体障害者386.4万人の年齢階層別の内訳をみると，

18歳未満が7.3万人（1.9％）

18歳以上65歳未満が111.1万人（28.8％）

65歳以上265.5万人（68.7％）

70歳以上に限っても221.6万人（57.3％）

我が国の総人口に占める65歳以上人口の割合（高齢化率）は，調査時点の平成23年には23.3％であり，身体障害者ではその約３倍も高齢化が進んでいる状況にある。

65歳以上の割合の推移をみると，昭和45年には３割程度だったものが，平成23年には７割近くまで上昇している。

2　知的障害者

在宅の知的障害者62.2万人の年齢階層別の内訳を見ると，

18歳未満15.2万人（24.4％）

18歳以上65歳未満40.8万人（65.6％）

65歳以上5.8万人（9.3％）

身体障害者と比べて18歳未満の割合が高い一方で，65歳以上の割合が低い。

知的障害者の推移をみると，平成17年と比較して約20万人増加している。知的障害は発達期に現れるものであり，発達期以降に新たに知的障害が生じるものではないことから，身体障害のように人口の高齢化の影響を大きく受けることはない。以前に比べ，知的障害に対する認知度が高くなり，療育手帳取得者の増加が要因の一つと考えられる。

3　精神障害者

外来の精神障害者361.1万人の年齢階層別の内訳をみると，

20歳未満26.6万人（7.4％）

20歳以上65歳未満202.3万人（56.0％）

65歳以上132.4万人（36.7％）

調査時点の平成26年の高齢化率26.0％に比べ，高い水準となっている。

65歳以上の割合の推移をみると，平成20年から同26年までの６年間で，65歳以上の割合は31.5％から36.7％へと上昇している。

（かさいとしふみ　社会福祉士）

高齢社会における信託制度の理論と実務
金融・信託業から医療・福祉・看護までの役割と機能
定価：本体 3,200円（税別）

平成29年３月17日　初版発行

編集代表　新　井　　　誠
発 行 者　尾　中　哲　夫

発行所　日本加除出版株式会社
本　　社　郵便番号 171-8516
東京都豊島区南長崎３丁目16番６号
TEL (03)3953-5757（代表）
(03)3952-5759（編集）
FAX (03)3953-5772
URL http://www.kajo.co.jp/

営 業 部　郵便番号 171-8516
東京都豊島区南長崎３丁目16番６号
TEL (03)3953-5642
FAX (03)3953-2061

組版・印刷・製本　㈱倉田印刷

落丁本・乱丁本は本社でお取替えいたします。

Printed in Japan
ISBN978-4-8178-4379-1 C2032 ¥3200E